O PROFESSOR
E O LOUCO

SIMON WINCHESTER

O PROFESSOR E O LOUCO

Uma história de assassinato e loucura durante a elaboração do dicionário Oxford

Tradução
Flávia Villas-Boas

Copyright © 1998 by Simon Winchester
Todos os direitos reservados a Barnhill Press Ltd

Publicado originalmente pela editora Record, 1999

*Grafia atualizada segundo o Acordo Ortográfico da Língua Portuguesa de 1990,
que entrou em vigor no Brasil em 2009.*

Título original
The professor and the madman — A tale of murder, insanity, and the making
of the *Oxford English dictionary*

Capa
Jeff Fisher

Preparação
Cacilda Guerra

Revisão
Renato Potenza Rodrigues
Juliane Kaori

Dados Internacionais de Catalogação na Publicação (CIP)
(Câmara Brasileira do Livro, SP, Brasil)

Winchester, Simon
  O professor e o louco : uma história de assassinato e loucura
durante a elaboração do dicionário *Oxford* / Simon Winchester ;
tradução Flávia Villas-Boas. — São Paulo : Companhia das Letras,
2009.

  Título original: The professor and the madman — A tale of
murder, insanity, and the making of the *Oxford English dictionary*
  Bibliografia.
  ISBN 978-85-359-1553-2

  1. Dicionário Oxford Inglês 2. Estados Unidos — História
— Guerra civil, 1861-1865 — Veteranos — Biografia 3. Inglês —
Etimologia 4. Inglês — Lexicografia — História — Século 19 5.
Murray, James Augustus Henry, Sir, 1837-1915 6. Linguistas —
Grã-Bretanha — Biografia 7. Minor, William Chester 8. Pacientes
de hospital psiquiátrico — Grã-Bretanha — Biografia I. Título.

09-09363   CDD-423.09

Índice para catálogo sistemático:
1. Linguistas : Biografia 423.09

2009

Todos os direitos desta edição reservados à
EDITORA SCHWARCZ LTDA.
Rua Bandeira Paulista, 702, cj. 32
04532-002 — São Paulo — SP
Telefone: (11) 3707-3500
Fax: (11) 3707-3501
www.companhiadasletras.com.br

À memória de G. M.

SUMÁRIO

Prefácio *9*

1. A calada da noite em Lambeth Marsh *12*
2. O homem que ensinava latim às vacas *32*
3. A loucura da guerra *50*
4. Reunindo as filhas da terra *80*
5. A concepção do Grande Dicionário *104*
6. O sábio do Pavilhão 2 *118*
7. Atualizando as listas *134*
8. *Annulated, Art, Brick-Tea, Buckwheat* *147*
9. O encontro das mentes *164*
10. O corte mais cruel *187*
11. Então, apenas os monumentos *201*

Posfácio *217*
Nota do autor *221*
Agradecimentos *225*
Sugestões de leituras *232*
Sobre o autor *235*

PREFÁCIO

mysterious (mistī°·riəs), *adj.* [do lat. *mystērium* MYS-TERY[1] + OUS. Cf. fr., *mystérieux*.]
1. Repleto ou carregado de mistério; envolto em mistério; oculto à compreensão ou ao conhecimento humanos; impossível ou difícil de explicar, resolver ou descobrir; de origem, natureza ou propósito obscuro.

Diz a mitologia popular que uma das mais notáveis conversas da história literária moderna teve lugar numa fria e nebulosa tarde de final do outono em 1896, no vilarejo de Crowthorne, no condado de Berkshire.

Uma das partes do colóquio foi o respeitável dr. James Murray, organizador do *Oxford English dictionary*. No dia em questão ele havia viajado mais de oitenta quilômetros num trem vindo de Oxford a fim de conhecer uma figura enigmática chamada dr. W. C. Minor, que se encontrava entre os mais prolíficos dos milhares de colaboradores voluntários sobre cujo trabalho repousava o cerne da criação do dicionário.

Durante quase vinte anos esses dois homens tinham se correspondido regularmente a respeito dos mais refinados aspectos da lexicografia inglesa, mas jamais haviam se encontrado. O dr. Minor nunca parecia disposto ou capaz de deixar sua casa em Crowthorne, e nunca se propusera a ir até Oxford. Mostrava-se incapaz de apresentar qualquer tipo de explicação, ou de fazer algo além de oferecer suas desculpas.

Apesar disso, o dr. Murray, que por sua vez raramente se achava livre dos fardos de seu trabalho no centro de elaboração do dicionário, o famoso Scriptorium em Oxford, há muito tempo cultivava com carinho o desejo de ver e agradecer a seu misterioso e instigante auxiliar. E sentiu ainda mais intensamente essa vontade no final da década de 1890, quando o dicionário já estava na metade do seu processo de preparação: homenagens oficiais cumulavam-se sobre todos os seus criadores, e Murray queria se certificar de que todos os envolvidos — até mesmo homens aparentemente tão retraídos como o dr. Minor — fossem reconhecidos pelo valioso trabalho que haviam realizado. Decidiu então que iria fazer uma visita.

Uma vez tomada a decisão, Murray telegrafou ao outro contando de suas intenções e acrescentou que acharia muito conveniente tomar um trem que chegava à estação de Crowthorne — então conhecida, na verdade, como estação do Wellington College, já que servia à renomada escola para rapazes situada no vilarejo — logo depois das duas da tarde numa certa quarta-feira de novembro. Em resposta, o dr. Minor mandou um telegrama dizendo que o dr. Murray estava sendo efetivamente esperado e seria muito bem-vindo. Na partida de Oxford o tempo parecia ótimo; os trens estavam no horário; os augúrios, em resumo, eram bons.

Na estação ferroviária um reluzente landau e um cocheiro de libré achavam-se à espera e, com James Murray a bordo, eles trotaram a passos rápidos pelas veredas da Berkshire rural. Depois de uns vinte minutos, a carruagem tomou a direção de uma longa alameda margeada de choupos altos, detendo-se afinal diante de uma enorme e um tanto ameaçadora mansão de tijolos vermelhos. Um criado com expressão séria encaminhou o lexicógrafo para o andar superior e conduziu-o a um escritório revestido de estantes com livros, onde, por trás de uma imensa mesa de mogno, ergueu-se um homem de importância indubitável. O dr. Murray fez uma reverência sóbria e lançou-se ao breve discurso de saudação que tanto havia ensaiado.

"Muito boa tarde, senhor. Sou o dr. James Murray, da Sociedade Filológica de Londres, e editor do *Oxford English dictionary*. É na verdade uma honra e um prazer chegar finalmente a conhecê-lo, pois o senhor deve ser, gentil cavalheiro, meu mais assíduo companheiro de trabalho, o dr. W. C. Minor, não?"

Houve uma breve pausa, numa atmosfera de constrangimento mútuo. O tique-taque barulhento de um relógio. Passos abafados no corredor. Um distante tilintar de chaves. E então o homem por trás da escrivaninha pigarreou e por fim disse: "Lamento dizer, amável senhor, que não sou eu. As coisas não são, de modo algum, como está imaginando. Sou, na verdade, o diretor do manicômio judiciário Broadmoor. O dr. Minor com toda certeza se encontra aqui. Mas como interno. É paciente há mais de vinte anos. Nosso mais antigo residente".

Embora os arquivos oficiais do governo relativos a esse caso sejam secretos e tenham ficado bloqueados por mais de um século, recentemente foi-me permitido vê-los. O que se segue é a história estranha, trágica e, ainda assim, espiritualmente enaltecedora que eles revelam.

1. A CALADA DA NOITE
EM LAMBETH MARSH

murder (mɐːɪdəɪ), *s.* Formas: a. 1 morþor, -ur, 3-4 morþre, 3-4, 6 murthre, 4 myrþer, 4-6 murthir, morther, 5 *esc.* murthour, murthyr, 5-6 murthur, 6 mwrther, *esc.* morthour, 4-9 (agora *dial. e hist.* ou *arc.*) murther; *β.* 3-5 murdre, 4-5 moerdre, 4-6 mordre, 5 moordre, 6 murdur, mourdre, 6-murder. [Ing. an t. *morðor* neut. (com pl. da forma masc. *morþras*) = gót. *maurþr* neut.:-teut. ant. **murpro*ᵐ:-pré-teut. **mrtro-m*, f. rad. **mer-: mor-: mr-* morrer, do lat. *mori* morrer, *mors* (*morti-*) morte, gr. μορτός, βροτός mortal, sânsc. *mṛ* morrer, *mará* masc., *mrti* fem., morte, *márta* mortal, arc. *mĭrĕti*, lituan. *mirti* morrer, galês *marw*, irl. *marþ* morto.

A palavra não foi encontrada em nenhuma língua teutônica além do ing. e do gót., mas que ela existiu na Alem. Ocid. continental é evidente, já que é a fonte do fr. arc. *murdre*, *murtre* (fr. mod. *meurtre*) e do lat. méd. *mordrum*, *murdrum*, e o alto-al. antigo tinha o derivativo *murdren* MURDER *v.* Todas as línguas teutônicas exceto o gót. possuíam uma palavra sinônima para o mesmo radical com sufixo diferente: ing. ant. *morð* neut., masc. (MURTH[1]), esc. arc. *morð* neut., frísio arc. *morth*, *mord* neut., hol. méd. *mort*, *mord* neut. (hol. *moord*), alto-al. antigo *mord* (alto-al. méd. *mort*, al. mod. *mord*), nor. ant. *morð* neut.:-teut. ant. **murþo-*:-pré-teut. **mrto-*.

A transformação do original *ð* em *d* (contrariamente à tendência geral de transformar o *d* em *ð* antes do *r* silábico) deveu-se provavelmente à influência do fr. arc. *murdre*, *moerdre* e do lat. novo *murdrum*.]

1. O mais hediondo tipo de homicídio criminoso; também um exemplo deste. No *Direito inglês* (também

Esc. e *EUA*), definido como provocar ilicitamente a morte de um ser humano com intenção criminosa premeditada; com frequência mais explicitamente como *homicídio doloso*.

Em inglês antigo a palavra podia ser aplicada a qualquer homicídio que fosse fortemente reprovado (tinha também os sentidos de "grande perversidade", "injúria mortal", "tormento"). De forma mais restrita, entretanto, denotava assassinato *secreto*, o que na antiguidade germânica era o único visto (no sentido moderno) como crime, sendo o homicídio público considerado um delito civil de reivindicação privada de vingança por sangue ou compensação. Mesmo sob o reinado de Eduardo I, o bretão explica o francês arcaico *murdre* apenas como o homicídio doloso no qual tanto o perpetrador como a vítima não estão identificados. A "intenção criminosa premeditada" que entra na definição legal de *murder* não admite (como é interpretada hoje) nenhuma definição resumida. Uma pessoa pode até ser culpada de "homicídio doloso" sem pretender a morte da vítima, como é o caso em que a morte resulta de um ato ilícito que o infrator sabia apresentar possibilidade de provocar a morte de alguém, ou de ferimentos infligidos para facilitar a perpetração de certos delitos. É essencial para *"murder"* que o perpetrador seja mentalmente são e (na Inglaterra, embora não na Escócia) que a morte se siga no prazo de um ano e um dia após o ato que presumivelmente a causou. No ordenamento jurídico britânico não são reconhecidos graus de culpa no homicídio; nos Estados Unidos a lei distingue "homicídio em primeiro grau" (quando não há circunstâncias atenuantes) e "homicídio em segundo grau".

Na Londres vitoriana, até num lugar tão sem moral e de notória criminalidade como Lambeth Marsh, o som de tiros constituía um acontecimento efetivamente raro. O brejo era um lugar sinistro, uma mixórdia de casas miseráveis e pecado que espreitava, sombria como um ogro, à margem do Tâmisa do outro lado de Westminster; poucos londrinos respeitáveis jamais admitiriam sequer a ideia de se aventurar por ali. Era também uma parte altamente violenta da cidade — o salteador movia-se furtivamente por toda Lambeth, houvera certa vez uma onda de estrangulamentos, e em cada viela apinhada de gente achavam-se os mais rudes tipos de batedores de carteiras. Fagin, Bill Sikes e Oliver Twist teriam se sentido em casa na Lambeth vitoriana: essa era a Londres dickenseniana descrita pormenorizadamente.

Mas não era lugar de homens com armas de fogo. O criminoso armado era um fenômeno pouco visto na Lambeth dos tempos do primeiro-ministro Gladstone, e ainda menos conhecido em toda a vastidão metropolitana de Londres. As armas eram caras, incômodas, complicadas de usar, difíceis de esconder. Naquela época, como ainda hoje, o uso de arma de fogo na perpetração de um crime era considerado, de certa forma, um ato muito antibritânico — e alguma coisa sobre a qual se devia escrever, deixar registrada como raridade. "Felizmente", proclamou um presunçoso editorial no semanário de Lambeth, "neste país não temos nenhuma experiência do crime de 'abater a tiros' tão comum nos Estados Unidos."

Assim, quando uma breve fuzilaria de três tiros de revólver disparou pouco depois das duas horas na madrugada enluarada de sábado, 17 de fevereiro de 1872, o som foi inesperado, inédito e chocante. Os três estampidos — talvez tenham sido quatro — foram altos, muito altos, e ecoaram pelo ar frio, enevoado e úmido da noite. Foram ouvidos — e, considerando sua raridade, só por acaso reconhecidos de imediato — por um zeloso guarda chamado Henry Tarrant, então lotado na Divisão L da Polícia Civil de Southwark.

Os relógios haviam acabado de bater as duas horas, suas anotações informaram depois; ele estava cumprindo com a languidez de rotina a ronda do último turno, caminhando lentamente sob os arcos do viaduto junto à estação ferroviária de Waterloo, chocalhando os cadeados das lojas e maldizendo a friagem de entorpecer os ossos.

Quando ouviu os tiros, Tarrant soprou seu apito para alertar qualquer colega que (ele esperava) pudesse estar de vigia ali por perto e começou a correr. Em segundos já atravessara às carreiras o emaranhado de vielas ordinárias e escorregadias do que naquele tempo ainda era chamado vilarejo, e emergira na Belvedere Road, faixa larga de calçada à margem do rio, de onde estava certo de que os disparos tinham vindo.

Outro policial, Henry Burton, que ouvira o assobio penetrante, e um terceiro colega, William Ward, correram até o local. Segundo as anotações de Burton, ele se precipitou em direção ao som que ecoava e topou com seu colega Tarrant, que a essa altura já estava segurando um homem, como se o estivesse detendo. "Depressa!", gritou Tarrant. "Corram até a estrada, um homem foi baleado!" Burton e Ward partiram rumo à Belvedere Road e em segundos encontraram o corpo inerte de um homem agonizante. Caíram de joelhos, e alguns observadores da cena do crime notaram que os dois tinham se livrado de seus capacetes e luvas e estavam debruçados sobre a vítima.

Havia sangue jorrando sobre o calçamento — sangue manchando um ponto que por muitos meses depois seria descrito nos jornais de estilo mais dramático da cidade como local de UM CRIME HEDIONDO, UM TERRÍVEL ACONTECIMENTO, UMA OCORRÊNCIA ATROZ, UM ASSASSINATO VIL.

A Tragédia de Lambeth, foi como os jornais finalmente se decidiram a chamar o caso — como se a simples existência de Lambeth não representasse, em si mesma, uma tragédia. Ainda assim, esse fora um acontecimento bastante incomum, mesmo para os baixos padrões dos moradores do pântano. Porque, embora o lugar onde o assassinato ocorreu tivesse sido testemunha, ao longo dos anos, de muitos eventos estranhos, do tipo avidamente narrado nas publicações baratas de terror, esse drama em particular iria desencadear uma série de consequências

15

absolutamente sem precedentes. E, ainda que alguns aspectos desse crime e seus efeitos tenham vindo a se revelar tristes e quase inacreditáveis, nem todos, como este relato irá mostrar, seriam inteiramente trágicos. Longe disso, na verdade.

Mesmo hoje, Lambeth é uma área particularmente desagradável da capital britânica, imprensada, anônima, entre o imenso leque de estradas e ferrovias que levam e trazem passageiros dos condados ao sul de Londres para o centro da cidade. O Royal Festival Hall e o South Bank Centre erguem-se ali, construídos no terreno da feira de exposições onde em 1951 foi encenado um espetáculo para ajudar a levantar o ânimo dos londrinos exauridos pelo racionamento de víveres. Fora isso, é o tipo de lugar sem personalidade, feio — fileiras de construções que lembram penitenciárias e abrigam cada vez menos ministérios do governo, a sede de uma companhia petrolífera em volta da qual os ventos do inverno açoitam impiedosamente, alguns pubs insignificantes, gráficas de jornais e a presença desdenhosa da estação de Waterloo — recentemente ampliada com os terminais para os trens expressos do túnel do canal da Mancha —, que exerce sua surda atração magnética sobre toda a vizinhança.

Os dirigentes da ferrovia dos tempos antigos nunca se deram ao trabalho de construir um hotel em Waterloo, embora tenham erguido estruturas monstruosas de alto luxo nas outras estações de Londres, como a Victoria e a Paddington, e até em St. Pancras e King's Cross. Há muito Lambeth é uma das piores partes de Londres; até bem recentemente, antes do desenvolvimento da área do Festival Hall, ninguém que tivesse estilo ou bom senso desejaria ser visto por ali, nem um passageiro de retorno à cidade nos tempos das barcas vitorianas, nem qualquer pessoa por motivo algum hoje em dia. Lambeth vem melhorando lentamente, mas sua reputação a persegue.

Cem anos atrás, era um lugar francamente desprezível. Tratava-se então de um redemoinho de caminhos baixos, pantanosos, sem escoamento e alagadiços, onde um corregozinho melancólico chamado Neckinger mergulhava no Tâmisa. A área era de propriedade conjunta do arcebispo de Canterbury e do duque de Cornwall, senhorios que, suficientemente ricos por seus próprios meios, nunca se importaram em desenvolvê-la à maneira dos grandes lordes de Londres — Grosvenor, Bedford, Devonshire —, que criaram praças, edifícios e terraços no lado oposto do rio.

Era um lugar de armazéns, barracos de aluguel e fileiras miseráveis de casas mal-acabadas. Havia fábricas de graxa (de polimento para sapatos, como aquela onde o jovem Charles Dickens trabalhou) e caldeiras de sabão, pequenas firmas de tinturaria e queimadores de carvão, e curtumes de tingimento onde os trabalhadores do couro utilizavam uma substância para escurecer peles conhecida como "pura", que era recolhida nas ruas a cada noite pelos mais imundos indigentes locais — sendo "pura" um termo vitoriano para excremento de cachorro.

Um odor enjoativo de levedura e lúpulo pairava sobre a área, espalhado no ar pelas chaminés da enorme cervejaria Red Lion, que ficava na Belvedere Road, logo ao norte da ponte de Hungerford. E essa ponte representava um símbolo de tudo o que era abrangido pelo pântano — as ferrovias, elevando-se bem altas acima dos brejos, em viadutos sobre os quais os trens (inclusive os da London Necropolis Railway, construída para levar os cadáveres até os cemitérios no subúrbio de Woking) chocalhavam e resfolegavam, e ao longo dos quais quilômetros de vagões cambaleavam fazendo um ruído forte. Lambeth era vista de maneira geral como uma das mais barulhentas e infernais partes de uma capital que já contava com a reputação de atordoante e suja.

Lambeth também se situava logo além da jurisdição legal tanto da cidade de Londres quanto de Westminster. Pertencia administrativamente — pelo menos até 1888 — ao condado de Surrey, e isso significava que as leis relativamente severas a que estavam sujeitos os cidadãos da capital não se aplicavam a alguém que se aventurasse, via uma das novas pontes como Waterloo, Blackfriars, Westminster ou Hungerford, no quisto

17

que era Lambeth. Desse modo, o vilarejo logo se tornou conhecido como lugar de folgança e abandono — um local onde pululavam tabernas, bordéis e teatros obscenos, e onde um homem podia encontrar entretenimento de todos os tipos — assim como doenças de todas as variedades — por não mais que um punhado de *pennies*.

Para ver uma peça que não se enquadraria nos requisitos dos censores de Londres, poder tomar absinto nas primeiras horas da madrugada ou comprar a mais requintada pornografia recém-importada de Paris, ou ainda para ter uma garota de qualquer idade sem se preocupar em levar uma corrida do pessoal da Bow Street (como a primeira polícia de Londres era conhecida) ou dos pais dela, você ia "para os lados de Surrey", como diziam, ou seja, para Lambeth.

Mas, como na maioria dos bairros miseráveis, a vida barata atraía também homens respeitáveis para morar e trabalhar em Lambeth, e sem dúvida George Merrett se incluía entre eles. Era um dos fornalheiros da cervejaria Red Lion; estava ali há oito anos, empregado todo esse tempo como integrante da turma que mantinha as fornalhas ardendo dia e noite, com os tonéis borbulhando e a cevada maltando sem parar. Tinha 34 anos e morava ali perto, no nº 24 das Cornwall Cottages, na Cornwall Road.

George Merrett era, como tantos jovens trabalhadores da Londres vitoriana, um imigrante da zona rural, assim como sua mulher, Eliza. Ele vinha de uma vila em Wiltshire, ela, de Gloucestershire. Ambos haviam sido colonos em fazendas onde — sem nenhuma proteção de sindicatos ou solidariedade entre os colegas — recebiam uma ninharia por desempenhar todo tipo de tarefa para senhores implacáveis. Tinham se conhecido numa exposição rural nos Cotswolds e feito votos de partir juntos rumo às incomensuráveis possibilidades oferecidas por Londres, a apenas duas horas dali no novo trem expresso que saía de Swindon. Mudaram-se primeiro para o norte da capital, onde sua primeira filha, Clare, nasceu em 1860; depois se transferiram para o centro da cidade; e finalmente, em 1867, com a família já grande e dispendiosa demais e o trabalho braçal cada vez mais escasso, viram-se próximos das instalações da cervejaria na pocilga alvoroçada de Lambeth.

O ambiente e a moradia do jovem casal eram exatamente como os das expedições horrorizadas que o ilustrador Gustave Doré fizera até ali, vindo de Paris: um mundo sombrio de tijolos, fuligem e ferros rangentes, de habitações desordenadas, de quintais minúsculos, cada um com uma latrina, um tanque de água quente e um varal para roupas, por toda parte um sopro de fedor úmido e sulfuroso, e até com o esboço de um tipo de bom humor folgazão, confuso, barulhento e inconsequente tipicamente londrino. Se os Merrett sentiam falta do campo, da sidra e das cotovias, ou se imaginavam que esse ideal nunca tinha sido o mundo que na verdade haviam deixado para trás, nunca saberemos.

No inverno de 1871 George e Eliza tinham, como era típico dos habitantes das regiões mais sórdidas da Londres vitoriana, uma família numerosa: seis filhos, numa ordem que ia de Clare, com quase treze anos, até Freddy, de doze meses. A sra. Merrett estava prestes a entrar no trabalho de parto da sua sétima gravidez. Eram uma família pobre, como muitas em Lambeth: George Merrett trazia para casa 24 xelins por semana, uma quantia miserável mesmo naquela época. Com o aluguel pago ao arcebispo e a comida necessária para as oito bocas sempre abertas, a situação deles era de grande dificuldade.

No sábado, pouco antes das duas da manhã, Merrett foi acordado por um vizinho batendo em sua janela, como estava combinado. Levantou da cama e se preparou para o turno da madrugada. Era uma noite de frio cortante, e ele se vestiu com suas roupas mais quentes: um sobretudo surrado por cima de uma espécie de guarda-pó ordinário que os vitorianos chamavam *slop*, uma camisa cinzenta esfarrapada, calças de veludo cotelê amarradas nos tornozelos com barbante, meias grossas e botas pretas. Nenhuma das peças estava lá muito limpa, mas ele

19

iria carregar carvão pelas oito horas seguintes e não tinha como se importar demais com a aparência.

A esposa se recordaria dele acendendo uma lâmpada antes de sair de casa. A última visão que teve do marido foi debaixo do clarão de um dos lampiões de gás com que as ruas de Lambeth haviam sido recentemente equipadas. Seu hálito era visível no ar frio da noite — ou talvez ele estivesse apenas tirando baforadas do cachimbo —, e Merrett caminhou decidido até o fim da Cornwall Road antes de dobrar na Belvedere Road. A noite estava clara, iluminada de estrelas e, assim que o ruído dos passos dele desapareceu, o único som audível era o fragor resfolegante das sempre presentes locomotivas na ferrovia.

A sra. Merrett não tinha motivo algum para ficar preocupada: presumiu, como em cada uma das vinte noites anteriores nas quais o marido trabalhara no turno da madrugada, que tudo ficaria bem. George estava simplesmente percorrendo seu caminho de sempre, rumo aos muros altos e portões ornamentados da grande cervejaria onde trabalhava, recolhendo carvão em pazadas à sombra do enorme leão vermelho que era uma das mais conhecidas marcas de Londres. Podia ser que trouxesse pouco dinheiro para casa, mas trabalhar numa instituição tão famosa como a cervejaria Red Lion, bem, isso já era motivo de um certo orgulho.

Mas nessa noite George Merrett não chegou a seu destino. Quando passava pela entrada para a Tennison Street, por entre a qual o lado sul de Lambeth Lead Works confinava com o muro norte da cervejaria, ouviu um grito repentino. Um homem o chamou bem alto, parecia que o estava perseguindo, berrando furiosamente. Merrett ficou assustado: esse era mais do que um simples salteador — a figura furtiva e ameaçadora que espreitava na escuridão, trazendo um cassetete com ponta de chumbo e usando máscara. Era algo bem fora do comum, e Merrett começou a correr aterrorizado, escorregando e deslizando nas pedras arredondadas cobertas de gelo. Olhou para trás: o homem ainda estava lá, ainda o perseguia, ainda gritava, raivoso. Então, inacreditavelmente, deteve-se, ergueu uma arma, mirou e atirou.

O tiro passou zunindo por ele e atingiu o muro da cervejaria. George Merrett tentou correr mais depressa. Gritou por socorro. Houve outro tiro. Talvez mais um. E afinal um último, que atingiu o desafortunado Merrett no pescoço. Ele tombou pesadamente no calçamento de pedras, o rosto para baixo, uma poça de sangue se espalhando à sua volta.

Momentos depois vieram os passos apressados do guarda Burton, que encontrou o homem ferido, ergueu-o e tentou confortá-lo. O outro policial, William Ward, chamou um fiacre que passava por Waterloo Road, ainda movimentada àquela hora. Com toda delicadeza, levantou o homem do chão, içou-o para o veículo e ordenou ao cocheiro que os levasse o mais rápido possível para o Hospital St. Thomas, a uns quatro quilômetros no extremo sul da Belvedere Road, em frente ao palácio londrino do arcebispo. Os cavalos fizeram o melhor que podiam, seus cascos arrancando faíscas das pedras enquanto corriam com a vítima para a entrada de emergência.

Foi uma viagem inútil. Os médicos examinaram George Merrett e tentaram fechar a ferida profunda em sua nuca. Mas a artéria carótida tinha sido seccionada, e sua espinha fora partida por duas balas de grosso calibre.

O homem que perpetrara esse crime sem precedentes viu-se, momentos depois de cometê-lo, sob a custódia do guarda Tarrant. Era alto, bem-vestido, de "aparência militar", segundo descreveu o policial, com uma postura empertigada e ar insolente. Segurava na mão direita um revólver ainda fumegante. Não fez nenhuma tentativa de fugir: manteve-se parado em silêncio enquanto o policial se aproximava.

"Quem foi que atirou?", perguntou o guarda.

"Fui eu", disse o homem, erguendo a arma.

Tarrant arrancou-a dele. "Em quem você atirou?"

O homem apontou na direção da Belvedere Road, para a figura que jazia imóvel sob um lampião bem em frente à cervejaria. Fez a única observação engraçada que a história registra como sua — mas foi um comentário que, como se veria, traiu uma das fraquezas preponderantes de sua vida.

"Era um homem", respondeu, num tom de desdém. "Você não imagina que eu seria covarde a ponto de atirar numa *mulher*!"

A essa altura os dois outros policiais tinham chegado até o local do crime, assim como alguns moradores curiosos — entre eles, o coletor de impostos de Hungerford, que a princípio não se atrevera a sair "por medo de levar uma bala", e uma mulher que se despia em seu quarto na Tennison Street — uma rua na qual aparentemente estava longe de ser incomum haver mulheres tirando a roupa a qualquer hora do dia ou da noite. O guarda Tarrant, apontando para a vítima e mandando que os dois colegas fossem ver o que podiam fazer pelo homem, pedindo também que evitassem o ajuntamento de uma multidão, escoltou o suposto assassino — que o acompanhou sem protestar — até a delegacia de polícia da Tower Street.

No caminho, seu prisioneiro se mostrou bem mais loquaz, embora Tarrant o tenha descrito como uma pessoa fria, controlada e claramente não influenciada pela bebida. Tudo tinha sido um terrível acidente; ele havia atirado no homem errado, insistia. Estava atrás de outra pessoa, bem diferente. Alguém arrombara seu quarto; ele estava apenas perseguindo o invasor, defendendo-se como qualquer um certamente tinha o direito de fazer.

"Não toque em mim!", exclamou quando Tarrant pôs a mão em seu ombro. E então, num tom bem mais brando, disse ao policial: "O senhor não me revistou, sabe?".

"Farei isso na delegacia", replicou o guarda.

"Como sabe que não tenho outra arma, com a qual poderia atirar no senhor?"

O policial, caminhando com firmeza e imperturbável, retrucou que, se ele tivesse outro revólver, talvez fizesse a gentileza de mantê-lo no bolso por enquanto.

"Mas, para falar a verdade, eu tenho uma faca", retrucou o prisioneiro.

"Deixe-a no bolso também", disse o guarda, impassível.

Revelou-se que não havia nenhuma outra arma de fogo, mas a revista de fato fez aparecer um comprido facão de caça numa bainha de couro, amarrada ao cinto do homem atrás de suas costas.

"Um instrumento cirúrgico", foi explicado. "Não o trago sempre comigo."

Tarrant, tendo concluído a revista, explicou ao sargento de plantão o que havia acontecido na Belvedere Road momentos antes. A dupla pôs-se então a interrogar formalmente o detido.

Seu nome era William Chester Minor. Tinha 37 anos e, como os policiais haviam suspeitado por sua atitude, era um ex-oficial do Exército. Tratava-se também de um qualificado cirurgião. Vivia em Londres há menos de um ano e fora morar naquela área, ocupando sozinho um cômodo mobiliado com simplicidade, no nº 41 da Tennison Street. Evidentemente, em termos financeiros não tinha necessidade nenhuma de viver em condições tão espartanas, porque na verdade era um homem de recursos bastante consideráveis. Insinuou que viera para esse bairro lúbrico da cidade por motivos que iam além da simples questão pecuniária, embora as tais razões não tenham vindo à tona nos primeiros interrogatórios. Ao amanhecer foi levado para a distante cadeia de Horsemonger Lane, acusado de assassinato.

Mas havia uma complicação adicional. William Minor, revelou-se, viera de New Haven, Connecticut. Tinha uma patente no Exército dos Estados Unidos. Era americano.

Isso trouxe um aspecto inteiramente novo para o caso. A legação americana precisava ser informada: assim, com a manhã já em meio, apesar de ser sábado, o Ministério das Relações Exteriores notificou formalmente o representante dos Estados Unidos em Londres de que um dos cirurgiões de seu Exército tinha sido preso e se encontrava detido sob a acusação de assassinato. Os tiros de Belvedere Road, em Lambeth — já, por conta de sua raridade, um caso célebre —, haviam se transformado num incidente internacional.

Os jornais britânicos, sempre ansiosos por descarregar bílis editorial sobre seus rivais transatlânticos, refestelaram-se com esse aspecto peculiar da história.

"O apreço leviano com o qual a vida humana é vista pelos americanos", desdenhou o *South London Press*,

> pode ser observado como um dos pontos mais significativos de diferença entre eles e os ingleses, e este é um dos mais chocantes exemplos trazidos bem às nossas portas. A vítima de um erro cruel deixou uma esposa à beira do parto e sete filhos, a mais velha com apenas treze anos, à mercê do mundo. É reconfortante poder registrar que os caridosos estão acorrendo com grande presteza em socorro da viúva e dos órfãos, e deve-se esperar com toda sinceridade que todos aqueles que podem dispor mesmo de uma pequena quantia darão o melhor de si para ajudar as vítimas desta pavorosa tragédia. O vice-cônsul geral americano, de modo solícito, abriu uma lista de assinaturas e lançou um apelo aos americanos agora em Londres para que façam o possível a fim de aliviar a miséria que o ato de um compatriota seu provocou.

Detetives da Scotland Yard logo foram destacados para o caso, tão importante ele subitamente se tornara que a justiça parecia estar sendo feita nos dois lados do Atlântico. Como Minor, calado em sua cela da prisão, não estava oferecendo ajuda alguma a não ser afirmar que não conhecia a vítima e que havia atirado no homem por engano, começaram a investigar qualquer motivo possível. Ao fazê-lo, descobriram o início da trajetória de uma vida notável e trágica.

William Minor tinha vindo para a Grã-Bretanha no outono anterior porque estava doente — sofrendo, ao menos em parte, de uma enfermidade que alguns jornais disseram "ser ocasionada pelo relaxamento moral de sua vida privada". Foi sugerido pelo advogado posteriormente indicado para defendê-lo que sua motivação ao vir para a Inglaterra fora a de pacificar uma mente que se tornara, como os médicos vitorianos estavam aptos a afirmar, "inflamada". Comentou-se que ele havia sofrido "uma lesão no cérebro", e muitas causas foram apresentadas para isso. Minor estivera, segundo seu advogado, num asilo nos Estados Unidos e pedira reforma do Exército com base em sua saúde deficiente. Tinha sido descrito por aqueles que o conheciam como "um cavalheiro de ótima educação e capacidade, mas com hábitos excêntricos e dissolutos".

Inicialmente ele havia se instalado no hotel Radley's, em West End, e dali viajara de trem para as principais cidades da Europa. Trouxera consigo a carta de um amigo da Universidade Yale, recomendando-o a John Ruskin, o célebre artista e crítico de arte britânico. Os dois tinham se encontrado uma vez, e Minor fora incentivado a levar suas aquarelas consigo em suas viagens, e a pintar como uma forma de relaxar.

Como a polícia havia imaginado, Minor se mudara de West End pouco depois do Natal de 1871 e se estabelecera em Lambeth — uma escolha altamente duvidosa para um homem de sua formação e extração, a menos que, conforme ele mesmo admitiu mais tarde, isso lhe oferecesse acesso a mulheres fáceis. As autoridades americanas contaram à Scotland Yard que já tinham registros de seu comportamento como oficial do Exército: Minor contava com uma longa história de visitas frequentes ao que estavam começando a chamar de "Tenderloin Districts"* das cidades nas quais tinha servido — mais particularmente em Nova York, onde fora destacado para a Governor's Island e de onde, nos seus dias de licença, saía regularmente para alguns dos mais turbulentos bares e teatros de variedades de Manhattan. Contraíra doenças venéreas pelo menos uma vez, e um exame médico realizado na prisão de Horsemonger

---

* Bairros de vício e corrupção em gíria americana. (N. T.)

Lane mostrou que ele estava com gonorreia ainda naquele momento. Pegara a moléstia, disse, de uma prostituta do lugar, e tentara curá-la injetando vinho branco do Reno na uretra — uma tentativa de tratamento quase divertida em sua criatividade e que, como seria de se esperar, falhara.

Seu quarto, entretanto, não traía nada desse lado mais feio da vida. Os detetives relataram ter encontrado em suas valises feitas de couro e bronze um bocado de dinheiro — principalmente francês, em notas de vinte *livres* —, um relógio de ouro com corrente, algumas balas Eley para o revólver, sua patente de cirurgião e sua carta de nomeação como capitão do Exército dos Estados Unidos. Havia também a carta de apresentação a Ruskin, assim como um grande número de aquarelas, evidentemente de autoria do próprio Minor. Todos os que as viram disseram que eram da mais alta qualidade — paisagens de Londres, em geral, muitas delas feitas nas colinas acima do Palácio de Cristal.

Sua senhoria, a sra. Fisher, afirmou que ele tinha sido um inquilino perfeito, mas estranho. Costumava ficar fora por vários dias de cada vez e, ao voltar, deixava suas contas de hotel espalhadas por toda parte, de maneira bem ostentosa, para que todos as vissem. A do hotel Charing Cross era uma de que ela se lembrava, e a do hotel Crystal Palace, outra. Parecia, comentou, um homem muito ansioso. Com frequência exigia que a mobília de seu quarto fosse mudada de lugar. Dava também a impressão de temer que alguém pudesse invadir o aposento.

Demonstrava uma preocupação em particular, contou a sra. Fisher à polícia: o dr. Minor aparentemente tinha um pavor tremendo dos irlandeses. Perguntava sem parar se ela contava ou não com algum criado irlandês trabalhando na casa — e, se houvesse, exigia que fosse demitido. Ela recebia visitantes irlandeses, tinha inquilinos da Irlanda? Ele devia sempre ser mantido informado — de uma possibilidade que, em Lambeth (lugar que exibia uma grande população de operários informais irlandeses trabalhando nas legiões de obras da construção civil em Londres), era, de fato, mais do que real.

* * *

Mas foi só no julgamento pelo homicídio, realizado no início de abril, que a plena dimensão da doença do dr. Minor ficou totalmente evidente. Entre o elenco de testemunhas que apareceu diante do presidente do supremo tribunal de justiça na sessão em Kingston — porque essa ainda era jurisdição de Surrey, não de Londres —, três delas contaram a uma plateia estupefata o que sabiam a respeito do triste capitão.

A polícia de Londres, para começar, admitiu que já tinha, de certo modo, travado conhecimento com ele, e que por algum tempo antes do assassinato soubera que havia um homem desequilibrado vivendo em seu meio. Um detetive da Scotland Yard chamado Williamson depôs dizendo que Minor viera até o departamento três meses antes, queixando-se de que havia homens entrando em seu quarto durante a noite para tentar envená-lo. Ele achava que eram membros da Irmandade Feniana — militantes nacionalistas irlandeses — e que estavam empenhados em invadir seus aposentos, escondendo-se nos caibros do telhado, esgueirando-se pelas janelas.

Minor fez essas alegações várias vezes, disse Williamson; pouco antes do Natal, chegara até a convencer o comissário de polícia de New Haven a escrever uma carta para a Yard, reforçando os temores que ele sentia. Mesmo depois que o médico se mudou para a Tennison Street, manteve-se em contato com Williamson — em 12 de janeiro de 1872, escreveu-lhe contando que tinha sido drogado e temia que os fenianos estivessem planejando assassiná-lo para depois fazer sua morte parecer suicídio.

Um clássico grito de socorro, poderíamos pensar hoje. Mas um exasperado superintendente Williamson não contou a ninguém e não fez nada, além de, com algum desprezo, anotar em sua agenda de trabalho que Minor era nitidamente — e essa foi a primeira ocasião em que a palavra serviu para descrever o infeliz americano — louco.

Em seguida veio uma testemunha que tinha algo muito

curioso a oferecer a partir de suas observações do dr. Minor durante o tempo em que o americano fora mantido prisioneiro nas celas de Horsemonger Lane.

A testemunha, de nome William Dennis, exercia uma profissão que há muito recuou para as profundezas da memória moderna: ele era o que se chamava antigamente de "vigia de Bethlem". Em geral, trabalhava no Hospital Bethlehem para Doentes Mentais de Londres — um lugar tão horroroso que seu nome nos deu a palavra *bedlam** —, onde suas obrigações incluíam vigiar os prisioneiros-pacientes durante a noite para garantir que eles se comportassem e não tentassem trapacear com a justiça cometendo suicídio. Dennis tinha sido recrutado para a cadeia de Horsemonger Lane em meados de fevereiro, disse ele, para vigiar as atividades noturnas do estranho visitante. Tomara conta de Minor, segundo seu depoimento, por 24 noites.

Tinha sido uma experiência extremamente curiosa e perturbadora, contou Dennis ao júri. A cada manhã o dr. Minor acordava e de imediato o acusava de ter sido pago por alguém especificamente para molestá-lo enquanto dormia. Em seguida cuspia, dezenas de vezes, como que tentando retirar alguma coisa que tivesse sido colocada em sua boca. Depois, pulava da cama e escarafunchava embaixo dela, procurando pessoas que, ele insistia, tinham se escondido ali e planejavam incomodá-lo. Dennis afirmou a seu superior, o cirurgião da prisão, ter certeza de que William Minor era louco.

Das anotações no interrogatório da polícia veio a evidência de um motivo imaginado para o crime — e com ela mais uma indicação do claro desequilíbrio do dr. Minor. Toda noite, Minor contara aos que o interrogaram, homens desconhecidos — com frequência de classe baixa, em geral irlandeses — vinham a seu quarto enquanto estava dormindo. Eles o mal-

---

* "Hospício", mas também, em sentido figurado, "confusão", "tumulto". (N. T.)

tratavam; violavam-no de formas que não conseguiria sequer descrever. Durante meses, desde que esses visitantes noturnos haviam começado a atormentá-lo, tinha se dado ao hábito de dormir com seu Colt de serviço, carregado com cinco cartuchos, debaixo do travesseiro.

Na noite em questão ele acordara num sobressalto, certo de que um homem se achava ali, nas sombras, ao pé de sua cama. Tinha estendido a mão para o travesseiro em busca do revólver; o homem o vira e fugira, correndo escada abaixo e saindo da casa. Minor o havia seguido o mais depressa possível e, ao ver um homem descendo às pressas na direção da Belvedere Road, tivera certeza de que aquele era o invasor. Havia gritado para ele e em seguida disparado quatro vezes até atingi-lo, e o sujeito ficara deitado, imóvel, incapaz de prejudicá-lo de novo.

O tribunal ouviu em silêncio. A senhoria sacudiu a cabeça. Ninguém conseguiria entrar em sua casa durante a noite sem uma chave, disse ela. Todo mundo tinha sono leve; não poderia ter havido invasor nenhum.

Como confirmação final, o tribunal ouviu então o depoimento do meio-irmão do prisioneiro, George Minor. Havia sido um pesadelo, disse George, ter seu irmão William vivendo na casa da família em New Haven. Todas as manhãs ele acusava as pessoas de terem tentado invadir seu quarto na noite anterior, procurando molestá-lo. Estava sendo perseguido. Homens do mal estavam tentando inserir biscoitos metálicos, recobertos de veneno, em sua boca. Eram aliados de outros que se escondiam no sótão, desciam à noite enquanto ele dormia e o tratavam com maldade. Tudo isso era o castigo, afirmava, por um ato que fora obrigado a cometer quando estava no Exército americano. Somente indo para a Europa, dizia, poderia escapar de seus demônios. Iria viajar, pintar e levar a vida de arte e cultura própria de um cavalheiro respeitável — e os perseguidores iriam desaparecer na noite.

A corte ouvia num silêncio melancólico enquanto o dr. Minor continuava sentado no banco dos réus, aborrecido, humilhado. O advogado que o cônsul-geral americano conseguira

29

para ele disse apenas que estava claro que seu cliente era insano e que o júri deveria tratá-lo como tal.

O presidente do tribunal anuiu com a cabeça. Tinha sido um caso breve mas triste — o réu, um homem educado e culto, um estrangeiro e patriota, uma figura bem diferente dos desgraçados que costumeiramente se postavam no banco dos réus à sua frente. Mas a lei tinha de ser aplicada com justa precisão, qualquer que fosse a condição ou o estado do réu; e a conclusão nesse caso constituía, num certo sentido, uma decisão previamente tomada.

Por trinta anos a lei em tais casos vinha sendo guiada pelo que era conhecido como "as normas McNaughton" — assim chamadas por causa do homem que, em 1843, matara a tiros o secretário de sir Robert Peel, e que fora absolvido com base no fato de ser tão louco que não conseguiria distinguir o certo do errado. As normas, que julgavam mais a responsabilidade criminal do que a culpa em si, deveriam ser aplicadas neste caso, disse o presidente ao júri. Se estavam convencidos de que o prisioneiro era "de mente malsã" e que havia matado George Merrett enquanto presa de um delírio do tipo que tinham acabado de ouvir, deviam fazer o que era a praxe dos jurados nessa época extraordinariamente indulgente na justiça britânica: declarar William Chester Minor inocente, com base nos dados de insanidade, e deixar para o juiz a aplicação da sanção de custódia que ele considerasse prudente e necessária.

E foi isso que o júri fez, sem deliberação, no final da tarde de 6 de abril de 1872. Os jurados declararam o dr. Minor legalmente inocente de um assassinato que todos — inclusive o réu — sabiam ter sido cometido por ele. O presidente do tribunal então aplicou a única sentença disponível que lhe restava — uma sentença pronunciada ocasionalmente ainda hoje, e que tem um encanto ilusório em sua linguagem, a despeito do horror colossal de suas conotações.

"O senhor ficará detido em custódia segura, dr. Minor", disse o juiz, "até que a vontade de Sua Majestade seja conhecida." Era uma decisão que viria a ter implicações inimagináveis e absolutamente imprevistas, efeitos que ecoam e repercutem através do mundo literário inglês até o dia de hoje.

O Departamento do Interior pouco se deteve sobre a sentença e acrescentou a decisão de que a detenção do dr. Minor — que, considerando a gravidade de sua doença, provavelmente iria tomar o resto de sua vida — teria de ser cumprida na recém-construída menina dos olhos do sistema penal britânico, um esparramado conjunto de edifícios de tijolos vermelhos localizado atrás de muros altos e cercas de arame farpado no povoado de Crowthorne, no condado real de Berkshire. O dr. Minor deveria ser transferido, assim que se mostrasse conveniente, de sua prisão temporária em Surrey para o manicômio judiciário conhecido como Broadmoor Asylum.

O dr. William C. Minor, capitão-cirurgião do Exército dos Estados Unidos, figura tragicamente altiva de uma das mais antigas e respeitadas famílias da Nova Inglaterra, seria dali por diante designado na Grã-Bretanha pelo número 742 dos Arquivos de Broadmoor e mantido sob custódia permanente como "lunático criminoso".

2. O HOMEM QUE ENSINAVA LATIM ÀS VACAS

polymath (pͻ·limæþ′), *s.* (*adj.*) Também 7 **polumathe**. [adj. gr. *πολυμαθής* tendo aprendido muito, f. *πολυ-* muito + *μαθ-*, radical de *μανθάνειν* aprender. Como no fr. *polimathe*.] Polímata. Pessoa de muito ou variado conhecimento; alguém familiarizado com várias matérias de estudo.

    1621 BURTON *Anat. mel.* Democ. to Rdr. (1676) 4/2 A serem ensinados *polumathes* e *polyhistors*. *a* **1840** MOORE *Devil among schol.* 7 As *polymaths* e *polyhistors, polyglots* e todas as suas irmãs. **1855** M. PATTISON *Ess.* I. 290 Ele pertence à classe que os escritores alemães [...] denominaram "Polímatas". **1897** O. SMEATON *Smollett* ii. 30 Um dos últimos entre os grandes polímatas escoceses.

    philology (filͻ·lŏdʒi) [Em Chaucer, adap. lat. *philologia*; no séc. XVII, cf. provav. tb. fr. *philologie*, adap. lat. *philologia*, tb. gr. *Φιλολογία*, sub. abstr. de *Φιλόλογος* apreciador da fala, conversador; apreciador da discussão ou do debate; estudioso das palavras; apreciador do conhecimento e da literatura, literato; de *Φιλο-* philo- + *λόγος* palavra, discurso etc.]

    1. Filologia. Amor pelo saber e pela literatura; o estudo da literatura, num sentido amplo, incluindo a gramática, a crítica e a interpretação literárias, a relação entre a literatura e os registros escritos para a história etc.; erudição clássica ou literária; o saber culto.

    Foram necessários mais de setenta anos para a elaboração dos doze volumes do tamanho de pedras tumulares que constituíram a primeira edição daquele que iria se tornar o grandioso *Oxford English dictionary*. Essa obra-prima heroica, regiamente consagrada — que primeiro se chamou *New English dictionary* e depois, já com o nome definitivo, passou a ser conhecida familiarmente por suas iniciais como o *OED* —, foi concluída em 1928; ao longo dos anos seguintes houve cinco complementações e então, meio século mais tarde, uma segunda edição que integrou a primeira e os livros suplementares subsequentes em um novo conjunto de vinte volumes. Ele permanece em todos os sentidos como uma obra verdadeiramente monumental — e, com muito pouca polêmica séria a esse respeito, ainda é visto como um modelo de perfeição, o mais definitivo de todos os guias para o idioma que, por bem ou por mal, transformou-se na língua franca do mundo civilizado moderno.

Assim como o inglês é um idioma muito vasto e complexo, também o *OED* é um livro muito grande e complexo. Define bem mais de meio milhão de palavras. Contém muitos milhões de caracteres e, pelo menos em suas primeiras versões, vários quilômetros de tipos montados à mão. Seus volumes enormes — e imensamente pesados — são encadernados em tecido azul-escuro: editores, projetistas gráficos e encadernadores no mundo todo o veem como uma apoteose de sua arte, uma bela e elegante criação que parece e dá a sensação de ser mais do que suficientemente adequada à sua completude e precisão.

O princípio norteador do *OED*, aquele que o destacou da maior parte dos outros dicionários, é sua rigorosa dependência da coleta de citações publicadas ou manifestações do idioma registradas de qualquer outra forma e o uso delas para ilustrar o sentido do emprego de cada palavra da língua. A motivação por trás desse estilo de edição e compilação incomum e tremendamente laborioso é ao mesmo tempo audaciosa e simples: ao recolher e publicar citações selecionadas, o dicionário conseguia demonstrar o espectro pleno de toda e qualquer palavra com um grau muito alto de precisão. As citações podiam demonstrar exatamente como uma palavra tem sido empregada ao longo dos séculos; de que forma ela passou por mudanças sutis na tonalidade do significado, da pronúncia ou da ortografia; e, talvez mais importante do que tudo isso, como e mais exatamente *quando* cada palavra foi introduzida no idioma pela primeira vez. Nenhum outro meio de compilação conseguiria tal proeza. Somente encontrando e apresentando exemplos o amplo espectro das possibilidades passadas de uma palavra poderia ser explorado.

As metas dos que iniciaram o projeto, lá pelos idos de 1850, eram ousadas e louváveis, mas existiam indubitáveis desvantagens econômicas em seus métodos: levaria uma imensa quantidade de tempo para elaborar um dicionário com esses fundamentos, sua produção era lenta demais para acompanhar a evolução da língua que ele tentava catalogar, a obra enfim resultante se revelou excepcionalmente vasta e precisava ser mantida atualizada com acréscimos quase tão grandes quanto o volume inicial, e o *OED* permanece até hoje, por todos esses motivos, um livro desmesuradamente caro, tanto para se produzir quanto para comprar.

Mas, à parte isso, é fato amplamente aceito que o *OED* tem um valor muito além de seu preço; ele continua sendo publicado e vende bem. É a pedra angular inigualável de qualquer boa biblioteca, uma obra essencial para qualquer coleção de referência. E ainda é citado habitualmente — "o *OED* diz" — nos parlamentos, tribunais, escolas e salões de conferência em cada canto do mundo de língua inglesa, e provavelmente também em incontáveis outros além dele.

Ele ostenta seu status com uma autoconfiança magistral, e não menos pelo fato de dar a seu meio milhão de definições uma certeza de tom marcadamente vitoriana. Alguns chamam a linguagem do dicionário de obsoleta, extravagante, até presunçosa. Note-se bem, dizem os críticos a título de exemplo, como os compiladores se mantêm furiosamente pudicos ao

lidar com uma blasfêmia até bastante recatada como *"bloody"*.*
Embora os editores modernos empreguem a definição original
do *New English dictionary* entre aspas — é uma palavra "hoje
constantemente na boca das classes mais baixas, mas por pessoas respeitáveis considerada 'uma palavra horrível', em igual-
dade com a linguagem obscena ou profana, e em geral impressa '*b....y*' nos jornais (em relatos policiais etc.)" —, mesmo a
definição moderna é, para a maioria, por demais claudicante
em si mesma: "Não há nenhuma base para a noção", o verbete
nos tranquiliza, "de que '*bloody*', ofensiva por suas associações
como é hoje para ouvidos educados, contenha qualquer alusão
profana [...]".

São aqueles de "ouvidos educados", supõe-se, que veem no
dicionário algo bem diferente: eles o veneram como último
bastião da Inglaterra culta, um eco final de valor do maior entre
todos os impérios modernos.

Mas mesmo eles admitem que há um certo número de
excentricidades divertidas quanto ao livro, tanto em suas sele-
ções quanto na escolha da ortografia por parte dos editores;
recentemente, desenvolveu-se uma pequena mas genuína indús-
tria acadêmica na qual eruditos modernos resmungam contra
o que veem como sexismo e racismo da obra, sua meticulosa e
obsoleta postura imperial. (E, para imorredoura vergonha de
Oxford, existe até uma palavra — embora seja uma única — que
todos confessam ter sido efetivamente *perdida* durante as sete
décadas de preparação do *OED* — ainda que a palavra tenha
sido acrescentada num suplemento, cinco anos após o aparecimento da primeira edição.)

Existem muitos desses críticos e, com o livro constituindo
um tamanho alvo imóvel, não há dúvida de que surgirão muitos
mais. E, mesmo assim, muitos dos que o utilizam, não importa
o quanto possam se mostrar críticos do ponto de vista doutriná-

---

* Em sentido literal, "sangrento", ou "ensanguentado"; no inglês vulgar,
trata-se de palavra injuriosa que serve para enfatizar um sentido de "maldição"
ou "intensidade". (N. T.)

rio quanto a suas deficiências, parecem devida e inevitavelmente, no final, admirá-lo como uma obra de literatura, assim como ficam maravilhados diante de sua erudição lexicográfica. É um trabalho que inspira afeição real e duradoura: trata-se de uma obra imponente, o mais importante livro de referência já feito e, dada a importância infinita da língua inglesa, provavelmente o mais importante que porventura existirá.

Pode-se afirmar com justiça que a história a seguir tem *dois* protagonistas. Um deles é o dr. Minor, o soldado assassino americano. Há um outro. Dizer que uma história tem dois protagonistas, ou três, ou dez, é uma forma de linguagem moderna perfeitamente aceitável, sequer digna de nota. Acontece, entretanto, que grassou certa vez uma furiosa polêmica lexicográfica quanto ao uso da palavra — um debate que ajuda a ilustrar o modo singular e peculiar como o *Oxford English dictionary* foi construído e como, no momento em que flexiona seus músculos, ele exibe uma opressiva autoridade intimidadora.

A palavra *protagonist* em si — quando usada em seu sentido geral de figura principal na trama de uma história, ou numa competição, ou como defensora de alguma causa — é bastante comum. Está, como seria de esperar de uma palavra conhecida, plena e adequadamente definida na primeira edição do dicionário, de 1928.

O verbete começa com os cabeçalhos habituais que mostram sua ortografia, pronúncia e etimologia (vem do grego [πρῶτος] significando "primeiro" e [ἀγωνιστής] significando "ator" ou, literalmente, o personagem principal a aparecer num drama). Em seguida vem o traço adicional peculiar do *OED*: a seleção, feita pelos editores, de uma série de seis citações de apoio — o que constitui o número médio para qualquer palavra do dicionário, embora algumas mereçam muitas mais. Os editores dividiram as citações em dois títulos.

O primeiro título, com três fontes citadas, mostra como a palavra tem sido usada para dizer, literalmente, "o personagem principal num drama"; as três citações seguintes demonstram uma diferença sutil, na qual a palavra significa "o personagem dominante em qualquer disputa", ou "o defensor proeminente [...] de alguma causa". Por consenso geral, este segundo significado é o mais moderno; o primeiro é a versão mais antiga e agora um tanto arcaica.

A citação mais antiga usada para ilustrar o primeiro desses dois significados teve sua trilha rastreada pelos detetives léxicos do dicionário até os escritos de John Dryden em 1671. "Acusam-me", diz a citação, "de criar pessoas devassas [...] meus protagonistas, ou as pessoas principais do drama."

Do ponto de vista lexicográfico, esse parece ser o veio matriz da palavra inglesa, um indício considerável de que o termo bem pode ter sido introduzido na linguagem escrita naquele ano e possivelmente não antes disso. (Mas o *OED* não oferece nenhuma garantia. Eruditos alemães em particular estão constantemente extraindo grande prazer de vencer um concurso lexicográfico informal que tem por objetivo encontrar citações com data anterior às do *OED*: na última contagem só os alemães já tinham descoberto 35 mil exemplos nos quais a citação do *OED não* era a primeira; outros, menos estridentes, apenas registram seus pequenos triunfos no trabalho de detetives do léxico, todos os quais os editores do Oxford aceitam com altiva equanimidade, sem professar infalibilidade ou monopólio.)

Essa única citação para *protagonist* é peculiarmente nítida, acima de tudo pelo fato de que Dryden afirma de forma explícita o recém-cunhado significado da palavra dentro da frase. Assim, do ponto de vista dos editores do dicionário, ela traz um duplo benefício — o de ter a origem da palavra datada e seu significado explicado, ambos por um único autor inglês.

Encontrar e publicar citações de emprego é, claro, um modo imperfeito de fazer declarações a respeito de origens e significados, mas para os lexicógrafos do século XIX era o melhor método já arquitetado, e ele ainda não foi superado. De tempos em tempos especialistas conseguem desafiar achados específicos como esse, e ocasionalmente o dicionário é obrigado a se retratar, forçado a aceitar uma citação anterior e a dar a determinada palavra uma história mais longa do que os editores do *Oxford* haviam concedido de início. Felizmente, *protagonist* em si não foi até agora contestada com sucesso em termos cronológicos. No que concerne ao *OED*, 1671 ainda se mantém: a palavra é, há trezentos e tantos anos, um membro desse corpo gigantesco conhecido como o vocabulário inglês.

A palavra aparece outra vez, e com nova citação de apoio, no *Supplement* de 1933 — volume que teve de ser acrescentado por causa do mero peso de novas palavras e de outras evidências de novos significados que haviam se acumulado durante as décadas em que o dicionário original estava sendo compilado. A essa altura um outro espectro de significado fora descoberto — o de "um participante destacado em algum jogo ou esporte". Uma frase sustentando a definição, de uma edição de 1908 de *The complete lawn tennis player*, é apresentada como prova.

Mas aí surge a polêmica. O outro grande livro sobre a língua inglesa, o imensamente popular *Modern English usage*, de Henry Fowler, publicado pela primeira vez em 1926, insistia — ao contrário da forma com que Dryden tinha sido citado no *OED* — em que *protagonist* é uma palavra que só pode ser usada invariavelmente no singular.

Qualquer emprego sugerindo o contrário estaria, em definitivo, gramaticalmente incorreto. E não seria apenas incorreto, declara Fowler, mas também um absurdo. Era um disparate sugerir que pudesse haver em uma peça dois personagens principais, ambos na condição de serem descritos como o mais importante. Ou a pessoa é a mais importante, ou não.

Passou-se mais de meio século até que o *OED* decidisse liquidar a questão. O *Supplement* de 1981, no clássico estilo professoral do dicionário, tenta se opor ao irritável (e agora falecido) sr. Fowler. Ele apresenta uma nova citação, reforçando a opinião de que a palavra pode ser usada no plural ou no singular, de acordo com a necessidade. George Bernard Shaw, diz o livro, escreveu em 1950: "Os atores precisam aprender que também eles têm de ficar invisíveis enquanto os protagonistas que eles representam estão dialogando, e portanto não devem mover um músculo ou mudar de expressão". É possível que a enorme autoridade linguística de Fowler estivesse tecnicamente correta, mas, explica o dicionário numa versão ampliada de sua definição de 1928, talvez apenas nos termos específicos do teatro grego clássico para o qual a palavra foi inicialmente concebida.

No mundo comum do inglês moderno, o mundo que, afinal, o grande dicionário foi planejado para reificar e definir — fixar, em linguajar de dicionário —, é com certeza bastante razoável ter dois ou mais atores principais em qualquer história. Muitos dramas têm espaço para mais de um herói, e ambos, ou todos, podem ser igualmente heroicos. Se os antigos gregos eram dramaturgos de um só herói, então que assim seja. No resto do mundo poderia haver tantos heróis quantos fossem os papéis para os quais o dramaturgo estivesse disposto a escrever.

Agora existe uma segunda edição de vinte volumes do dicionário com todo o material dos suplementos plenamente integrado à obra original, e novas palavras e formas que surgiram inseridas de acordo com a necessidade. Nessa edição, *protagonist* aparece no que é atualmente considerada sua verdadeira definição, com três significados principais e dezenove citações de apoio. A de Dryden permanece inalterada, o primeiro aparecimento da palavra, *e* no plural; e, a fim de dar ainda maior peso à noção de que o plural é uma forma perfeitamente aceitável, tanto o jornal *The Times* como a escritora de suspense e medievalista Dorothy L. Sayers são citados, além de Shaw. A palavra está, assim, adequadamente fixada em termos léxicos para todo o sempre, e ficou declarada pela autoridade quase incontestável do *OED* como passível de utilização tanto no singular como no plural.

O que acontece de nos ser conveniente, considerando — e para reiterar a questão — a existência de dois protagonistas nesta história.

O primeiro, como já está claro, é o dr. William Chester Minor, o confesso e insano assassino americano. O outro é um homem cujo período de vida foi mais ou menos coincidente com o do dr. Minor, mas que era diferente dele no que diz respeito a quase todos os demais aspectos: chamava-se James Augustus

Henry Murray. As vidas dos dois homens iriam, ao longo dos anos, se tornar inextricavelmente, e da mais curiosa maneira, entrelaçadas.

E, além de tudo, ambas iriam se entrelaçar com o *Oxford English dictionary*, já que o segundo protagonista, James Murray, viria a se transformar, pelos últimos quarenta anos de sua vida, em seu maior e mais justamente famoso editor.

James Murray nasceu em fevereiro de 1837, filho mais velho de um alfaiate e fanqueiro de Hawick, linda cidadezinha comercial no vale do rio Teviot, na fronteira com a Escócia. E isso era praticamente tudo o que ele desejava que o mundo soubesse sobre si próprio. "Sou um ninguém", escreveu no fim do século, quando a fama começou a se insinuar sobre ele. "Tratem-me como um mito solar, um eco, um número irracional, ou simplesmente me ignorem."

Mas há muito já se provou impossível ignorá-lo, visto que viria a se tornar uma figura elevada na erudição britânica. Cumularam-no de homenagens em vida, e ele alcançou, desde sua morte, a estatura de um herói mitológico. Até sua infância, revelada vinte anos atrás pela neta Elisabeth, que abriu seu baú de documentos, insinua que ele estava destinado — apesar do início de vida nada promissor, sem dinheiro e modesto — a coisas extraordinárias.

Murray foi um garotinho precoce, muito sério; transformou-se, com perseverança, num adolescente assombrosamente culto, de físico bem constituído, alto, com cabelos longos e uma prematura barba ruiva, lustrosa, que se somava à sua aparência circunspecta e intimidadora. "Saber é poder", declarou na folha de guarda de seu caderno de exercícios, acrescentando — porque além de ter, por volta dos quinze anos, um conhecimento funcional de francês, italiano, alemão e grego, ele, como todas as crianças instruídas de então, sabia latim — "*Nihil est melius quam vita diligentissima*" (Nada é melhor do que a vida mais diligente).

40

Tinha um apetite voraz, na verdade, uma sede apaixonada por todos os tipos de conhecimento. Foi autodidata na geologia e na botânica locais; descobriu um globo a partir do qual pôde aprender geografia e adquirir uma adoração por mapas; desencavou dezenas de livros escolares de onde se lançou ao enorme peso da história; observava e se esmerava em registrar na memória todos os fenômenos naturais à sua volta. Seus irmãos mais novos contariam mais tarde como ele certa vez os acordou, tarde da noite, para lhes mostrar a ascensão de Sírius, a estrela mais brilhante da constelação do Cão Maior, cuja órbita e aparecimento no horizonte havia calculado, e a previsão se provou, para a sonolenta exultação de toda a família, absolutamente exata.

Dedicava um carinho particular a encontrar e inquirir pessoas às quais era apresentado e que demonstravam ser elos vivos com a história: um dia descobriu um ancião que conhecera alguém que estivera presente quando o Parlamento proclamou William e Mary soberanos conjuntos em 1689; também por causa desse interesse, sua mãe tinha de lhe contar, inúmeras e repetidas vezes, como ficara sabendo da vitória em Waterloo; e, quando ele teve seus próprios filhos, permitia que as crianças fossem embaladas no colo de um idoso oficial da Marinha que estivera presente quando Napoleão concordou em se render.

Deixou a escola aos catorze anos, assim como a maioria das crianças mais pobres das Ilhas Britânicas. Não havia dinheiro para que passasse a frequentar o liceu pago na cidade próxima de Melrose, e em todo caso seus pais depositavam alguma confiança na capacidade do garoto para ser autodidata — perseguir, como prometera a si mesmo, a *vita diligentissima*. Suas esperanças se provaram bem fundadas: James continuou a acumular cada vez mais conhecimento, ainda que apenas (como iria confessar) em nome do conhecimento em si, e com frequência através das maneiras mais excêntricas.

Empenhou-se em furiosas escavações numa miríade de sítios arqueológicos por toda a região de Borders (que, por estar próxima da Muralha de Adriano, constituía um tesouro

41

inestimável de antiguidades enterradas); empreendeu tentativas para ensinar as vacas do lugar a responderem a chamados em latim; lia em voz alta, à luz de uma minúscula lamparina a óleo, as obras de um francês com o nome pomposo de Théodore Agrippa d'Aubigné, traduzindo para a família, que se reunia em torno dele, fascinada.

Um dia, tentando inventar um par de boias feitas com braçadas de íris do lago, amarrou-as nos braços, mas foi virado de cabeça para baixo pelo poder de flutuação maior do que o calculado, e teria se afogado (ele não sabia nadar) se os amigos não o salvassem, puxando-o da água pelo laço de quase um metro e meio da gravata. Memorizou centenas de locuções em romani, a língua dos ciganos que passavam por ali; aprendeu a encadernar livros; descobriu sozinho maneiras de embelezar seus escritos com elegantes desenhozinhos, floreios e arabescos, parecidos com as iluminuras feitas por monges da Idade Média.

Aos dezessete anos, esse "argumentativo, sério e ingênuo" jovem escocês foi empregado em sua cidade natal como mestre-escola assistente, transmitindo avidamente o conhecimento tão afiado que acumulara; aos vinte, era um diretor de escola habilitado da academia científica e literária local por assinatura ("de dez a dezesseis anos de idade, taxas de um guinéu por período"); e com seu irmão Alexander tornou-se membro destacado daquela que está entre as mais vitorianas e escocesas das corporações, o Mutual Improvement Institute. Deu sua primeira palestra — "Ler, seus prazeres e vantagens" — e continuou em frente, apresentando monografias eruditas à Sociedade Literária e Filosófica da cidade sobre sua recente paixão pela fonética, a origem da pronúncia e as bases da língua escocesa, e — tendo descoberto suas delícias — sobre a magia do anglo-saxão.

E mesmo assim essa promessa precoce pareceu subitamente condenada, primeiro pelo despertar do amor, depois pela ruína da tragédia. Porque em 1861, quando tinha apenas 24 anos, James conheceu e no ano seguinte desposou uma bela mas frágil professora de música da escolinha para crianças chamada Maggie Scott. Seu retrato de casamento mostra James como uma figura estranhamente alta, vagamente simiesca em sua sobrecasaca e na calça folgada; um homem com braços imensamente compridos, que lhe roçavam os joelhos; uma barba malcuidada; cabelo já rareando no alto da cabeça; olhos estreitos e intensos; nem feliz nem infeliz, mas pensativo — a mente, ao que parece, ocupada com uma espécie de distraído pressentimento.

Dois anos depois o casal teve um bebê, uma menina batizada de Anna. Mas, como era desgraçadamente comum na época, ela morreu na primeira infância. Em seguida, a própria Maggie Murray caiu gravemente doente de tuberculose e foi dito pelos médicos de Hawick ser improvável que resistisse aos rigores de mais um longo inverno escocês. O tratamento recomendado era uma temporada no sul da França, mas isso, dado o reduzido salário de James como mestre-escola, estava fora de questão.

Em vez disso, o casal partiu para Londres e uma acomodação modesta em Peckham. James Murray, agora com 27 anos, tinha sido obrigado, por circunstâncias domésticas e para sua amarga desilusão, a abandonar todas as buscas intelectuais do momento, todas as investigações e aprofundamentos em linguística, fonética e a origem das palavras — tópico a respeito do qual agora tinha o prazer de desfrutar numa animada correspondência com o notável erudito Alexander Melville Bell, pai do infinitamente mais famoso Alexander Graham Bell.

A necessidade econômica e o dever matrimonial — embora James fosse dedicado a Maggie e nunca se queixasse — o forçaram a se transformar não num profissional da cultura, mas, com horrenda previsibilidade, em um funcionário de banco em Londres. Com seu emprego, em punhos engomados e viseira verde, empoleirado num tamborete alto nos fundos do escritório central do Chartered Bank of India, tudo levava a crer que a história podia ter chegado a um fim ignominioso.

Nada disso. Em questão de apenas alguns meses ele estava de volta ao trabalho intelectual. Havia renovado sua excêntrica busca do saber — estudando hindustâni e persa aquemênida no trem de ida e volta para o trabalho, tentando determinar,

43

pelo sotaque, de qual região da Escócia vinham vários policiais londrinos, fazendo palestras sobre "O corpo e sua arquitetura" na Camberwell Congregational Church (onde, como confirmado abstêmio vitalício, era membro entusiasta da Liga da Temperança) e até observando, com divertido distanciamento, enquanto sua sempre doente e bem-amada Maggie agonizava, que em seu delírio noturno ela se deixava cair no cerrado dialeto escocês de sua infância, abandonando os tons mais refinados que eram típicos de uma professora primária. Essa pequena descoberta, um acréscimo marginal à sua erudição, iria de certo modo ajudá-lo a atravessar o tormento da morte subsequente da mulher.

Dali a um ano ele estava noivo de outra jovem e, passado mais um ano, casado. Embora fosse evidente que tinha amado e admirado Maggie Scott, logo ficou muito claro que em Ada Ruthven — cujo pai trabalhava para a Great Indian Peninsular Railway e era admirador de Alexander von Humboldt, e cuja mãe afirmava ter frequentado a escola com Charlotte Brontë — James havia encontrado uma mulher que, social e intelectualmente, se equiparava bem mais a ele. Permaneceriam devotados um ao outro e teriam onze filhos, dos quais os nove primeiros, de acordo com o desejo do sogro de James, ostentavam Ruthven como nome do meio.

Uma carta que James Murray escreveu em 1867, aos trinta anos, candidatando-se a um emprego no Museu Britânico, oferece um pouco do sabor de seu quase inacreditável âmbito de conhecimentos (assim como de sua despudorada franqueza em falar às pessoas sobre ele):

> Devo declarar que a filologia, tanto comparada como especial, tem sido minha ocupação favorita durante toda a minha vida, e que tenho uma familiaridade geral com as línguas e literaturas ariana e siro-árabe — não que eu seja familiarizado com todas ou quase todas entre essas, mas possuo um conhecimento geral, léxico e estrutural, que transforma o conhecimento íntimo apenas numa questão

de um pouco de aplicação. Com várias tenho uma familiaridade mais íntima, como é o caso das línguas românicas, italiano, francês, catalão, espanhol, latim e, em grau menor, português, valdense, provençal e vários dialetos. No ramo teutônico, estou razoavelmente familiarizado com o holandês (por ter em meu local de trabalho correspondência a ser lida em holandês, alemão, francês e ocasionalmente outras línguas), o flamengo, o alemão, o dinamarquês. Em anglo-saxão e mesogótico meus estudos foram bem mais profundos, e já elaborei alguns trabalhos para publicação sobre essas línguas. Sei um pouco de celta e no momento estou empenhado com o eslavônio, tendo obtido um proveitoso conhecimento do russo. Conheço os ramos persa, aquemênida cuneiforme e sânscrito, para os objetivos da filologia comparada. Tenho conhecimento suficiente de hebraico e siríaco para ler à primeira vista o Velho Testamento e a Peshito;* num grau inferior conheço árabe aramaico, copta e fenício até o ponto em que foram deixados por Gesenius.**

É um tanto inacreditável que o museu tenha rejeitado sua postulação ao emprego. De início Murray ficou arrasado, mas logo se recuperou. Em pouco tempo estava se consolando bem à sua maneira — comparando, em termos léxicos, a numerologia para contagem de ovelhas dos índios wowenoc, do Maine, com a dos fazendeiros da charneca de Yorkshire.

O interesse de Murray em filologia poderia ter permanecido como o de um amador entusiasta, não fosse por sua amizade com dois homens. Um deles era um matemático do Trinity College, de Cambridge, de nome Alexander Ellis, e o outro um foneticista notório por sua teimosia e de rudeza colossal, chamado Henry Sweet — a figura em quem George Bernard

---

* Peshito: versão padrão da Bíblia cristã no idioma siríaco. (N. E.)
** O alemão Wilhelm Gesenius (1786-1842), importante crítico da Bíblia e estudioso de línguas semíticas. (N. E.)

Shaw mais tarde iria basear seu personagem do professor Henry Higgins em *Pigmalião*, peça transmutada depois no filme eternamente popular *My fair lady* (em que Higgins foi interpretado pelo igualmente rude e cabeçudo ator Rex Harrison).

Esses homens transformaram rapidamente o diletante amador num sério e erudito filólogo. Murray foi introduzido como membro da augusta e exclusiva Sociedade Filológica — feito que não era de pequena monta para um jovem que, deve-se lembrar, abandonara a escola aos catorze anos e até então, portanto, não frequentara a universidade. Por volta de 1869 ele estava no conselho da Sociedade. Em 1873 — tendo deixado o emprego no banco e voltado ao magistério (na Mill Hill School) — publicou *The dialect of the southern counties of Scotland* [O dialeto dos condados meridionais da Escócia]. Essa obra iria iluminar e solidificar sua reputação ao ponto da mais ampla admiração (e lhe valeria o convite para contribuir com um ensaio sobre a história da língua inglesa destinado à nona edição da *Encyclopædia britannica*). Levou-o também ao contato com um dos homens mais surpreendentes da Inglaterra vitoriana — o sábio cigano e meio louco que era secretário da Sociedade Filológica, Frederick Furnivall.

Alguns consideravam Furnivall — apesar de sua dedicação à matemática, ao inglês médio, do período entre os anos 1100 e 1500, e à filologia — um completo palhaço, um imbecil, um dândi escandaloso e bobo (seus críticos, que se contavam em legiões, davam grande importância ao fato de o pai dele ter mantido um manicômio particular na casa onde o jovem Frederick cresceu).

Ele era socialista, agnóstico e vegetariano, assim como "ao álcool e ao fumo foi estranho durante toda a sua vida". Atleta fogoso, obcecado pelo remo, tinha um gosto particular por ensinar a jovens e belas garçonetes (recrutadas no salão de chá da ferrovia em New Oxford Street) a melhor maneira de obter mais velocidade num pequeno barco de corrida que ele próprio havia projetado. Uma fotografia sua de 1901 sobrevive até hoje: Furnivall ostenta um sorriso afetado, e não é de pouca relevância para isso o fato de estar cercado por oito belas integrantes do Clube de Remo Hammersmith para Moças, mulheres de ar satisfeito e aparência bem exercitada, cujas saias podem ser longas mas vêm combinadas com camisas bem ajustadas sobre os seios fartos. No fundo destaca-se uma austera matrona vitoriana, vestida num traje de luto em sarja e com o cenho franzido.

Frederick Furnivall era de fato um terrível namorador, condenado por muita gente como socialmente repreensível pelo fato de ter cometido o duplo e imperdoável pecado de se casar com a criada de uma dama e em seguida abandoná-la. Dezenas de diretores de periódicos e editores recusavam-se a trabalhar com ele: era "desprovido de tato ou discrição [...] tinha uma franqueza de menino na linguagem que a muitos ofendia e o levava a polêmicas nada edificantes [...] suas declarações de hostilidade à religião e às distinções de classe eram com frequência insensatas e causavam desconforto".

Mas ele era um erudito brilhante e, como James Murray, tinha uma sede de saber obsessiva; entre seus amigos e admiradores podiam-se contar Alfred, lorde Tennyson; Charles Kingsley; William Morris; John Ruskin, o mentor londrino do dr. Minor, como se revelaria mais tarde; e o compositor Frederick Delius, de Yorkshire. Kenneth Grahame, um companheiro de remo que trabalhava no Bank of England, devidamente rendido ao feitiço de Furnivall, escreveu *The wind in the willows* [O vento nos salgueiros] e pintou-o na trama como o Ratão-do-Banhado. "Nós lhes aprendemos!", diz o Sapo. "Nós lhes ensinamos!", corrige o Ratão. Furnivall pode ter sido um dissimulado encrenqueiro, mas também é verdade que na maioria das vezes tinha razão.

Ele pode ter sido o mentor de Grahame; mas foi uma figura muito mais expressiva na vida de James Murray. Como o biógrafo deste último diria depois, com admiração, Furnivall era para Murray "estimulante e persuasivo, frequentemente intrometido e exasperante, sempre uma influência dinâmica e poderosa, eclipsando até o próprio James em seu gosto pela vida".

47

Era em muitos aspectos o mais vitoriano dos vitorianos, o mais inglês dos ingleses — e uma escolha natural, como principal filólogo do país, para assumir um papel dominante na criação do grandioso dicionário que se encontrava então em processo de ser elaborado.

Seriam a amizade e o apadrinhamento de Furnivall — assim como as ligações de Murray com Sweet e Ellis — que iriam levar, em última análise, ao acontecimento mais compensador de todos. Isso ocorreu na tarde de 26 de abril de 1878, momento em que James Augustus Henry Murray, convidado a ir a Oxford, compareceu a uma sala no Christ Church College para uma impressionante reunião das mentes mais fabulosas daquela terra, os representantes da Oxford University Press.

Eles formavam um grupo formidável — o reitor da universidade, Henry Liddell (cuja filha, Alice, cativara de tal maneira o matemático da Christ Church Charles Lutwidge Dodgson, ou Lewis Carroll, que ele escreveu um livro de aventuras para ela, ambientado no País das Maravilhas); Max Müller, o filólogo de Leipzig, orientalista e especialista em sânscrito, que agora detinha a cadeira de filologia comparada em Oxford; o *regius professor** de história William Stubbs, o homem a quem se creditava, nos tempos vitorianos, o mérito de ter tornado o tema digno de ocupação acadêmica respeitável; o cônego da Christ Church e acadêmico clássico Edwin Palmer; o diretor do New College, James Sewell — e assim por diante.

Suprema Igreja Anglicana, supremo saber, suprema ambição: aqueles eram os homens de importância, os arquitetos das grandes construções intelectuais que se originaram durante o período mais altivo e consciente da Inglaterra. Tal como Isambard Kingdom Brunel foi para as pontes e ferrovias, tal como sir Richard Burton foi para a África e tal como Robert Falcon Scott em breve seria para a Antártida, esses homens eram o que havia de melhor, os criadores de monumentos

---

* Aquele que detém uma cátedra por subvenção da monarquia numa universidade britânica. (N. T.)

48

indeléveis ao saber — dos livros que viriam a ser o cerne dos alicerces para todas as grandes bibliotecas de todo o globo terrestre.

E eles tinham um projeto, disseram, pelo qual o dr. Murray bem poderia se interessar, e muito. Um projeto que, inadvertidamente para todos os envolvidos, iria afinal colocar James Murray em rota de colisão com um homem cujos interesses e devoção eram curiosamente coincidentes com os seus.

À primeira vista, William Minor poderia parecer um homem mais marcado por suas diferenças em relação a Murray do que por suas semelhanças. Era rico, e Murray, pobre. Vinha de alta posição social, enquanto as origens de Murray, ainda que respeitáveis, eram irremediavelmente humildes. E, embora tivesse quase a mesma idade que o outro — apenas três anos os separavam —, nascera não só sob nacionalidade diferente como, na verdade, num lugar que ficava a quase tantos milhares de quilômetros das Ilhas Britânicas de Murray quanto se considerava, na época, distância prudente e viável a ser viajada por pessoas comuns.

3. A LOUCURA DA GUERRA

lunatic (l¹ū nătik), *adj.* [adap. lat. tardio *lūnātic-us*, do lat. *lūna*, lua; ver -ATIC. Cf. fr. *lunatique*, esp., it. *lunatico*.] **A.** *adj.*
    1. Lunático. Originalmente, alguém afetado pelo tipo de insanidade que se supunha apresentar períodos recorrentes, dependendo das mudanças da lua. Em uso mod., sinônimo de INSANO; corrente em linguagem popular e jurídica, mas agora não empregado tecnicamente por médicos.

O Ceilão, aquela ilha tropical de vegetação luxuriante que parece pender do extremo sul da Índia como uma lágrima — ou uma pera, ou até (dizem alguns) como um pernil —, é visto pelos ministros das religiões mais austeras do mundo como o lugar onde Adão e Eva foram exilados depois da expulsão do Paraíso. É um Jardim do Éden para os pecadores, um limbo isolado para aqueles que cediam às tentações.

Hoje em dia tem o nome de Sri Lanka; já foi chamado de Serendib pelos mercadores árabes que faziam comércio por mar, e no século XVIII Horace Walpole criou uma história fantástica sobre três príncipes que reinaram ali e que tinham o hábito encantador de tropeçar em coisas maravilhosas inteiramente por acaso. Dessa forma, a língua inglesa foi enriquecida pela palavra *serendipity*, sem que seu inventor, que nunca viajou ao Oriente, jamais soubesse por quê.

Sucede que Walpole foi bem mais preciso do que poderia sequer imaginar. O Ceilão é na realidade uma espécie de ilha do tesouro do pós-queda, onde cada dádiva sensual dos trópicos está disponível, seja para premiar a tentação, seja para divertir e dar prazer. Assim, lá estão a canela e o coco, o café e o chá; há safiras e rubis, mangas e cajus, elefantes e leopardos; e por toda

50

parte uma brisa melodiosa, cálida, docemente úmida, perfumada pelo mar, pelas especiarias, pelas flores.

E há as moças — garotas jovens, de pele cor de chocolate, sempre risonhas e nuas, com corpos molhados e lustrosos, mamilos em botão, cabelos longos, pernas de potranca e pétalas escarlate e violeta presas atrás das orelhas — que brincam nas ondas brancas do oceano Índico e correm, sem qualquer pudor, pelas areias frescas e úmidas a caminho de casa.

Era dessas anônimas moças de aldeia — parecidas com as que brincavam nuas nas praias cingalesas há um número incontável de anos, e que ainda estão lá — que o jovem William Chester Minor mais se lembrava. Foram essas jovens do Ceilão — mais tarde ele diria ter certeza disto — que inconscientemente o lançaram na trilha em espiral até sua lascívia insaciável, à loucura incurável e à perdição final. Percebera pela primeira vez a excitação erótica dos encantos delas quando estava apenas com treze anos de idade: isso iria incitar uma vergonhosa obsessão com a sexualidade que inspiraria seus sentidos e consumiria suas energias daquele momento em diante.

William nasceu na ilha em junho de 1834 — pouco mais de três anos antes e a 8 mil quilômetros a leste de James Murray, o homem a quem breve se tornaria tão inextricavelmente ligado. E num aspecto — um único apenas — as vidas das duas famílias tão separadas eram semelhantes: tanto os Murray quanto os Minor eram extremamente devotos.

Thomas e Mary Murray eram membros da Igreja Congregacionalista, aferrando-se aos costumes conservadores da Escócia do século XVII com um grupo conhecido como os Covenanters.* Eastman e Lucy Minor também eram congregacionalistas,

* "Contratantes" ou "Pactuantes". Em teologia, a palavra refere-se ao pacto de Deus com os homens, através das promessas contidas na Bíblia. (N. T.)

51

mas do tipo mais vigorosamente evangélico que dominava as colônias americanas, e cujas opiniões e crenças descendiam dos Pilgrim Fathers, imigrantes puritanos ingleses. E, embora Eastman Strong Minor tivesse aprendido os misteres da impressão e prosperado como dono de editora, sua vida tornou-se afinal dedicada a levar a luz do protestantismo americano doméstico aos interiores obscuros das Índias Orientais. Os Minor estavam no Ceilão como missionários, e William nasceu na clínica da missão, no seio de uma devota família das missões.

Ao contrário dos Murray, os Minor pertenciam à primeira linha da aristocracia americana. O primeiro colonizador da família no Novo Mundo foi Thomas Minor, originário da aldeia de Chew Magna, em Gloucestershire. Ele cruzou o Atlântico menos de uma década depois dos Pilgrims, a bordo de um navio chamado *Lion's Whelp*, que atracou em Stonington, o porto junto ao vilarejo de Mystic, na boca do canal de Long Island. Dos nove filhos de Thomas e sua mulher, Grace, seis foram meninos, que continuaram propagando o nome da família por toda a Nova Inglaterra, e se contam entre os devotos de elevados princípios que foram os patriarcas fundadores do estado de Connecticut no final do século XVII.

Eastman Strong Minor, nascido em Milford no ano de 1809, foi o líder da sétima geração dos Minor na América; por essa época, os membros da família já eram, de modo geral, prósperos, bem estabelecidos e respeitados. Quando Eastman e sua jovem esposa bostoniana, Lucy, que tinham se casado na cidade dela em 1833, fecharam a gráfica da família e embarcaram num vapor levando uma carga de gelo de Salem para o Ceilão, poucos acharam que tal atitude fosse qualquer coisa diferente de um sinal honorífico. A devoção deles era famosa, e a família Minor pareceu se alegrar com o fato de, a despeito de toda a sua riqueza e posição social, o casal se sentir tão forte no que dizia respeito à sua vocação a ponto de contemplar a ideia de passar provavelmente muitos anos longe dos Estados Unidos, pregando o Evangelho aos tidos como menos afortunados em terras tão distantes.

Chegaram ao Ceilão em março de 1834 e se estabeleceram

52

na sede da missão em um vilarejo chamado Manepay, na costa nordeste da ilha, perto da grande estação naval britânica em Trincomalee. Foi só três meses depois, em junho, que William nasceu — tendo sua mãe sofrido muito com os enjoos do navio somados às náuseas matinais da gravidez. Uma segunda filha, chamada Lucy, como a mãe, nasceria dois anos depois.

Embora a ficha médica de William sugira uma típica criação indiana, austera e rude — fratura de uma clavícula por causa do tombo de cavalo, desmaio ao cair de uma árvore, as costumeiras doses ligeiras de malária e febre amarela —, seus primeiros anos ficaram longe de uma infância normal.

Sua mãe morreu de tuberculose quando ele tinha três anos. Dois anos mais tarde, em vez de voltar para casa, nos Estados Unidos, com os dois filhos menores, Eastman Minor lançou-se numa viagem pela península Malaia, disposto a encontrar ali uma segunda esposa, em meio às comunidades missionárias. Deixou a filhinha a cargo de um casal de missionários num vilarejo cingalês chamado Oodooville e partiu rumo ao leste, num cargueiro sem linha regular, com o jovem William a reboque.

Os dois foram a Cingapura, onde Minor tinha um amigo em comum que o apresentou a um grupo de missionários americanos em viagem rumo ao norte do país para pregar o Evangelho em Bangcoc. Entre eles havia uma bela (e convenientemente órfã) pregadora chamada Judith Manchester Taylor, que viera de Madison, Nova York. O namoro foi breve, e discretamente fora da vista daquela criança curiosa que os acompanhava. Minor convenceu a srta. Taylor a voltar com eles no vapor seguinte com destino a Jaffna, e os dois foram casados pelo cônsul americano em Colombo pouco antes do Natal de 1839.

Judith era tão ativa quanto seu marido impressor. Dirigiu a escola local, aprendeu cingalês e ensinou a língua a seu muito inteligente enteado mais velho, assim como, no devido tempo, aos seis filhos que veio a ter.

Dois dos filhos que resultaram desse casamento morreram, o primeiro com um ano de idade, o segundo com cinco. Uma das irmãs de William, filha de sua madrasta com o pai, faleceu aos

53

oito anos. Sua irmã Lucy morreu de tuberculose quando estava com 21 anos. (Um terceiro meio-irmão, Thomas T. Minor, morreu em circunstâncias singulares muitos anos depois. Ele se mudou para o Oeste americano, onde primeiro trabalhou como médico junto à tribo dos winnebago em Nebraska, depois foi para o recém-adquirido território do Alasca a fim de recolher modelos de moradias no Ártico, e finalmente para Port Townsend e Seattle, onde se elegeu prefeito. Em 1889, ainda no cargo, partiu numa expedição de canoa para Whidbey Island com um amigo, G. Morris Haller. Nenhum dos dois jamais retornou. Restaram uma Minor Street e uma escola Thomas T. Minor, assim como uma fama em Seattle que liga o nome de Minor a um certo grau de glamour, pioneirismo e mistério.)

A biblioteca da missão em Manepay era bem fornida, e embora as acomodações para a família fossem "muito pobres", segundo os diários de Judith, a escola em si era excelente, permitindo ao jovem William obter uma educação marcadamente melhor do que a que teria recebido na Nova Inglaterra. O trabalho do pai como editor dava-lhe acesso à literatura e aos jornais; e Eastman e Judith viajavam com frequência a cavalo e de charrete, levando-o junto e incentivando-o a aprender o maior número possível de línguas locais. Aos doze anos ele falava cingalês com fluência e supõe-se que tivesse uma base considerável em birmanês, assim como um pouco de hindi e tâmil, e um conhecimento superficial de vários dialetos chineses. Também sabia se deslocar com desembaraço por Cingapura, Bangcoc e Rangoon, assim como na ilha de Penang, ao largo da costa daquilo que era então a Malásia Britânica.

William tinha apenas treze anos, como mais tarde contou a seus médicos, quando começou a se deleitar com "pensamentos lascivos" sobre as jovens cingalesas à sua volta nas praias: elas devem ter lhe parecido uma constante rara numa vida inconstante de deslocamentos sucessivos. Mas, quando completou catorze anos, seus pais (que talvez tivessem consciência de seus anseios pubescentes) decidiram mandá-lo de volta para os Estados Unidos, bem longe das tentações dos trópicos. Ele iria viver com seu tio Alfred, que na época administrava uma grande loja de louças no centro de New Haven. Assim, William foi embarcado no porto de Colombo em um dos navios regulares que faziam a insuportavelmente maçante travessia entre Bombaim e Londres — pelos (já que isso aconteceu em 1848, muito tempo antes da conclusão do canal de Suez) longos mares em torno do cabo da Boa Esperança.

Mais tarde ele confessou ter tido recordações intensamente eróticas da viagem. Em particular, lembrava-se de se sentir "ardentemente atraído" por uma jovem inglesa que conheceu a bordo do navio. Dava a impressão de não ter sido advertido para o fato de que os longos dias e noites tropicais no mar — combinados ao movimento lento e oscilante das ondas, e à tendência das mulheres a usarem vestidos de algodão leves e curtos, e de vários barmen a oferecer drinques exóticos — podiam muito bem, tanto naquele tempo como hoje, levar ao romance, particularmente quando um dos casais de pais, ou ambos, estava ausente.

Muita coisa parece ter acontecido durante as quatro semanas no mar — embora, talvez, não o "irremediável". A amizade parece não ter sido consumada, a despeito de todo o tempo que o par passou sozinho. Muitos anos mais tarde, Minor iria salientar para seus médicos que, assim como em suas fantasias com as jovens indianas, nunca se "satisfazia de maneira antinatural" ou sequer deixava que os sentimentos sexuais pela companheira de viagem levassem a melhor sobre ele. As coisas poderiam ter tomado um rumo muito diferente se o rapaz houvesse feito isso.

A culpa — talvez uma criada comum entre os particularmente devotos — parece ter interferido, mais até do que a timidez ou a cautela natural de um adolescente. Desse momento em diante na longa e atormentada vida de William Minor, sexo e culpa começam a surgir firme e fatalmente atrelados um ao outro. Ele vive se desculpando com seus inquisidores dos últimos anos: seus pensamentos eram "lascivos", tinha "vergonha" deles, fazia o melhor possível para não "ceder". Dá a impressão de ter vivido o tempo todo olhando por sobre o ombro, certificando-se de que seus pais — talvez a mãe que perdeu quando mal havia saído da primeira infância, ou talvez a madrasta, com tanta frequência uma causa de problemas, em especial para meninos — jamais viessem a saber das "vis maquinações", como encarava seus pensamentos, de sua mente cada vez mais perturbada.

Mas esses sentimentos ainda eram incipientes nos anos da adolescência de William Minor, e na época não o preocupavam. Ele tinha sua vida acadêmica para levar adiante, e com ansiedade. De Londres, pegou outro navio para Boston, e dali mais um até seu destino, New Haven, onde deu início à árdua tarefa de estudar medicina na Universidade Yale. Seus pais, com a família muito diminuída, só retornariam dali a mais seis anos, quando ele se encontrava por volta dos vinte. Parece ter passado esse período — e na verdade os nove anos seguintes de seu aprendizado como médico — dedicado ao estudo assíduo, deixando de lado o que logo se revelaria como seu interesse mais profundo.

Passou em todos os exames aparentemente sem grande dificuldade e se formou pela escola de medicina de Yale com um título acadêmico e uma especialização em anatomia comparada no mês de fevereiro de 1863, quando estava com 29 anos. O único problema sério de que se tem registro naqueles anos ocorreu quando ele contraiu uma infecção após cortar a mão no momento em que realizava uma autópsia num homem que morrera de septicemia: Minor reagiu depressa, mergulhando a mão em iodo — mas não foi rápido o bastante. Ficou gravemente doente, como seus médicos contaram mais tarde, e quase morreu.

A essa altura William era um homem adulto, temperado pelos anos no Oriente e afiado pelos estudos naquela que já era uma das melhores faculdades americanas. Embora não tivesse nenhuma suspeita de que sua mente se encontrava num estado tão perigosamente frágil, ele se achava prestes a embarcar no que foi, quase com certeza, o período mais traumático de sua jovem vida. Candidatou-se ao alistamento no Exército como cirurgião — um Exército que na época via-se às voltas com uma aguda escassez de pessoal médico. Porque aquele não era simplesmente o Exército — chamava-se então Exército da União: os Estados Unidos, um país ainda jovem também, estavam passando exatamente pelo período mais traumático de sua vida nacional. A Guerra Civil achava-se em plena marcha.

Quando Minor assinou seu primeiro contrato com o Exército — que primeiro treinou-o convenientemente perto de casa, no Knight Hospital de New Haven —, a guerra estava justo na metade, embora, claro, ninguém na época soubesse disso. Até então, oitocentos dias de combates já haviam decorrido: os homens já tinham visto as batalhas dos fortes Sumter, Clark, Hatteras e Henry; a primeira e a segunda batalhas de Bull Run; e as lutas sobre trechos do território em Chancellorsville, Fredericksburg, Vicksburg, Antietam, e vencido inúmeros outros despojos de guerra, não cantados e não lembrados, como Big Black River Bridge, no Mississippi, Island Number Ten, no Missouri, ou Greasy Creek, no Kentucky. O Sul contava até o momento com uma abundância de vitórias. O Exército da União, penosamente exigido por oitocentos dias de uma luta sem trégua e com reveses demais, pegava todos os homens que podia: estava ansioso por aceitar alguém aparentemente tão competente, e de bom berço ianque, como William Chester Minor, de Yale.

Quatro dias depois de ter se alistado, em 29 de junho de 1863, veio a batalha de Gettysburg, a mais sangrenta da guerra inteira, o momento decisivo, depois do qual as ambições militares da Confederação começaram a malograr. Os jornais que Minor lia toda noite em New Haven estavam cheios de relatos sobre o progresso do combate; foram 20 mil baixas para o lado da União, e para esse número até mesmo um estado diminuto como Connecticut contribuíra com uma parcela monstruosa — perdeu mais de um quarto dos homens que mandou para a luta na Pensilvânia naqueles três dias de julho. O mundo, diria o presidente Lincoln seis meses depois, quando consagrou a terra como um memorial aos que tombaram, jamais poderia esquecer o que eles haviam feito ali.

Sem dúvida as narrativas da batalha atiçaram o jovem cirurgião: havia baixas a granel nos campos, trabalho abundante para um jovem médico vigoroso e ambicioso realizar e, além disso, ele se encontrava no que agora prometia muito ser o lado vencedor. Por volta de agosto, foi levado a prestar juramento solene de cumprir as ordens do Exército; em novembro, achava-se sob contrato formal para servir como cirurgião assistente interino, e fazer o que quer que a chefia do serviço de saúde do Exército exigisse. Estava impaciente, ansioso, como seu irmão testemunharia mais tarde, para ser enviado à frente de batalha.

Mas passaram-se outros seis meses até que o Exército finalmente decidisse transferi-lo para o sul, perto dos sons da guerra. Em New Haven, Minor passara um período relativamente cômodo, cuidando dos homens que tinham sido trazidos para bem longe do trauma de combate, homens que agora estavam se curando, tanto do corpo quanto da mente. Mas lá no norte da Virgínia, para onde ele foi mandado primeiro, tudo era muito diferente.

Ali, o horror pleno dessa luta cruel e assustadoramente cruenta o atingiu de repente, sem aviso. Ali estava uma inelutável ironia da Guerra Civil, inaudita em qualquer outro conflito entre homens, antes daquele ou desde então: o fato de que aquela era uma guerra combatida com armas novas e altamente eficazes, máquinas feitas para dizimar homens — mas ainda assim num momento em que a era da medicina pobre de recursos e primitiva apenas começava a chegar ao fim. Lutava-se com o morteiro, o mosquete e a bala Minié, mas ainda não com a anestesia, a sulfanilamida ou a penicilina. O soldado comum achava-se, portanto, numa situação de mais sofrimento do que em qualquer período anterior. Podia ser monstruosamente maltratado por todo o novo armamento, mas apenas moderadamente bem tratado com a velha medicina.

Assim, nos hospitais de campanha havia gangrena, amputações, imundície, dor e doenças — o surgimento de pus num ferimento era considerado "louvável" pelos médicos, o sinal da cura. Os sons nas barracas de primeiros socorros seriam inesquecíveis: os gritos e as lamúrias de homens cujas vidas tinham sido arruinadas pela crueldade das novas armas e em batalhas ferozes, implacáveis. Cerca de 360 mil soldados das tropas federais morreram na guerra, e o mesmo aconteceu a 258 mil confederados — e para cada um que morria em razão dos ferimentos causados pelas novas armas, outros morriam por infecções, doenças e falta de higiene.

Para Minor tudo isso representava ainda algo terrivelmente estranho a seu mundo. Era, os amigos de sua terra natal diriam mais tarde, um homem sensível — amável até em excesso, um tanto acadêmico, de certa forma delicado demais para o ofício militar. Lia, pintava aquarelas, tocava flauta. Mas a Virgínia de 1864 não era lugar para sensíveis e bem-educados. E embora nunca seja possível apontar com precisão o que causa a erupção da loucura em um homem, há pelo menos uma certa sugestão circunstancial de que, neste caso, foi um acontecimento, ou uma coincidência de eventos, que afinal desconjuntou a mente do dr. Minor e arremessou-o por sobre a fronteira do que naqueles tempos intolerantes era visto como loucura total.

Dado o que agora sabemos sobre o cenário e as circunstâncias de seu primeiro encontro com a guerra, de fato parece razoável e verossímil supor que sua loucura — latente, rondando ao fundo — teve seu gatilho disparado naquele momento. Alguma coisa específica parece ter acontecido em Orange County, na Virgínia, no início de maio de 1864, durante os dois dias do embate impressionantemente cruento que desde então passou a ser chamado de batalha de Wilderness. Foi uma batalha para pôr à prova o mais são dos homens: alguns dos acontecimentos daqueles dois dias estiveram, definitivamente, além de qualquer capacidade da imaginação humana.

Não está exatamente claro por que Minor foi para a batalha — suas ordens escritas na verdade determinavam que seguisse de New Haven até Washington, e ao consultório do diretor

59

médico, onde iria substituir um certo dr. Abbott num hospital divisional do Exército em Alexandria. Mais tarde ele veio a cumprir o que estava prescrito de início — mas antes, e possivelmente sob ordens específicas do diretor médico —, viajou cerca de 130 quilômetros rumo ao sudoeste da capital federal para o campo de batalha, onde iria ver — pela primeira e única vez em sua carreira — um verdadeiro combate.

Wilderness foi o primeiro teste prático da suposição de que, com a vitória de Gettysburg em julho de 1863, a maré de eventos na Guerra Civil havia verdadeiramente mudado. No mês de março seguinte, o presidente Lincoln tinha colocado todas as forças da União sob o comando do general Ulysses S. Grant, que prontamente arquitetou um plano mestre objetivando nada menos que a destruição total dos exércitos confederados. As desordenadas e mal organizadas campanhas das semanas e meses anteriores — escaramuças aqui e ali, cidades e fortes capturados e recapturados — não significaram nada em termos de estratégia coerente: enquanto o exército confederado permanecesse intacto e pronto para combater, assim também continuaria a Confederação de Jefferson Davis. Mate-se o exército da secessão, Grant raciocinou, e se matará a causa secessionista.

Essa estratégia formidável foi posta formalmente em marcha no mês de maio de 1864, quando a grande máquina militar que Grant havia reunido para liquidar o exército confederado começou a rolar em direção ao sul pelo Potomac. A campanha disparada por esse primeiro movimento iria afinal cortar o Sul ao meio como uma grande foice; Sherman atacaria em fúria vindo do Tennessee através da Geórgia, Savannah seria capturada, as principais forças confederadas se renderiam em Appomattox a meros onze meses depois disso, e a batalha final desta guerra de cinco anos teria lugar na Louisiana, em Shreveport, quase um ano após o dia em que Grant começou a mover suas tropas.

Mas os momentos iniciais da estratégia foram os mais difíceis de executar, com o inimigo menos enfraquecido e mais determinado — e raramente naquelas primeiras semanas foi a batalha incorporada com maior ardor do que no primeiro dia da campanha. Os homens do general Grant marcharam ao longo dos contrafortes das montanhas Blue Ridge e, na tarde de 4 de maio, cruzaram o rio Rapidan para Orange County. Ali encontraram o exército da Virgínia do Norte, de Robert E. Lee: o combate subsequente, que teve início com a travessia do rio e terminou somente quando os homens de Grant empreenderam uma retirada pelos flancos em direção a Spotsylvania, custou cerca de 27 mil vidas em apenas cinquenta horas de selvageria e fogo cruzado.

Três aspectos distintos desta imensa batalha surgem para torná-la particularmente importante na história do dr. William Minor.

O primeiro foi a rematada e selvagem ferocidade das tropas empenhadas no combate e as impiedosas condições do campo onde a luta se realizou. Os milhares de homens que enfrentaram uns aos outros o fizeram num território absolutamente inadequado para táticas de infantaria. Era — e ainda é — uma região rural suavemente inclinada, coberta por uma espessa floresta replantada e impenetrável em virtude da densa vegetação rasteira. Há trechos de zona pantanosa, lamacenta e fétida, carregada de mosquitos. Em maio é pavorosamente quente: a folhagem esparsa dos pântanos e riachos minguados está sempre seca como carvão.

O combate ali foi conduzido, portanto, não com a artilharia — que não conseguia enxergar — nem com a cavalaria — que não poderia passar. Teve de ser empreendido com os homens da infantaria munidos de mosquetes — suas armas carregadas com a aterradora bala Minié, que rasga a carne, a última novidade na época em matéria de munição, dilatada por uma carga de pólvora em sua base e que infligia imensos e medonhos ferimentos — ou corpo a corpo, com baionetas e sabres. E com o calor e a fumaça da batalha veio ainda mais um terror — o fogo.

As moitas cerradas entraram em chamas, e as labaredas cortaram a região selvagem à frente de um vento forte e quente. Centenas, talvez milhares de homens, os feridos assim como os que ainda estavam de pé, foram queimados até a morte, sofrendo as mais terríveis agonias.

Um médico escreveu contando como os soldados pareciam ter sido feridos "de todas as maneiras concebíveis, homens com corpos mutilados, com membros estraçalhados e cabeças quebradas, homens suportando seus ferimentos com paciência estoica, e homens se entregando a uma violenta aflição, homens estoicamente indiferentes, e homens corajosamente se rejubilando porque — é apenas uma perna!". As precárias trilhas que existiam estavam congestionadas com carroções toscos arrastando vítimas ensopadas de sangue para os postos de curativos onde médicos assoberbados, suarentos, tentavam o melhor que podiam para lidar com ferimentos dos tipos mais horripilantes.

Um soldado do Maine escreveu com consternado assombro a respeito do fogo. "As labaredas subiam velozes, cintilando em estalidos, pelos troncos dos pinheiros, até formarem uma coluna de fogo da base até a ramagem mais alta, enquanto sobre tudo isso pairavam espessas nuvens de fumaça negra, avermelhadas em baixo pelo clarão das chamas."

"Os fogos da floresta avançaram em fúria", escreveu um outro soldado que esteve na batalha:

> vagões de munição explodiam; os mortos foram carbonizados na conflagração; os feridos, despertados por seu bafo quente, arrastavam-se com seus membros lacerados e esmagados, na insana energia do desespero, para escapar à devastação das chamas; e cada moita parecia pendurada de trapos de roupas manchadas de sangue. Era como se homens cristãos tivessem se transformado em demônios e o próprio inferno houvesse usurpado o lugar da terra.

O segundo aspecto da batalha que pode ter sido importante na compreensão da desconcertante patologia de Minor está relacionado com um grupo especial que desempenhou um papel de destaque no combate: os irlandeses. Os mesmos irlandeses sobre quem a senhoria de Minor em Londres deporia mais tarde, dizendo que ele parecia estranhamente temer.

Havia cerca de 150 mil soldados irlandeses lutando ao lado da União na guerra, muitos deles incluídos anonimamente nas unidades ianques que por acaso andaram recrutando nos lugares onde moravam. Mas havia também uma orgulhosa congregação de irlandeses que combatiam juntos, em bloco. Eram os soldados da Segunda Brigada — a Brigada Irlandesa — e mostravam-se mais fortes e valentes do que quase todas as outras unidades em todo o exército federal. "Quando alguma coisa absurda, arriscada ou desesperada precisava ser tentada", escreveu um correspondente de guerra inglês, "a Brigada Irlandesa era convocada."

A brigada lutou na batalha de Wilderness: homens do 28º de Massachusetts e do 116º da Pensilvânia estavam lá, lado a lado com irlandeses dos lendários regimentos de Nova York, o 63º, o 88º e o 69º — os quais ainda, até hoje, abrem a parada do Dia de São Patrício, subindo a extensão colorida de verde da Quinta Avenida em março.

Mas, comparado com aqueles que tinham lutado um ou dois anos antes, havia uma diferença sutil no estado de espírito dos irlandeses que combateram com as tropas federais em 1864. No início da guerra, antes que a Emancipação fosse proclamada, os irlandeses se mantiveram firmes em seu apoio ao Norte e igualmente antagônicos a um Sul que parecia ser respaldado, ao menos naqueles primeiros dias, pela Inglaterra que tanto abominavam. Seus motivos para lutar eram complexos — mas, mais uma vez, trata-se de uma complexidade importante para esta história. Eles agora eram imigrantes de uma Irlanda devastada pela fome, e estavam lutando na América não apenas por gratidão ao país que lhes dera acolhida, mas a fim de serem treinados para combater na volta à terra natal algum dia, e para libertar sua ilha da odiada Inglaterra de uma vez por todas. Um poema irlandês-americano da época definiu a questão:

Quando a concórdia e a paz a esta terra forem restauradas
E a união tenha-se estabelecido para sempre
Bravos filhos da Hibérnia, oh, não embainhem as espadas; —
Pois terão então uma união a romper.

Os irlandeses não permaneceriam simpáticos a todas as metas federais por muito tempo. Eram rivais ferozes dos negros americanos, competindo na base da pirâmide social pelas oportunidades — trabalho, em especial — que havia em oferta. E quando os escravos foram formalmente emancipados por Lincoln em 1863, a vantagem natural que os irlandeses acreditavam ter na cor de sua pele virtualmente desapareceu — e com ela muito de sua simpatia pela causa da União na guerra que tinham escolhido combater. Além disso, vinham fazendo seus cálculos: "Nós não provocamos esta guerra", disse um de seus líderes, "mas muitos da nossa gente pereceram por ela".

A consequência foi que — sobretudo nos combates onde parecia que os soldados irlandeses estavam sendo usados como bucha de canhão — eles passaram a abandonar os campos de batalha. Começaram a fugir, a desertar. E um grande número deles com certeza desertou das chamas terríveis e do banho de sangue da batalha de Wilderness. É a deserção, e em especial uma das punições com frequência impostas àqueles condenados por esse crime, que se destaca como terceira e, possivelmente, principal razão para o subsequente colapso de William Minor.

A deserção, como a indisciplina e a embriaguez, foi um problema crônico durante a Guerra Civil — sério a esse ponto porque privava os comandantes dos efetivos de que tanto necessitavam. Era um problema que crescia à medida que a guerra persistia — o entusiasmo pelas duas causas se abatendo à medida que os meses e anos se passavam e o número de baixas aumentava. A força militar total do Exército da União era provavelmente de 2,9 milhões, e a da Confederação, de 1,3 milhão — e, como vimos, ambas sofreram um assombroso total de perdas, de 360 mil e 258 mil, respectivamente. O número de homens que simplesmente largava suas armas e fugia floresta adentro é quase tão espetacular quanto estes — 287 mil do lado da União, 103 mil para os estados do Sul. Claro que esses números são um tanto distorcidos: eles representam homens que fugiram, foram capturados e postos a lutar de novo, só para desertar de novo e, quem sabe, muitas vezes em seguida. Mas ainda assim são números gigantescos — um para cada dez no Exército da União, um para doze entre os rebeldes.

Por volta da metade da guerra, mais de 5 mil soldados estavam desertando a cada mês — alguns simplesmente ficando para trás durante as marchas intermináveis, outros fugindo diante do fogo da artilharia. Em maio de 1864 — o mês no qual o general Grant iniciou seu avanço para o sul, e o mês da batalha de Wilderness —, nada menos de 5371 soldados da União fugiram desabalados. Mais de 170 abandonavam o campo de batalha todos os dias — tanto convocados quanto voluntários, deprimidos ou com saudade de casa, abatidos, entediados, desiludidos, sem pagamento, ou apenas por puro medo. William Minor não tinha meramente saltado da calma de Connecticut para uma cena de carnificina e horror: dera de encontro também com uma demonstração do ser humano em seu momento menos engrandecedor — apavorado, exaurido de ânimo, covarde.

Os regulamentos do Exército daquele tempo podem ter sido bastante flexíveis no que dizia respeito a prescrever punições por bebedeira — um castigo comum era fazer o homem ficar de pé num caixote por vários dias, com um toro de madeira sobre o ombro —, mas não tinham nada de ambíguo quando se tratava de deserção. Qualquer um apanhado e condenado pelo "único pecado que não pode ser perdoado neste mundo ou no outro" seria fuzilado. Isso, pelo menos, era o que estava no papel: "A deserção é um crime punível com a morte".

Mas fuzilar um de seus próprios soldados, qualquer que fosse seu crime, trazia uma desvantagem prática — diminuía seus próprios números, enfraquecia suas próprias forças. Esse dado de aritmética soturnamente realístico convenceu muitos dos comandantes da Guerra Civil, nos dois lados, a inventar castigos alternativos para aqueles que fugiam. Somente umas duas dezenas de homens foram fuzilados — embora suas mortes tenham sido amplamente divulgadas num esforço vão para dar o exemplo. Muitos foram jogados na prisão, trancafiados

65

no confinamento da solitária, açoitados, ou receberam multas pesadas.

O resto — e a maior parte de infratores primários — em geral era submetido a humilhações públicas de variados tipos. Alguns tinham a cabeça raspada, ou raspada pela metade, e eram obrigados a ostentar cartazes com a inscrição "Covarde". Outros eram sentenciados por conselhos de guerra sumários, no próprio campo de batalha, a uma dolorosa punição na qual os punhos eram amarrados, os braços forçados sobre os joelhos, e prendia-se uma vara que passava sob os joelhos e braços — deixando o condenado numa contorção excruciante, muitas vezes durante dias seguidos. (Era um castigo tão severo que com frequência se provou decididamente contraproducente: um general que condenou um homem a essa tortura, por extravio, descobriu que metade de sua companhia havia desertado em sinal de protesto.)

Um homem podia também ser amordaçado com uma baioneta, amarrada com um barbante sobre sua boca aberta. Podia ser pendurado pelos polegares, obrigado a carregar quase um metro de trilhos sobre os ombros, ver-se expulso da cidade sob o toque de tambores, forçado a cavalgar um cavalo de madeira, levado a desfilar pelo acampamento dentro de um barril sem nenhuma outra peça de roupa — podia até, como aconteceu num episódio terrível no Tennessee, ser pregado a uma árvore, crucificado.

Ou também — e aqui parecia se concretizar a combinação perfeita de dor e humilhação — ser marcado a ferro. A letra *D* era inscrita em brasa sobre sua nádega, quadril ou uma das faces. A letra devia ter uma polegada e meia [3,81 cm] de altura — os regulamentos se tornaram bastante específicos nesse ponto — e seria queimada com ferro quente ou cortada com uma navalha, enchendo-se então a ferida com pólvora negra, para provocar irritação e, ainda, com vistas à indelebilidade.

Por algum motivo desconhecido o tamborileiro frequentemente era encarregado de administrar a pólvora; ou, no caso do uso de um ferro de marcar, o médico. E isso, segundo se afirmou no julgamento de Londres, foi o que William Minor viu-se obrigado a fazer.

Um desertor irlandês, que tinha sido condenado pelo conselho sumário por fugir durante os terrores da batalha de Wilderness, recebeu a sentença de ser marcado. Os oficiais do tribunal — haveria ali um coronel, quatro capitães e três tenentes — exigiram nesse caso que o novo e jovem cirurgião assistente destacado para servi-los, aquele aristocrata de ar atrevido e distinto, aquele sujeitinho de Yale, recém-chegado das colinas da Nova Inglaterra, fosse instruído a empreender o castigo. Seria uma maneira tão boa quanto outra qualquer, deram a entender os velhos oficiais cansados de guerra, de introduzir o dr. Minor nos rigores da batalha. E assim o irlandês foi trazido até ele, os braços algemados às costas.

Era um homem sujo e descabelado, de vinte e poucos anos, o uniforme negro rasgado em farrapos pela fuga desesperada, frenética, em meio ao matagal. Estava exausto e assustado. Parecia um animal — não lembrava nem de longe o moço que tinha chegado, presunçoso e cheio das espertezas de Dublin, ao West Side de Manhattan três anos antes. Havia visto tanta luta, tantas mortes — e agora a causa pela qual combatera não era mais a sua verdadeira causa, não desde a Emancipação, com certeza. Seu lado estava vencendo de qualquer jeito — não iriam mais precisar dele, não sentiriam sua falta se fosse embora.

Queria se livrar de suas obrigações para com os estrangeiros americanos. Queria voltar para casa, para a Irlanda. Queria ver sua família outra vez e dar por encerrada sua parte naquele estranho conflito estrangeiro no qual, para falar a verdade, nunca tinha sido mais do que um cúmplice mercenário. Queria usar as habilidades militares que aprendera em todas aquelas batalhas na Pensilvânia e Maryland, e agora nos campos da Virgínia, para lutar contra os desprezíveis ingleses que ocupavam sua terra natal.

Mas agora tinha cometido o erro de tentar fugir, e cinco soldados da unidade do oficial encarregado da custódia dos réus no conselho de guerra, em sua captura, o haviam agarrado no lugar onde estivera escondido, atrás de um celeiro numa fazenda situada ao pé da montanha. A corte marcial se reunira com toda pressa e, como em toda justiça sumária, a sentença fora proferida num tempo brutalmente curto: seria açoitado, trinta chibatadas com o azorrague — mas só depois de ter sido queimado com o ferro de marcar, o sinal da deserção para sempre, na forma de uma cicatriz em seu rosto.

Apelou à corte marcial; implorou aos guardas. Chorou, gritou, lutou. Mas os soldados o contiveram, e o dr. Minor tirou o ferro quente da cesta de carvões incandescentes conseguida às pressas, emprestada pelo ferreiro da brigada. O médico hesitou por um instante — uma hesitação que traía sua própria relutância — e conjecturou, num breve momento, se isso seria permitido sob os termos do seu juramento de Hipócrates. Os oficiais resmungaram, mandando que prosseguisse — e ele pressionou o metal em brasa sobre a face do irlandês. A carne chiou, o sangue borbulhou e soltou fumaça; o prisioneiro berrou e berrou.

E então estava acabado. O infeliz foi levado embora, segurando contra o rosto ferido o trapo encharcado de álcool que Minor lhe dera. Talvez a ferida infeccionasse, se enchesse do "pus louvável" que outros diziam indicar a cura. Talvez ficasse inflamada e criasse crostas. Talvez se cobrisse de bolhas que estourariam, e sangrasse durante semanas. Ele não sabia.

Só tinha uma certeza: a de que a marca do ferro ficaria com ele pelo resto da vida. Enquanto permanecesse nos Estados Unidos, iria estigmatizá-lo como covarde, um castigo tão vergonhoso quanto a corte marcial decretara; de volta à Irlanda, o marcaria como outra coisa completamente diferente: traria o sinal de um homem que tinha ido para a América a fim de treinar com o Exército, e que agora estava de volta a seu país, disposto a lutar contra as autoridades britânicas. Poderia ser facilmente identificado, dali em diante, como membro de um dos grupos rebeldes nacionalistas irlandeses. Qualquer soldado ou policial na Inglaterra e na Irlanda reconheceria aquilo, e o prenderia para mantê-lo longe das ruas, ou o atormentaria e perseguiria por cada momento de sua vida.

68

Seu futuro como revolucionário irlandês estava, em outras palavras, acabado. Pouco se importava com sua posição social nos Estados Unidos; mas, quanto ao seu futuro e à agora tão vulnerável situação na Irlanda, estava marcado e malogrado para sempre, pelo fato de ter sofrido uma punição de guerra, e ele sentia uma raiva amarga. Deu-se conta de que, como patriota e revolucionário irlandês, era um inútil, sem serventia nem valor em todos os sentidos.

E em sua raiva, que muito provavelmente sentia, com justiça ou não, sua cólera mais intensa deveria ser dirigida contra o homem que traíra daquela maneira seus votos de médico e, em vez de curar, sem nenhuma objeção marcara seu rosto de forma tão selvagem e irreparável. Deve ter decidido que sentiria um ódio amargo e eterno por William Chester Minor.

Voltaria para casa, jurou, assim que a guerra estivesse acabada; e chegando lá iria, no momento em que descesse do navio no cais de Cobh ou Dun Laoghaire (ou Queenstown ou Kingstown, os portos de Cork e Dublin), contar a todos os patriotas irlandeses o seguinte: William Chester Minor, americano, era um inimigo de todos os bons fenianos, e a vingança deveria ser cobrada dele, oportunamente e no devido tempo.

Isso, pelo menos, foi o que o dr. Minor quase com certeza pensou estar passando pela mente do homem que havia marcado a fogo. Sim, alguém disse mais tarde, ele ficara aterrorizado pela exposição ao campo de batalha, e "exposição ao combate" foi sugerida por alguns médicos como a causa de seus males; uma outra história dava conta de que Minor teria presenciado a execução de um homem — um colega de Yale, segundo alguns relatos, embora nenhum deles incluísse um lugar ou data — e que fora seriamente afetado pelo que vira; mas com maior frequência dizia-se que ele tinha receio de que os irlandeses o ofendessem vergonhosamente, para usar suas próprias palavras, e isso seria porque ele havia recebido ordens para infligir um castigo tão cruel a um dos seus nos Estados Unidos.

69

* * *

Esta foi a história que se espalhou no tribunal — a sra. Fisher, sua senhoria na Tennison Street, em Lambeth, havia, de acordo com os relatos oficiais da corte de justiça publicados no jornal *The Times*, sugerido tudo isso. A história foi levantada muitas vezes ao longo das décadas seguintes — quando as pessoas se lembravam de que ele ainda se achava trancafiado num hospício — para dar conta de sua doença; e até 1915, quando, já idoso, deu uma entrevista a um jornalista em Washington, e contou outra história bem diferente, ela permaneceu como uma das principais causas prováveis para sua insanidade. "Ele marcou um irlandês a fogo durante a Guerra Civil americana", costumavam comentar. "Isso o levou à loucura."

Mais ou menos uma semana depois — sem estar sofrendo nenhum aparente efeito de curto prazo pela experiência passada —, Minor foi transferido da zona de perigo no hospital avançado do campo de batalha (o símbolo da cruz vermelha só viria a ser adotado pelos Estados Unidos após a ratificação da Convenção de Genebra no final da década de 1860) e enviado para onde tinha sido inicialmente designado, a cidade de Alexandria.

Chegou lá no dia 17 de maio, e foi trabalhar de início no Hospital L'Overture, então reservado, de modo geral, para negros e os chamados pacientes "de contrabando" — escravos sulistas fugidos. Há registros demonstrando que ele percorreu todo o sistema hospitalar federal: trabalhou no Hospital Geral de Alexandria e no Hospital Slough; existe também uma carta de seu antigo hospital militar, em New Haven, solicitando que retornasse, já que seu trabalho tinha sido tão bom.

Uma requisição desse tipo era incomum, visto que Minor ainda labutava no escalão mais baixo do pessoal médico de guerra, como cirurgião assistente interino. No curso do conflito, 5500 homens foram contratados pela Federação nessa categoria, e entre eles contavam-se incompetentes devastadores

— especialistas em botânica, bêbados fracassados na prática do consultório particular, impostores que pilhavam seus pacientes, homens que jamais haviam pisado numa faculdade de medicina. A maioria desapareceu do exército assim que a guerra acabou. Poucos se atreveram sequer a esperar uma promoção ou um posto regular.

Mas William Minor conseguiu. Ele parece ter literalmente mergulhado em seu trabalho. Alguns dos seus laudos de autópsia sobrevivem — e exibem uma caligrafia caprichada, um uso confiante da linguagem, afirmações definitivas quanto à causa da morte. A maior parte dos laudos é lastimável — um sargento da 1ª Cavalaria de Michigan morrendo de câncer no pulmão, um soldado raso de febre tifoide, outro de pneumonia — todas moléstias por demais comuns durante o período da Guerra Civil, e tratadas com a ignorância da época, ou seja, pouco mais do que a dupla de armas formada por ópio e calomelano, um analgésico e um purgativo.

Um dos relatórios é mais interessante: foi escrito em setembro de 1866 — dois anos depois da batalha de Wilderness — e diz respeito a um recruta, "um homem robusto e musculoso" chamado Martin Kuster, que foi atingido por um relâmpago enquanto se achava no turno de sentinela, de pé, por imprudência, sob um choupo, durante uma tempestade de raios. Encontrava-se em mau estado. "O lado esquerdo do quepe aberto [...] a parte de cima do botão de metal arrancada [...] cabelo da têmpora esquerda chamuscado e queimado [...] meia e bota direitas rasgadas [...] uma linha amarelo pálido e âmbar descendo por seu corpo [...] queimaduras até o púbis e o saco escrotal."

Entretanto, esse relatório não veio da Virgínia, nem foi escrito por um cirurgião assistente interino. Chegou, em vez disso, de Governor's Island, Nova York, e foi assinado por Minor em seu novo cargo como cirurgião assistente do Exército dos Estados Unidos. No outono de 1866 não era mais um homem sob contrato, mas gozava, isto sim, dos plenos poderes de um capitão da ativa. Tinha feito o que a maioria de seus colegas não conseguira: por força do trabalho árduo e da erudição, usando também, ao máximo, suas ligações em Connecticut, obtivera a transferência para os escalões superiores dos oficiais do exército regular.

Seus protetores, em Connecticut ou onde quer que fosse, não tinham consciência de qualquer loucura incipiente: o professor James Dana — geólogo e mineralogista de Yale cujos manuais clássicos encontram-se em uso ainda hoje — disse que Minor "estava entre a meia dúzia dos melhores [...] no país", e que sua nomeação como cirurgião militar "seria para o bem do Exército e honra do país". Outro professor escreveu a respeito dele como "um clínico habilidoso, excelente cirurgião e acadêmico eficiente"— embora, acrescentando uma nota que mais tarde poderia ser interpretada como sinal de alarme, tenha observado que seu caráter moral "não era nada de excepcional".

Pouco antes de seu exame formal Minor assinara um formulário declarando que não trabalhava sob nenhuma "enfermidade física ou mental de qualquer espécie, que pudesse de algum modo interferir na eficiência de suas obrigações em qualquer clima". Seus examinadores concordaram: no mês de fevereiro de 1866 conferiram-lhe seu cargo e em meados do verão ele estava em Governor's Island, lidando com uma das mais importantes emergências do período pós-guerra: a quarta e última grande epidemia de cólera do Ocidente.

Foi dito que a doença tinha sido trazida pelos imigrantes irlandeses que então desaguavam aos borbotões no país, entrando pela Ellis Island: cerca de 1200 pessoas morreram durante o surto do verão, e os hospitais ou clínicas em Governor's Island estavam repletos de doentes e pacientes no isolamento. Minor trabalhou incansavelmente por meses a fio enquanto a epidemia durou, e seu trabalho foi reconhecido: no fim do ano, embora ainda fosse nominalmente um tenente, viu-se graduado com o posto de capitão, como recompensa por seus serviços.

Mas, ao mesmo tempo, apareceram no comportamento de Minor sinais perturbadores daquilo que, numa percepção posterior dos fatos, parece ter sido uma paranoia incipiente. Ele começou a portar uma arma quando estava à paisana. Numa atitude absolutamente ilegal, levava consigo seu revólver de serviço, um Colt calibre 38 com tambor de seis balas, que, segundo o costume, tinha um de seus compartimentos bloqueados com um intervalo permanente. Carregava a arma, explicou, porque um de seus colegas oficiais tinha sido morto por desordeiros quando voltava de um bar na baixa Manhattan. Ele também corria o risco de ser seguido por malfeitores, disse, que poderiam tentar atacá-lo.

Passou a ser um habitué dos bares e bordéis mais devassos do Lower East Side e do Brooklyn. Embarcou numa carreira de chocante promiscuidade, dormindo noite após noite com prostitutas e retornando ao hospital do Forte Jay, em Governor's Island, num barco a remo só nas primeiras horas da manhã. Seus colegas ficaram alarmados: isso estava em total desacordo com a personalidade daquele oficial virtuoso e aplicado — mais ainda quando ficou claro que Minor frequentemente necessitava de tratamento, ou o que houvesse de disponível na época, para uma imensa variedade de doenças venéreas.

Em 1867 — ano em que seu pai, Eastman, morreu em New Haven — Minor surpreendeu os colegas anunciando, de repente, seu noivado com uma jovem que morava em Manhattan. Nem ela nem seu trabalho foram identificados, mas havia a suspeita de que se tratasse de uma dançarina ou artista do teatro de variedades que ele conhecera em uma de suas expedições aos bairros do vício. A mãe da moça, entretanto, não se deixou impressionar por Minor como os amigos que ele tinha em Connecticut. Ela detectou algo de moralmente perverso no jovem capitão e insistiu com a filha para que rompesse o noivado, o que a garota acabou fazendo. Anos mais tarde, Minor se mostraria inflexível na recusa em discutir o caso ou seu fim forçado. Os médicos afirmaram, no entanto, que ele denotava amargura em relação ao episódio.

O Exército, enquanto isso, achava-se desconsolado pelo que parecia uma súbita mudança em seu protegido. Semanas depois de tomar conhecimento do seu comportamento fora do comum, o médico chefe do serviço de saúde do exército decidiu afastá-lo das tentações de Nova York e mandá-lo para longe dos caminhos do mal, no interior. Minor foi efetivamente rebaixado, na verdade, com a transferência para o relativo isolamento do Forte Barrancas, na Flórida. O forte, que guarda a baía de Pensacola, no golfo do México, já estava se tornando obsoleto. A velha estrutura de alvenaria, construída para proteger a baía e seu porto dos ataques de surpresa estrangeiros, abrigava agora apenas um pequeno destacamento de soldados, de quem Minor se tornou o médico regimental. Para um homem tão bem-nascido, tão educado, de futuro tão promissor, essa era uma situação verdadeiramente humilhante.

Minor ficou furioso com o Exército. Estava claro que sentia falta de suas orgias; os companheiros de rancho notaram que ele ficou rabugento e, de vez em quando, se tornava muito agressivo. Em seus momentos mais tranquilos, pegava nos pincéis: aquarelas do pôr do sol na Flórida o acalmavam, dizia. Ainda era um perito, afirmaram seus confrades do oficialato. Era um artista, comentou um deles em particular. Parecia ser uma pessoa com alma.

Mas, a seguir, começou a abrigar suspeitas quanto aos colegas soldados. Disse pensar que andavam murmurando coisas às suas costas, olhando-o com desconfiança o tempo todo. Um determinado oficial perturbava Minor, provocando-o, espicaçando-o, perseguindo-o de maneira que Minor nem sequer se propunha a discutir. Desafiou o homem para um duelo e teve de sofrer uma reprimenda do comandante do forte. O oficial era um dos melhores amigos de Minor, disse o comandante — e tanto ele quanto o amigo comentaram mais tarde que haviam ficado perplexos pelo fato de os dois terem se desentendido de forma tão séria, sem nenhum motivo aparente. Nada que qualquer pessoa pudesse fazer para explicar — seu melhor amigo não está tramando contra você, não é intrigante, não quer vê-lo magoado — parecia convencê-lo. Minor aparentava ter tirado uma licença do seu juízo. Tudo era muito desorientador e, para os amigos e a família, profundamente aflitivo.

A situação chegou ao clímax no verão de 1868, quando, depois de ter se exposto por tempo demais ao sol da Flórida, segundo o relatado, o capitão começou a se queixar de fortes dores de cabeça e uma terrível vertigem. Foi mandado, com enfermeiros em sua escolta, para Nova York, a fim de se apresentar à sua antiga unidade e ao médico que o tratava ali. Foi entrevistado, examinado, picado de agulhas e espionado. Em setembro já estava perfeitamente claro que Minor se achava seriamente desequilibrado. Pela primeira vez, a desconfiança virou certeza, com uma indicação formal de que sua mente começava a falhar.

Um documento assinado por um certo cirurgião Hammond em 3 de setembro de 1868 afirma que Minor parecia estar sofrendo de *monomania* — uma forma de insanidade que envolve uma obsessão feroz por um único assunto. Que assunto era esse o cirurgião não relata, mas ele chega a afirmar que, segundo seu ponto de vista, o estado de Minor era sério a ponto de levá-lo a ser classificado como "delirante". Minor tinha apenas 34 anos de idade. Sua mente e sua vida haviam disparado numa espiral fora de controle.

As observações médicas começaram então a se acumular — "Ele se encontra, em minha opinião, incapacitado para o trabalho e não pode viajar", cada uma delas declarava. Em novembro os médicos recomendaram uma medida mais drástica: Minor deveria, na opinião do Exército, ser internado imediatamente. Além disso, devia ser posto sob a responsabilidade do célebre dr. Charles Nichols, superintendente do Hospital do Governo para Doentes Mentais, em Washington.

"A monomania", disse o médico que o examinou, numa carta escrita em magnífica calcografia como convinha à situação, "é decididamente suicida e homicida. O dr. Minor já manifestou disposição de ir para o manicômio, e disse esperar que lhe seja permitido seguir sem uma guarda, o que, penso, ele agora seja perfeitamente capaz de fazer."

Capaz, sim, mas envergonhado. Uma carta, implorando permissão em nome de Minor para que fosse encaminhado ao hospício sem outras pessoas saberem, sobrevive. "Ele reluta diante do que vê como o estigma do tratamento médico num asilo de lunáticos. Não sabe que estou escrevendo isso. Seria grato a qualquer pessoa cuja influência o pusesse sob tratamento médico no manicômio sem que isso viesse a ser conhecido por todos."

A carta funcionou, a influência da família, a velha faculdade, tudo se provou eficaz. Um dia depois, sem guarda e em segredo, o dr. Minor tomou o trem expresso que descia da Filadélfia, passando por Wilmington e Baltimore, até a Union Station, em Washington. Pegou um tílburi elegante rumo ao sudeste da cidade e chegou ao bem cuidado terreno do hospital. Atravessou os portões de pedra, para começar o que se transformaria no relacionamento de toda uma vida com o lado de dentro dos asilos para lunáticos.

A instituição em Washington, mais tarde rebatizada de St. Elizabeth's, viria a ganhar péssima fama — Ezra Pound seria trancafiado ali, assim como John Hinckley, o homem que tentou assassinar o presidente Reagan. Para o equilíbrio do século XIX, entretanto, a instituição seria conhecida de forma mais anônima, como o único lugar administrado pelo governo do país no qual soldados e marinheiros que haviam ficado comprovadamente loucos podiam ser internados, reabilitados, trancados. William Minor ficaria lá pelos dezoito meses seguintes. Era, no entanto, um interno de confiança: o superintendente concedeu-lhe livre trânsito nas instalações, em seguida permitiu que fosse sem escolta à zona rural próxima dali — há um século e meio Washington era um lugar bem diferente, campos onde hoje existem favelas. Ele ia à cidade; passava em frente à Casa Branca; comparecia ao guichê de pagamento todos os meses e retirava seu salário em dinheiro.

Mas continuava assediado por delírios persecutórios. Uma equipe de médicos do exército o visitou no mês de setembro seguinte. "Nossas observações nos levaram a formar uma opinião muito desfavorável quanto ao estado do dr. Minor", disseram ao médico-chefe do Exército. "Pode-se passar um período muito longo antes que ele possa ter a saúde restaurada." Outro médico concordou: "O distúrbio das funções cerebrais está ainda mais acentuado".

No mês de abril seus comandantes chegaram a uma decisão nada otimista: era provável que Minor jamais se curasse, disseram, e ele deveria ser incluído formalmente na Lista de Reforma do Exército. Uma audiência foi realizada no edifício do Exército, na esquina das ruas Houston e Greene, onde hoje é a valorizada área do SoHo de Nova York, tão na moda, a fim de formalizar a reforma do soldado e de certificar que ela se justificava pela circunstância.

Foi uma questão demorada, triste. Um brigadeiro, dois coronéis, um major e um capitão-cirurgião ficaram sentados à mesa de reuniões, e ouviram em silêncio enquanto médico após médico testemunhavam sobre o declínio daquele jovem que um dia fora tão promissor. Talvez a doença mental de que estava sofrendo tivesse sido causada pela exposição ao sol da Flórida, disse um deles; talvez o quadro houvesse meramente se agravado por isso, comentou outro; talvez tudo fosse devido à exposição do homem à guerra, uma consequência dos horrores que havia testemunhado.

Não interessa como, precisamente, a loucura foi precipitada — o conselho afinal chegou ao que era a única conclusão adequada quanto à maneira de lidar com ela no âmbito administrativo. Na visão oficial do Exército, o capitão assistente honorário William C. Minor achava-se agora totalmente "incapacitado por causas surgidas no cumprimento do dever" — a expressão crucial da pauta — e devia ser reformado com efeito imediato.

Era, em outras palavras, um dos feridos ambulantes. Havia servido a seu país, fora destruído ao fazê-lo, e a nação tinha uma dívida para com ele. Se os passatempos eróticos do Ceilão, suas trágicas circunstâncias familiares, seus desejos ardentes por prostitutas, sua *nostalgie de la boue* — se um ou todos esses fatores algum dia desempenharam um papel em seu constante declínio mental, que assim fosse. O cumprimento do dever tinha sido o bastante para ele. O Exército dos Estados Unidos agora iria cuidar daquele homem. Era um protegido de Tio

Sam. Podia ser designado pela expressão honorífica que vinha depois do seu nome, "Exército EUA, Reform.". Seu soldo e pensão permaneceriam — e na verdade foi assim pelo resto de sua vida.

Em fevereiro de 1871, um amigo em Nova York escreveu para relatar que Minor havia sido liberado do manicômio e estava a caminho de Manhattan, para ficar com um amigo médico na West 20th Street. Algumas semanas depois contou-se que tinha ido para casa, em New Haven, a fim de passar o verão com seu irmão Alfred, ver os velhos amigos em Yale e se ocupar do armazém de seu falecido pai — Minor & Co., Revendedores de Porcelana, Vidro e Cerâmica — que Alfred e seu irmão mais velho George administravam no nº 261 da Chapel Street. Os dias do verão e do outono de 1871 estiveram entre os últimos momentos livres e tranquilos de que o dr. Minor iria desfrutar.

Em outubro, já com as folhas vermelhas e douradas das árvores da Nova Inglaterra começando a cair, William Minor embarcou num vapor em Boston, com uma passagem só de ida para o porto de Londres. Planejava passar mais ou menos um ano na Europa, disse aos amigos. Iria descansar, ler, pintar. Talvez visitasse uma ou outra estação de águas, veria Paris, Roma e Veneza, para arejar e revigorar o que bem sabia ser uma mente perturbada. Um de seus amigos de Yale havia escrito uma carta de apresentação para o sr. Ruskin; sem dúvida Minor seria capaz de encantar o mundo artístico das mulheres de vida duvidosa na capital inglesa. Era, afinal — e quantas vezes tinha ouvido a expressão nas audiências do Exército — "um cavalheiro de requinte, elegância e saber cristãos". Tomaria Londres de assalto. Iria se recuperar. Voltaria aos Estados Unidos como um novo homem.

Desceu do navio numa manhã nebulosa do início de novembro. Apresentou sua identificação como oficial do Exército dos Estados Unidos às autoridades da alfândega e pegou um tílburi para o hotel Radley's, perto da estação Victoria. Tinha dinheiro consigo. Trazia seus livros, seu cavalete, suas aquarelas, seus pincéis.

E carregava ainda, muito bem guardada no estojo laqueado, sua arma.

4. REUNINDO AS FILHAS DA TERRA

sesquipedalian (se:skwip*ĭdē*ⁱ·liăn), *adj* e *s*. [do lat. *sesquipedālis*: ver SESQUIPEDAL e -IAN.]

A. *adj.* **1.** De palavras e expressões (a partir de *sesquipedalia verba* de Horácio, "palavras com um pé e meio", A. P. 97: de muitas sílabas.

B. *s.* **1.** Pessoa ou coisa que tem um pé e meio de comprimento ou altura.

1615 *Curry-Combe for Coxe-Combe* iii. 113 Ele achou adequado por sua variedade fazê-la conhecida como uma víbora sesquipedal de todo costado. 1656 BLOUNT *Glossogr.*

2. Uma palavra sesquipedal.

1830 *Fraser's Mag.* i. 350 Que assombrosa força manifesta o trecho seguinte ao inscrever nomes difíceis e sesquipedais! **1894** *Nat. Observer.* 6 jan. 194/2. Seus sesquipedais fazem recordar as expressões de um outro médico.

Daí **se:squipeda·lianismo**, estilo caracterizado pelo uso de palavras longas; grande extensão.

Foi também num dia brumoso de novembro, quase um quarto de século antes, que os acontecimentos principais do outro lado desta curiosa conjunção entraram em marcha. Mas enquanto o dr. Minor chegava a Londres numa invernal manhã de novembro e se encaminhava para uma pensão insípida em Victoria, esta série bem diferente de eventos teve lugar no início de uma invernal noite de novembro em um quarteirão elegante de Mayfair.

A data era 5 de novembro, Dia de Guy Fawkes,* em 1857;

---

* Guy Fawkes (1570-1606): soldado inglês de origem protestante e convertido ao catolicismo que foi executado na forca por participar da malograda a hora, pouco depois das seis, e o lugar, uma estreita casa com varanda na esquina noroeste de um dos mais refinados e aristocráticos oásis londrinos, St. James's Square. De todos os lados da praça ficavam os grandes sobrados e clubes particulares do número extraordinário de bispos, pares e membros do Parlamento que moravam ali. As lojas mais requintadas da cidade achavam-se a apenas um passo, assim como as igrejas mais bonitas, os escritórios mais luxuosos, as mais antigas e altivas embaixadas estrangeiras. O prédio de esquina na St. James's Square abrigava uma instituição essencial para a vida intelectual dos grandes homens que moravam ali perto (papel que desempenha até hoje, ainda que, felizmente, num mundo um pouco mais democrático). A instituição acomodava aquilo que seus admiradores consideravam então, como ainda hoje, a melhor coleção particular de livros acessíveis ao público em todo o mundo, a Biblioteca de Londres.

A biblioteca se mudara para lá doze anos antes, vinda de suas exíguas instalações em Pall Mall. A nova construção era alta e espaçosa, e, embora hoje esteja repleta, a ponto de explodir, com muito mais de 1 milhão de livros, nos idos de 1857 contava apenas com alguns milhares de volumes e muito espaço de sobra. Assim, seu conselho administrativo decidiu, logo de início, levantar mais dinheiro alugando salas, ainda que, segundo ficou decretado, somente para sociedades cujos seguidores pudessem partilhar dos mesmos ideais grandiosos de erudição que norteavam a própria biblioteca, e cujos membros fossem capazes de se juntar aos cavalheiros aristocratas e, com frequência, estonteantemente esnobes que constituíam o rol de sócios da instituição.

Dois grupos foram escolhidos: a Sociedade Estatística era um deles, e a Sociedade Filológica o outro. Foi numa reunião quinzenal do último, realizada em uma sala do andar de cima

---

Conspiração da Pólvora, cujo objetivo era explodir o Parlamento e assassinar o rei Jaime I. O dia de sua prisão, 5 de novembro de 1605, é celebrado com fogos de artifício na Inglaterra e em alguns países da Comunidade Britânica. (N. T.)

naquela fria noite de quinta-feira, que se disseram as palavras fadadas a pôr nos trilhos a mais notável série de acontecimentos.

O orador foi o decano de Westminster, um clérigo formidável de nome Richard Chenevix Trench. Talvez mais do que qualquer outro homem vivo, o dr. Trench personificava as ambições nobres e arrebatadoras da Sociedade Filológica. Ele acreditava firmemente, como a maior parte de seus duzentos membros, que uma espécie de ordenação divina se encontrava por trás do que parecia então a disseminação incessante da língua inglesa pelo mundo.

Deus — que, claro, naquele segmento da sociedade de Londres, era tido com toda certeza como um inglês — naturalmente aprovava a difusão da língua como um estratagema essencial ao império; mas incentivava também seu corolário inconteste, a propagação mundial do cristianismo. Tratava-se, na verdade, de uma equação muito simples, uma fórmula para o evidente bem global: quanto mais o inglês se espalhasse no mundo, mais tementes a Deus seriam os povos. (E para um clérigo protestante existia também um subtexto prático: se o inglês de fato conseguisse superar afinal a influência linguística da Igreja Católica Romana, seu alcance poderia então ajudar até a reunir as duas igrejas de volta numa espécie de harmonia ecumênica — desde que dominada pelos anglicanos.)

Assim, muito embora o papel declarado da sociedade fosse acadêmico, seu propósito informal, sob a direção de excelsos como o dr. Trench, era bem mais vigorosamente chauvinista. É verdade, seríssimas discussões de filologia clássica — sobre temas obscuros como "Alterações Sonoras nos Dialetos Papua e Negrito", ou "O Papel da Fricativa Explosiva no Alto-alemão" — emprestavam à sociedade um peso acadêmico que lhe caía muito bem. Mas o principal objetivo do grupo era, de fato, promover a compreensão do que todos os membros viam como a língua devidamente dominante do mundo, e que era o seu próprio idioma.

Sessenta membros achavam-se reunidos às seis em ponto naquela noite de novembro. A escuridão caíra sobre Londres logo depois das cinco e meia. Os lampiões a gás sibilavam e crepitavam, e, encostados a eles, nas esquinas de Piccadilly e da Jermyn Street, meninos ainda recolhiam moedas de última hora para os fogos de artifício, suas fantasias esfarrapadas de Guy Fawkes — que logo seriam queimadas nas fogueiras. Já na distância podiam-se ouvir os silvos, estampidos e assobios dos foguetes e pistolões, com o início das primeiras festas.

Como as assustadas criadas que voltavam correndo para as entradas de serviço das mansões próximas, os velhos filólogos, encapotados para se defender do frio, fugiam às pressas pela escuridão. Eram homens que há muito tinham deixado para trás diversões tão agitadas. Estavam ansiosos para escapar do som das explosões e da agitação das comemorações, e recolherem-se à calma do discurso erudito.

Além de tudo, o tópico de seu entretenimento naquela noite parecia promissor, e nem um pouco enfadonho. O dr. Trench iria discutir, numa palestra em duas partes que lhes tinha sido comunicada como "de considerável importância", o tema dos dicionários. O título de sua conferência sugeria uma agenda audaciosa. Ele iria dizer à sua plateia que os poucos dicionários existentes então sofriam de inúmeras falhas sérias — graves deficiências das quais tanto a língua e, por implicação, o império e sua igreja bem poderiam vir a se ressentir. Para aqueles vitorianos que aceitavam os firmes preceitos da Sociedade Filológica, esse era exatamente o tipo de palestra que gostariam de ouvir.

O "dicionário inglês", no sentido em que usamos comumente a expressão hoje em dia — como uma lista alfabeticamente ordenada das palavras inglesas, junto com uma explicação de seus significados —, é uma invenção relativamente nova. Quatrocentos anos atrás não havia nenhuma conveniência desse gênero em qualquer estante inglesa.

Não existia nenhum disponível, por exemplo, quando William Shakespeare estava escrevendo suas peças. Sempre que vinha a usar uma palavra incomum, ou encaixar um termo no

83

que lhe parecia ser um contexto invulgar — e suas peças são extraordinariamente ricas de exemplos —, ele quase não tinha modo de verificar a propriedade do que estava prestes a fazer. Não tinha possibilidade de estender a mão para uma de suas estantes e escolher um volume qualquer para ajudá-lo: não seria capaz de encontrar livro algum que pudesse lhe dizer se a palavra escolhida estava grafada com propriedade, se a havia selecionado corretamente ou se a usara da maneira certa no lugar adequado.

Shakespeare não seria capaz sequer de desempenhar uma função que hoje consideramos tão perfeitamente normal e comum quanto a própria leitura. Ele não poderia, como se diz, "consultar alguma coisa". Na verdade, a expressão inglesa "look something up" — quando utilizada no sentido de "procurar algo num dicionário, enciclopédia ou outro livro de referência" — simplesmente não existia. Ela só vai aparecer na língua inglesa em 1692, quando um historiador de Oxford chamado Anthony Wood a usou.

Como não havia a expressão até o final do século XVII, conclui-se também que certamente não existia tal conceito na época em que Shakespeare estava escrevendo — um período em que autores escreviam freneticamente e pensadores pensavam como nunca tinham feito antes. A despeito de toda a atividade intelectual daquele tempo, não existia impresso nenhum guia da língua, nenhum *vade mecum* linguístico, nem um único livro que Shakespeare ou Martin Frobisher, Francis Drake, Walter Raleigh, Francis Bacon, Edmund Spenser, Christopher Marlowe, Thomas Nash, John Donne, Ben Jonson, Izaak Walton, ou qualquer outro de seus eruditos contemporâneos pudesse consultar.

Consideremos, por exemplo, a composição da *Noite de Reis*, de Shakespeare, que ele concluiu logo no início do século XVII. Pensemos no momento, provavelmente o verão de 1601, em que ele começou a escrever a cena do terceiro ato na qual Sebastian e Antonio, o marinheiro naufragado e seu salvador, tinham acabado de chegar ao porto e estão se perguntando onde poderiam passar a noite. Sebastian reflete sobre a questão por um instante e então, como alguém que tivesse lido e decorado seu guia de hotéis da época, declara com toda simplicidade: "In the south suburbs at the Elephant/ Is best to lodge".*

E agora — o que William Shakespeare entendia exatamente de elefantes? Além disso, o que conhecia ele de Elephants como hotéis? Inúmeras hospedarias em várias cidades por toda a Europa tinham esse nome. Este determinado Elephant, visto que se tratava da *Noite de Reis*, por acaso ficava na Ilíria; só que havia muitos outros — dois deles, pelo menos, em Londres. Mas fossem quantos fossem — por que era esse o caso aqui? Por que batizar uma estalagem com o nome deste animal? E, afinal, que animal era este? Todas essas eram perguntas que, pode-se imaginar, um escritor deveria ao menos estar *apto* a responder.

Mas eles não estavam. Se Shakespeare não sabia lá muita coisa a respeito de elefantes, o que era provável, e se não tinha conhecimento deste curioso hábito de dar o nome do animal a hotéis — onde poderia pesquisar a questão? E mais — se não se achava rigorosamente certo de estar dando a seu Sebastian a referência adequada para suas falas — por que a estalagem se chamaria realmente elefante, ou quem sabe não fora batizada com o nome de outro animal, um camelo, ou um rinoceronte, um gnu? — onde poderia verificar para se certificar? Onde, na verdade, um dramaturgo da época de Shakespeare consultaria *qualquer* palavra?

Seria de se pensar que ele gostaria de pesquisar alguma coisa o tempo todo. "Am not I consanguineous?" [Não sou eu um consanguíneo?], escreve na mesma peça. Algumas falas depois refere-se ao "thy doublet of changeable taffeta" [vosso gibão de tafetá furtacor]. Em seguida declara: "Now is the woodcock near the gin" [Agora está a galinhola perto da armadilha de caça]. O vocabulário de Shakespeare era evidentemente pro-

* Nos subúrbios do Sul no Elephant/ é o melhor lugar para se hospedar. (N. E.)

digioso: mas como poderia ele ter certeza de que, em todos os *casos* nos quais empregava palavras incomuns, estava fazendo o uso correto, tanto no sentido gramatical como de fato? O que o impedia, empurrando-o para uns dois séculos depois, de se tornar um eventual mr. Malaprop?*

Vale a pena propor essas perguntas simplesmente para ilustrar o que acharíamos hoje da profunda inconveniência da impossibilidade de recorrer a um dicionário. Na época em que estava escrevendo, havia uma abundância de atlas, e também de livros de orações, missais, histórias, biografias, romances, assim como volumes de ciência e arte. Acredita-se que Shakespeare extraiu muitas das suas alusões clássicas de um léxico especializado (*Thesaurus*) que havia sido compilado por um homem chamado Thomas Cooper — os muitos erros do léxico aparecem reproduzidos com excessiva precisão em suas peças para que isso possa ser considerado coincidência — e pensa-se também que tenha bebido na fonte da *Arte of rhetorique*, de Thomas Wilson. Mas isso era tudo; não existia nenhum outro instrumento de pesquisa disponível, literário, linguístico ou léxico.

Na Inglaterra do século XVI, dicionários como os que conhecemos hoje simplesmente não existiam. Se a língua que tanto inspirou Shakespeare tinha seus limites, se suas palavras tinham origens, grafias, pronúncias, *significados* definíveis, não havia um único livro que os tivesse estabelecido, definido e consolidado. Talvez seja difícil imaginar uma mente tão criativa trabalhando sem uma única obra de referência lexicográfica a seu lado, a não ser a "cola" proporcionada pelo léxico do sr. Cooper (que a sra. Cooper certa vez atirou ao fogo, obrigando o grande homem a começar tudo de novo) e o pequeno manual do sr. Wilson, mas essa foi a situação sob a qual seu talento especial viu-se compelido a florescer. A língua inglesa era falada e escrita — mas na

---

* Referência à personagem mrs. Malaprop, da peça *The rivals* [Os rivais], de Richard Brinsley Sheridan, que se destacava pelo emprego errôneo e, especialmente, ridículo de parônimos (malapropism, do francês "mal-à-propos", ou seja, "inadequado para o propósito"). (N. T.)

época de Shakespeare não estava definida, *fixada*. Era como o ar — tida como certa, a substância envolvente que continha em si e definia todos os britânicos. Mas quanto ao que ela era exatamente, e quais eram seus componentes — quem sabia?

Isso não quer dizer que não existisse dicionário nenhum. Houve uma compilação de palavras latinas publicada como um *Dictionarius* já em 1225, e pouco mais de um século depois mais outra, também só de latim, e usada como uma ferramenta de trabalho para estudantes da difícil tradução das Escrituras feita por são Jerônimo e conhecida como a Vulgata. Em 1538, a primeira de uma série de dicionários latim-inglês surgiu em Londres — a lista disposta em ordem alfabética de Thomas Elyot, que aconteceu de ser o primeiro livro a empregar a palavra inglesa *dictionary* em seu título. Vinte anos mais tarde um homem chamado Withals lançou *A shorte dictionarie for yonge beginners* nas duas línguas, só que com os verbetes organizados não em ordem alfabética, mas por assunto, como "os nomes de Aves, Aves Aquáticas, Aves Domésticas, tais como gaios, galinhas etc., de Abelhas, Moscas e outros".

Mas o que ainda estava faltando era um dicionário próprio de inglês, uma declaração plena da dimensão da língua inglesa. Com uma única exceção, da qual Shakespeare provavelmente não tinha conhecimento quando morreu em 1616, essa carência permaneceu teimosamente desatendida. Outros iriam, do mesmo modo, observar essa falta evidente. No mesmo ano da morte de Shakespeare, seu amigo John Webster escreveu a peça *The duchess of Malfi* [A duquesa de Malfi], incorporando uma cena na qual o irmão da duquesa, Ferdinand, imagina estar se transformando num lobo, "uma moléstia pestilenta que chamam de licantropia". "O que é isso?", grita alguém do elenco. "Preciso de um dicionário para esta!"

Mas, na verdade, alguém, um mestre-escola de Rutland chamado Robert Cawdrey, que mais tarde se mudou e foi ensinar em Coventry, evidentemente estivera prestando atenção a esse rufar dos tambores da necessidade. Leu, e deles fez copiosas anotações, todos os livros de referência da época e finalmente pro-

87

duziu sua primeira tentativa, pouco entusiasmada, daquilo que se esperava, publicando uma lista do gênero em 1604 (o ano em que Shakespeare provavelmente escreveu *Medida por medida*).

Era um pequeno livro in-oitavo, de 120 páginas, que Cawdrey intitulou *A table alphabeticall* [...] *of hard unusual English words*. Tinha cerca de 2500 verbetes. Ele o havia compilado, segundo disse, "para o benefício e auxílio de damas, senhoras ou quaisquer outras pessoas não experimentadas, por meio do qual possam mais facilmente e melhor compreender muitas palavras inglesas difíceis, que ouvirão ou lerão nas Escrituras, sermões ou outras partes, e também se tornarem capazes de usar elas próprias as mesmas adequadamente". Apresentava muitas falhas; mas foi, sem dúvida, o primeiríssimo dicionário monolíngue verdadeiro de inglês, e sua publicação continua sendo o momento fundamental na história da lexicografia inglesa.

Durante o século e meio seguinte deu-se um grande alvoroço de atividade comercial no setor, e dicionário após dicionário saíam com grande estrépito das prensas, cada um maior do que o outro, cada um deles apregoando um valor superior na educação dos deseducados (entre os quais se contavam as mulheres da época, a maioria das quais contava com pouca escolaridade, se comparadas aos homens).

Ao longo do século XVII esses livros tenderam a se concentrar, como fizera a primeira contribuição de Cawdrey, no que eram as ditas "palavras difíceis" — palavras que não se achavam no uso comum, cotidiano, ou palavras que tivessem sido inventadas especificamente para impressionar os outros, os assim chamados "termos de tinteiro", com os quais os livros dos séculos XVI e XVII parecem bem adornados. Thomas Wilson, cuja *Arte of rhetorique* tinha ajudado Shakespeare, publicou exemplos do estilo empolado, como o de um clérigo em Lincolnshire escrevendo a uma autoridade do governo, implorando por uma promoção:

Há um cargo dignitário sacerdotal em minha região natal, contígua a mim, o qual agora contemplo: cuja vossa venerável bondade poderia em breve tornar acessível a mim, caso se dispusesse a estender sua diligência, e conferir-me dela o benefício como o devido lorde Chanceler, ou então arqui-gramático da Inglaterra.*

O fato de os livros se concentrarem apenas na pequena parte do vocabulário nacional que abrangia tamanha bobagem poderia sugerir hoje que isso lhes conferia um caráter bizarro e incompleto, mas naquela época sua seleção editorial era vista como uma virtude. Falar e escrever dessa maneira constituía a mais alta ambição da grã-finagem inglesa. "Apresentamos-lhes", trombeteava o editor de uma dessas obras para os futuros membros da alta sociedade, "as palavras de escol."

Assim, fantásticas criações linguísticas como *abequitate*, *bulbulcitate* e *sullevation* apareciam nesses livros ao lado de *archgrammacian* e *contiguate*, com extensas definições; havia palavras como *necessitude*, *commotrix* e *parentate* — todas as quais hoje estão listadas, quando e se isso acontece, como "obsoletas", "raras", ou ambas. Invenções pretensiosas e flo-readas adornavam a linguagem — o que talvez não seja tão surpreendente assim, considerando a moda pomposa da época, com suas perucas e chinós empoados; suas barbatanas e gibões; suas golas franzidas, fitas; e veludo escarlate Rhinegraves. Desse modo, palavras como *adminiculation*, *cautionate*, *derun-cinate* e *attemptate* são incluídas no dicionário também, cada uma devidamente catalogada nos diminutos livros de couro da época; mas eram palavras destinadas apenas aos ouvidos mais elevados, e provavelmente não iriam impressionar o público-

---

* No original, "There is a Sacerdotall dignitie in my native Countrey contiguate to me, where I now contemplate: which your worshipfull benignitie could sone impenetrate for mee, if it would like you to extend your sedules, and collaude me in them to the right honourable lord Chaunceller, or rather Archgrammacian of Englande". Palavras como "contiguate", "impenetrate", "sedules", "collaude" e "Archgrammacian", na forma e com o sentido aqui empregados, já não são encontráveis em dicionários comuns da língua inglesa. (N. T.)

-alvo de Cawdrey, composto de damas, senhoras e "pessoas não experimentadas".

As definições oferecidas por esses livros em geral também são insatisfatórias. Alguns davam meros sinônimos de uma palavra que pouco ilustravam — *magnitude*: "grandeza", ou *ruminate*: "mastigar de novo, estudar com aplicação". Às vezes, as definições são simplesmente divertidas: *The English dictionarie*, de Henry Cockeram, publicado em 1623, define *commotrix* como "Uma criada que veste e despe sua ama", enquanto *parentate* é "celebrar os funerais de um dos pais". Ou então os criadores desses livros de palavras difíceis lançam explicações complexas a ponto de se provarem insuportáveis, como numa obra de Thomas Blount chamada *Glossographia*, que oferece como definição de *shrew*: "espécie de pequeno rato silvestre, que, se subir ao dorso de um animal, deixá-lo-á aleijado do espinhaço; e, se ele morder, a besta incha até o coração e morre [...] Daí vem nossa expressão inglesa 'I beshrew thee' [Eu vos amaldiçoo], quando desejamos o mal; e chamamos a uma mulher má de 'shrew'".*

Mas em todo esse explosivo furor lexicográfico — sete dicionários importantes foram produzidos na Inglaterra do século XVII, o último com nada menos de 38 mil verbetes — duas questões estavam sendo ignoradas.

A primeira era a necessidade de um bom dicionário que abrangesse a língua *como um todo*, as palavras fáceis e populares assim como as difíceis e obscuras, o vocabulário do homem comum assim como o da estirpe culta, do aristocrata, e da rarefeita academia. Tudo deveria ser incluído: uma preposição de duas letras não deveria ter destaque menor, numa lista ideal de palavras, do que a majestade de uma sesquipedal peça polissilábica.

A segunda questão que os criadores de dicionários vinham ignorando era o advento do reconhecimento, por toda parte, de

---

* A partir da peça de Shakespeare *A megera domada* (*The taming of the shrew*), consagrou-se a tradução "megera" para a palavra *shrew*. (N. T.)

que, com a Grã-Bretanha e sua influência agora começando a florescer no mundo — com ousados navegadores como Drake, Raleigh e Frobisher percorrendo os mares; com os rivais europeus curvando-se diante do vigor da potência britânica; e com novas colônias seguramente plantadas nas Américas e na Índia, que disseminavam a língua e as ideias inglesas para muito além da costa da Inglaterra — o inglês achava-se à beira de se tornar um idioma global. Estava começando a ser um importante veículo para a condução do comércio, das relações militares e do direito internacionais. Passara a desbancar o francês, o espanhol e o italiano, e as línguas palacianas dos estrangeiros; precisava ser mais bem conhecido, muito mais capaz de ser adequadamente aprendido. Fazia-se necessário criar um inventário do que era falado, escrito e lido.

Os italianos, franceses e alemães já se achavam bem adiantados no que dizia respeito a assegurar sua própria herança linguística, e tinham chegado ao ponto de ordenar instituições com o fim de manter seus idiomas em boa forma. Em Florença, fora fundada em 1582 a Accademia della Crusca, dedicada a manter a cultura "italiana", muito embora só três séculos depois viesse a existir uma entidade política chamada Itália. Mas um dicionário de italiano foi produzido pela Accademia em 1612: a cultura linguística estava viva, ainda que não o país. Em Paris, Richelieu estabelecera a Académie Française em 1634. Os Quarenta Imortais — apresentados de forma talvez mais sinistra simplesmente como "os Quarenta" — governaram sobre a integridade da língua com magnífica inescrutabilidade até os dias de hoje.

Mas os ingleses não haviam assumido tal abordagem. Foi no século XVIII que cresceu a impressão de que a nação precisava conhecer em mais detalhes qual era a sua língua, e o que ela significava. Os ingleses, no término do século XVII, dizia-se, estavam "desconfortavelmente conscientes de seu atraso no estudo da própria língua". Daí em diante a atmosfera se encheu de planos para melhorar a língua inglesa, para dar-lhe maior prestígio tanto em casa quanto no estrangeiro.

Os dicionários se aprimoraram, e muito, durante a primeira metade do novo século. O mais notável deles, um livro que efetivamente expandiu sua ênfase das meras palavras difíceis para uma vasta faixa de todo o vocabulário inglês, foi editado pelo dono de um internato de Stepney chamado Nathaniel Bailey. Muito pouco se sabe a respeito dele além do fato de ser membro da Igreja Batista do Sétimo Dia. Mas a amplitude de sua erudição, o alcance de seus interesses, tudo acha-se fartamente indicado pelo frontispício de sua primeira edição (haveria 25 entre 1721 e 1782, todas best-sellers). A página de rosto também sugere a tarefa formidável à espera de qualquer empreendedor que pudesse estar planejando criar um léxico inglês verdadeiramente abrangente. A obra de Bailey intitulava-se:

> Um Dicionário Etimológico Universal, Compreendendo as Derivações da Generalidade de Palavras na Língua Inglesa, Antiga ou Moderna, dos Idiomas Inglês Arcaico, Saxão, Dinamarquês, Normando e Francês Moderno, Teutônico, Holandês, Espanhol, Italiano, Latim, Grego e Hebraico, cada um em seus Caracteres próprios. E também uma breve e clara Explicação de todas as Palavras difíceis [...] e Termos de Arte relacionados a Botânica, Anatomia, Física [...] Junto a uma Grande Coletânea e Explicação de Palavras e Expressões usadas em nossos Estatutos, Cartas Régias, Escrituras, Anais e Procedimentos Jurídicos Antigos; e a Etimologia e Interpretação dos Nomes Próprios de Homens, Mulheres e Lugares Notáveis na Grã-Bretanha; também os Dialetos de nossos diversos Condados. Contendo muitos Milhares de Palavras mais do que [...] qualquer Dicionário Inglês antes existente. Ao qual está acrescentada uma Coletânea de nossos Provérbios mais comuns, com sua Explicação e Ilustração. Toda a obra compilada e metodicamente condensada, tanto para o Entretenimento do Curioso como a Informação do Ignorante, e para o Benefício de jovens Estudantes, Artífices, Comerciantes e Estrangeiros [...]

Podem ter sido bons a obra e o esforço, mas ainda não eram o suficiente. Nathaniel Bailey e aqueles que tentaram copiá-lo na primeira metade do século XVIII labutaram vigorosamente em sua tarefa, embora o trabalho de encerrar a língua inteira em seus limites se tornasse cada vez maior quanto mais era contemplado. Ainda assim ninguém parecia intelectualmente capaz, ou bastante corajoso e dedicado, ou apenas não havia alguém que dispusesse de tempo suficiente para criar um registro verdadeiramente completo de toda a língua inglesa. E isso, embora ninguém parecesse capaz sequer de dizê-lo, era o que na verdade se queria. Um fim à timidez, à esquiva do compromisso — a substituição do filologicamente experimental pelo lexicograficamente definitivo.

E então veio o homem a quem Tobias Smollett chamou de o "grande crítico da literatura" — uma das mais eminentes figuras literárias de todos os tempos — Samuel Johnson. Ele decidiu assumir o desafio diante do qual tantos outros haviam titubeado. E mesmo com o juízo crítico dos mais de dois séculos que se passaram, pode-se dizer com justiça que ele criou um triunfo sem paralelo. A obra *A dictionary of the English language* de Johnson foi, e assim permaneceu desde então, um retrato da língua daquela época em toda a sua majestade, beleza e maravilhosa confusão.

Poucos são os livros que podem oferecer tanto prazer de se olhar, tocar, folhear, ler.

Podem ser encontrados até hoje, com frequência guardados em estojos de marroquim castanho. São imensamente pesados, construídos mais para o púlpito do que para as mãos. Encadernados em rico couro marrom, o papel é espesso e cremoso, a impressão gravada bem fundo na urdidura. Poucos que leem os volumes hoje podem deixar de se encantar pela elegância graciosamente antiquada das definições, das quais Johnson era um mestre. Tomemos por exemplo a palavra que Shakespeare poderia ter caçado, *elephant*. O elefante era, na definição de Johnson:

O maior de todos os quadrúpedes, de cuja sagacidade, lealdade, prudência e até inteligência se dão muitos relatos surpreendentes. Este animal não é carnívoro, mas se alimenta de feno, ervas e toda sorte de sementes leguminosas; diz-se também que é extremamente longevo. É por natureza muito dócil; mas, quando enfurecido, nenhuma criatura é mais terrível. Provido de uma tromba, ou longa cartilagem oca, como uma grande corneta, que pende entre seus dentes e lhe serve de mãos; com um golpe de sua tromba pode matar um camelo ou um cavalo, ou é capaz de levantar um peso prodigioso com ela. Seus dentes são o marfim tão conhecido na Europa, alguns dos quais, segundo se viu, grossos como a coxa de um homem, e com uma braça de comprimento. Elefantes selvagens são capturados com o auxílio de uma fêmea preparada para o macho; ela é confinada em um lugar estreito, em torno do qual são cavadas covas; e estando estas cobertas com um pouco de terra espalhada sobre obstáculos, o elefante macho cai com facilidade dentro da armadilha. Na cópula a fêmea recebe o macho sobre seu dorso; e tamanha é sua pudicícia que ele jamais cobre a fêmea enquanto houver algum ser à vista.

Mas o dicionário de Johnson é mais, muito mais, do que a mera graça antiquada ou o charme. Sua publicação representa um momento decisivo na história da língua inglesa; o único momento mais significativo iria ter início quase exatamente um século mais tarde.

Samuel Johnson vinha pensando e planejando a estrutura de seu dicionário há muitos anos. Fizera-o em parte a fim de criar uma reputação para si mesmo. Era um mestre-escola transformado em escrevinhador, conhecido apenas em círculos metropolitanos limitados como o redator elegante de comentários para o *Gentleman's Magazine*. Estava ansioso por ser visto com melhores olhos. Mas deu início ao processo também em resposta aos apelos dos titãs — as reclamações de que algo precisava ser feito.

A queixa deles era quase universal. Joseph Addison, Alexander Pope, Daniel Defoe, John Dryden, Jonathan Swift, os luminares da literatura inglesa, cada um se pronunciando, clamando pela necessidade de fixar a língua. Com isso — fixar vem sendo um termo do jargão lexicográfico desde então — queriam dizer que era preciso estabelecer os limites do idioma, criar um inventário do seu repertório de palavras, forjar sua cosmologia, decidir exatamente o que era a língua. A visão que consideravam da natureza do inglês era esplendidamente autocrática: a língua, insistiam, tornara-se a tal ponto refinada e pura na virada do século XVII que, a partir dali, só poderia permanecer estática ou então se deteriorar.

De modo geral, concordavam com as convicções dos Quarenta Imortais do outro lado do canal da Mancha (embora abominassem a ideia de admiti-lo): um padrão nacional de linguagem precisava ser definido, avaliado, estabelecido, cinzelado em prata e gravado em pedra. As alterações a isso poderiam então ser ou não permitidas, de acordo com a vontade dos grandes e notáveis, os Quarenta cultivados para uso local, uma autoridade em língua nacional.

Swift foi o defensor mais arrebatado da ideia. Certa vez escreveu ao conde de Oxford para manifestar sua indignação por palavras como *bamboozle*, *uppish* e — que absurdo! — *couldn't*[*] estarem aparecendo impressas. Queria o estabelecimento de normas rígidas para banir tais palavras como ofensivas ao bom senso. No futuro, desejava todas as grafias determinadas — uma ortografia sólida, a correção da língua escrita. Queria as pronúncias estabelecidas — uma ortoépia igualmente sólida, a correção da língua falada. Regras, regras, regras: elas eram essenciais, declarou o criador de Gulliver.

À linguagem deveriam ser conferidos o mesmo respeito e dignidade dos outros padrões que a ciência também estava definindo na época. O que é azul, ou amarelo? perguntavam-se então os físicos. O quanto é quente a água fervente? Que tamanho tem

---

[*] Formas coloquiais, respectivamente, para "enganar, iludir" e "arrogante, soberbo". No caso de couldn't, a ofensa à língua estaria na contração da partícula negativa com o verbo. (N. T.)

uma jarda? Como definir o que os músicos conheciam como um dó central? E, por falar nisso, quanto à medição precisa da longitude, tão vital para os homens do mar? Esforços enormes vinham sendo empreendidos neste campo em particular exatamente na mesma época do debate sobre a língua nacional: um Conselho de Longitude fora instituído pelo governo, recursos estavam sendo desembolsados e prêmios eram oferecidos só para que pudesse ser inventado um relógio possível de se levar ao mar num navio e, lá, mostrasse apenas uma inexatidão quase imperceptível. A longitude era de importância vital: uma nação tão mercantilista quanto a Grã-Bretanha precisava que os comandantes de seus navios soubessem exatamente onde estavam.

E assim pensavam os grandes homens da literatura — se a longitude era importante, se definir a cor, a extensão, a massa e o som era vital — por que a mesma expressão não era dada à língua nacional? Como reclamou um panfletário, com toda propriedade: "Não temos Gramática nem Dicionário, nem Mapa ou Bússola para nos guiar pelo vasto oceano de Palavras".

Nenhum dicionário se provara adequado até então, afirmaram Swift e seus amigos, mas dado o auge de perfeição que o idioma já havia adquirido, agora um léxico se fazia necessário, e um gênio dedicado precisava ser encontrado a fim de se aplicar ao trabalho de construí-lo. A obra levaria a cabo dois feitos desejáveis: a fixação da língua e a preservação de sua pureza.

Samuel Johnson discordava absolutamente. No mínimo, não queria ter nenhum compromisso com a ordenação da língua a fim de mantê-la pura. Pode ser até que gostasse da ideia, mas sabia que era irrealizável. Quanto ao fato de achar possível ou desejável fixá-la, vêm se amontoando teses às dezenas, saídas de editoras acadêmicas em anos recentes, com argumentos diversos, de que Johnson de fato queria ou não queria isso. O consenso agora é de que, originalmente, ele planejava ordenar a língua mas, quando se encontrava na metade do seu trabalho de seis anos, veio a se dar conta de que isso era ao mesmo tempo impossível e indesejável.

Um de seus predecessores, Benjamin Martin, explicou o

porquê: "Nenhuma língua tão dependente do uso e costume arbitrário jamais pode ser permanentemente a mesma, mas se encontrará sempre num estado mutável e flutuante; e o que é considerado cortês e elegante em determinada época pode ser dado como rude e bárbaro em outra". Essa máxima, que apareceu no prefácio de mais uma tentativa mal-acabada de fazer um dicionário adequado apenas um ano antes que Johnson trouxesse à luz o seu, bem pode ter guiado também o grande crítico ao longo de toda a sua elaboração.

Apesar de toda a grita precipitada em meio à intelligentsia de Londres, foi na verdade o livre mercado que instou Johnson a principiar. Em 1746, um grupo de cinco livreiros de Londres (os famosos messieurs Longman entre eles) foi tomado pela ideia de que um dicionário novo em folha iria vender como bolinhos, ser um grande sucesso editorial. Eles abordaram seu redator elegante preferido, que sabiam ser ambicioso e, além de tudo, estava quebrado, e lhe fizeram uma oferta dificilmente recusável: 1500 guinéus, a metade adiantada. Johnson aceitou prontamente, com a única reserva de que iria buscar como patrono o homem que era, naquele momento, o árbitro de tudo o que havia de bom e valioso na Inglaterra literária, Philip Dormer Stanhope, o quarto conde de Chesterfield.

Lorde Chesterfield era uma das figuras mais notáveis do país: embaixador, prócer da Irlanda, amigo de Pope, Swift, Voltaire e John Gay. Foi Chesterfield quem obrigou a Inglaterra a adotar o calendário gregoriano e também quem, com suas cartas ao filho bastardo, Philip, aconselhando-o quanto às suas maneiras, tornou-se, quando publicado, um *vade mecum* indispensável do bom-tom. Seu imprimátur ao dicionário seria valioso, seu patrocínio do projeto, inestimável.

O fato de ter prometido o imprimátur mas declinado o patrocínio (exceto por entregar a Johnson uma ordem de pagamento no valor de míseras dez libras) e em seguida, contudo, passado a reclamar um papel no subsequente triunfo do homem tornou-se fonte de um muito divulgado ressentimento. Lorde Chesterfield, diria Johnson mais tarde, "ensinava os princípios morais de uma prostituta e os modos de um professor de dança de salão". Chesterfield tinha a couraça paquidérmica de um verdadeiro aristocrata e descartou as críticas como um comentário bem-humorado, o que na verdade não eram.

Mesmo assim, sua defesa inicial do dicionário, mais os 750 guinéus que os livreiros puseram nas mãos de Johnson, fizeram com que o editor de 37 anos pusesse mãos à obra. Ele alugou salas numa esquina da Fleet Street, contratou seis homens (cinco deles escoceses, o que viria a representar algum conforto para James Murray, que era de Hawick) para servi-lo como amanuenses, e lançou-se aos seis anos de incansável mourejo que iriam se provar necessários. Tinha decidido, como Murray iria concluir um século depois, que a melhor maneira — na verdade, a única — de compilar um dicionário completo era ler: repassar toda a literatura e listar as palavras que apareciam nas centenas de milhares de páginas.

Existe um axioma de que se tem três opções, não mutuamente excludentes, na feitura de uma compilação de palavras. Pode-se registrar palavras que são ouvidas. Pode-se copiar as palavras de outros dicionários existentes. Ou pode-se ler, após o que, naquela que é a maneira mais esmerada, registram-se todas as palavras lidas, classificando-as e transformando-as numa lista.

Johnson descartou a primeira ideia como incômoda demais para ser útil; concordava naturalmente com a segunda — todos os lexicógrafos usam dicionários anteriores como ponto de partida, para se certificarem de não estar esquecendo nada; e, mais significativamente, decidiu-se pela importância primordial da terceira opção, ler. Daí ter alugado as salas da Fleet Street, daí ter comprado ou pedido emprestados livros às toneladas, aos metros e em sacos, e daí ter contratado seis homens. A equipe de sete pessoas fora criada para folhear e vasculhar todos os escritos existentes, e fazer um catálogo de tudo o que fosse varrido para a garganta coletiva do grupo.

Rapidamente eles se deram conta de que seria impossível verificar tudo, e assim Johnson impôs limites. A língua, concluiu ele, provavelmente atingira seu cume com os escritos de

Shakespeare, Bacon e Edmund Spenser, e por isso devia haver pouca necessidade de desperdiçar um tempo precioso pesquisando épocas anteriores à deles. Decretou, portanto, que as obras de sir Philip Sidney, que tinha apenas 32 anos quando morreu, em 1586, funcionariam como um prático ponto de partida para sua busca; e os últimos livros publicados por autores recém-falecidos marcariam o final.

Seu dicionário seria, assim, o resultado de uma pesca de arrastão concentrada em apenas um século e meio de escritos, com a obra ímpar e anterior de Chaucer incluída nele por medida de bom senso. Assim, Johnson tomou desses volumes e leu; em seguida, sublinhou e contornou com círculos as palavras que queria, e anotou as páginas que havia escolhido; depois ordenou a seus homens que copiassem em tiras de papel as frases completas que exibiam as palavras selecionadas; e então arquivou esses trechos, para utilizar quando necessário, a fim de ilustrar o que pretendia dizer, o significado de uma palavra que estivesse tentando demonstrar.

E são todos esses significados, acompanhados de citações, uma demonstração da multiplicidade de sutis acepções que podem ser abrangidas pela simples arrumação de um grupo de letras, que provam o grande triunfo do dicionário de Johnson. Porque, embora possamos rir do charme antiquado de sua definição para *elephant*, ou para *oats* [aveia] — "um grão que na Inglaterra é de modo geral oferecido a cavalos, mas na Escócia sustenta o povo" —, ou ainda *lexicographer* [lexicógrafo] — "um escritor de dicionários; um labutador inofensivo, que se ocupa de traçar as origens e detalhar a significação de palavras" —, temos de nos sentir, no mínimo, perplexos diante do seu modo de lidar com, por exemplo, o verbo *take*. Johnson listou, com citações de apoio, nada menos de 113 sentidos da forma transitiva desse verbo em especial, além de 21 significados no modo intransitivo. "Tomar, agarrar ou capturar; pegar com um anzol; apanhar alguém em erro; conquistar o beneplácito popular; ser eficaz; reivindicar a feitura de alguma coisa; arrogar-se o direito [...] montar um cavalo, fugir, desempenhar o que se faz ao tirar a roupa [...]"

99

A lista é quase infindável: representou um marco do gênio de Samuel Johnson que, armado com referências de 150 anos de escritos em inglês, foi capaz de, essencialmente sozinho, encontrar e anotar quase todos os usos de quase todas as palavras da época. Não apenas o verbo *take*, mas outros verbos comuns como *set*, *do* e *go*, além de centenas e mais centenas de outras palavras. Não é de espantar que, com seu projeto bem encaminhado, e quando se ergueu o frívolo problema das necessidades de seus credores, ele tenha certa vez montado uma barricada com sua cama diante da porta e gritado para o leiteiro lá fora: "Dependendo do que for preciso, defenderei esta cidadela até o fim!".

Terminou de acumular sua lista do repertório de palavras inglesas em 1750. Passou os quatro anos seguintes editando as referências e selecionando as 118 mil citações ilustrativas (às vezes cometendo a heresia de modificar citações das quais não gostava). Finalmente, concluiu as definições daqueles que viriam a se tornar os 43 500 verbetes. Escreveu algumas destas definições a partir do zero ou, para outras, tomou emprestados trechos substanciais dos autores que admirava (como aconteceu com *elephant*, que era em parte obra de um homem chamado Calmet).

Seja como for, só foi publicar a obra completa em 1755: queria convencer a Universidade de Oxford a lhe conferir um título acadêmico, acreditando que, se pudesse acrescentá-lo a seu nome na página de rosto, faria um grande bem a Oxford, às vendas do livro e a si mesmo — não necessariamente nesta ordem. Oxford aquiesceu; e em 15 de abril de 1755 surgiu:

Um Dicionário da Língua Inglesa, no qual as Palavras são deduzidas de suas Origens e Ilustradas em seus Diferentes Significados por Exemplos dos melhores Autores e aos quais são prefixadas uma História da Língua e uma Gramática Inglesa, por Samuel Johnson, A. M.*, em Dois Volumes.

---

* A. M.: do latim *artium magister* (mestre em artes). (N. T.)

O livro, que teve quatro edições enquanto Johnson viveu, permaneceria como obra padrão, um repositório sem par da língua inglesa, por todo o século seguinte. Foi um enorme sucesso comercial e louvado quase unanimemente — em particular pelo egrégio lorde Chesterfield, que insinuou ter participação bem maior na realização do livro do que na verdade aconteceu. Isso enfureceu Johnson; ele não apenas resmungou comentários sobre prostitutas e professores de dança como guardou na manga o golpe mais impiedoso: no verbete *patron* [patrono; patrocinador], escreveu "um miserável que apoia com indolência e é pago com lisonjas". Mas o nobre lorde descartou isso também, como soem fazer os lordes.

Houve algumas críticas. O fato de Johnson ter permitido que sua personalidade invadisse as páginas pode parecer hoje um capricho divertido, mas para aqueles que desejavam um livro supremo em sua autoridade foi irritantemente antiprofissional. Muitos autores puseram-se a tocaiar a autoridade limitada de alguns daqueles a quem Johnson citara — uma crítica que o próprio Johnson previra em seu prefácio. Alguns consideraram as definições improvisadas — umas banais, outras desnecessariamente complicadas (como em *network* [rede]: "qualquer coisa reticulada, ou decussada, a distâncias iguais, com interstícios entre as intersecções"). Um século após a publicação, o formidável Thomas Babington Macauley iria condenar Johnson como "um etimologista deplorável".

Mas, com exceção de Macauley, muitos dos críticos provavelmente estavam apenas com ciúmes, invejosos por Johnson ter realizado o que nenhum deles jamais conseguiria fazer. "Qualquer mestre-escola poderia ter feito o que Johnson fez", escreveu um deles. "Seu *Dictionary* é meramente um glossário para suas próprias obras incultas." Mas o autor ficou anônimo, e é bem possível que fosse um rival desapontado. Ou talvez um whig hidrófobo: Johnson era um notório conservador, e escrevia num modo que alguns viam como um nítido preconceito tóri. Assim, o livro seria meramente "um veículo para

101

tratos jacobitas e pretensiosos", escreveu um whig, sem dúvida um liberal intransigente. Uma mulher chegou até a depreciar Johnson por ter deixado de incluir obscenidades. "Não, madame, espero não ter manchado meus dedos", replicou ele, com malícia. "Acho, entretanto, que a senhora andou procurando por elas."

Mas os louvores foram muitos. Voltaire propôs que os franceses moldassem um novo dicionário para sua língua a partir da obra de Johnson; e a venerável Accademia della Crusca escreveu de Florença que o trabalho de Johnson será "um perpétuo Monumento à Fama para o Autor, uma Honra a seu País em particular, e um Benefício geral para a república das Letras por toda a Europa". "Numa era de dicionários de todos os tipos", escreveu alguém numa avaliação moderna, "a contribuição de Johnson foi simplesmente *primus inter pares.*" E Robert Burchfield, que editou o suplemento em quatro volumes para o *Oxford English dictionary* na década de 1970, não teve dúvidas: Johnson conseguira aliar seu lado de lexicógrafo com o de supremo literato: "Em toda a tradição da língua e literatura inglesas, o *único* dicionário compilado por um escritor de primeira linha é o do dr. Johnson".

Durante tudo isso, sob a chuva de pedradas, flechadas, aplausos e encômios, Samuel Johnson continuou tranquilamente modesto. E não sem motivo, porque estava orgulhoso de sua obra mas maravilhado diante da magnífica grandiosidade da língua que ele, com tamanha imprudência, decidira aparelhar. O livro permaneceu como seu monumento. James Murray diria tempos depois que sempre que alguém usasse a expressão "o Dicionário", do mesmo modo como se poderia dizer "a Bíblia" ou "o Livro de Orações", estaria se referindo ao trabalho realizado pelo dr. Johnson.

Mas não, teria dito o grande crítico da literatura — na verdade eram as palavras que representavam o mais legítimo monumento, e ainda mais profundamente, as entidades mesmas que aquelas palavras definiam. "Ainda não estou tão perdido na lexicografia", afirma em seu famoso prefácio, "a ponto de esquecer que as palavras são as filhas da terra, e que as coisas são os filhos do céu." Sua vida tinha sido dedicada à reunião daquelas filhas, mas fora o céu que ordenara sua criação.

5. A CONCEPÇÃO DO GRANDE DICIONÁRIO

elephant (e·lĭfănt). Formas: a. 4-6 oli-, olyfaunte (4 *pl.* olifauns, -fauntz), 4 olyfont, -funt, 5-6 olifant(e, 4 olephaunte, 5-6 olyphaunt, 4-7 oli-, olyphant(e. *ß.* 4 elifans, 4-5 ele-, elyphaunt(e, 5 elefaunte, 6 eliphant, 5-6 elephante, 6- elephant. [Ing. méd. *olifaunt*, adapt. fr. arc. *olifant*, repr. um lat. vulg. **olifantu-m* (donde o provç. *olifan;* cf. hol. méd. *olfant*, bret. *olifant*, galês *oliffant*, corn. *oliphans*, que podem vir, todas, do ing. méd. ou do fr. arc.), forma em corruptela do lat. *elephantum*, *elephantem* (subs. *elephantus*, *-phas*, *-phans*), adj. e adap. gr. ἐλέΦας (gen. ἐλέΦαντος). [A reforma da palavra a partir do lat. parece ter tido lugar antes na Ingl. e não na Fr., sendo citadas as formas francesas com *el* apenas a partir do séc. XV.

Da etimologia definitiva nada se sabe realmente. Como a palavra grega é encontrada (embora apenas no sentido de "marfim") em Homero e Hesíodo, parece improvável que possa ser, como supuseram alguns, de origem indiana. A semelhança sonora com o hebraico אלף *eleph* "ox" [boi] motivou uma sugestão de derivação de alguma composição fenícia ou púnica dessa palavra; outros conjecturaram sobre a possibilidade de a palavra ser africana. Ver YULE *Hobson-Jobson* Suplem. Para a possível relação com esta palavra do subs. teut. e eslv. para "camelo", ver OLFEND. A origem das formas românicas em corruptela com *ol-* é desconhecida, mas elas podem ser comparadas com o lat. *oleum*, *olīva*, adapt. gr. ἐλαιον, ἐλοία]

1. Imenso quadrúpede da ordem dos Paquidermes, com longas presas curvas em marfim e uma tromba ou probóscide preênsil. Das várias espécies antes espalhadas por todo o mundo apenas duas existem hoje, a africana e a indiana; a primeira é a maior entre os animais terrestres existentes e a última é com frequência usada como animal de carga e na guerra.

As realizações dos grandes dicionaristas da Inglaterra dos séculos XVII e XVIII foram, de fato, prodigiosas. Seu saber era inigualável, sua erudição simplesmente genial, suas contribuições para a história literária, profundas. Tudo isso é inegável — e, ainda que pareça cruel se atrever sequer a indagar, quem agora se lembra realmente de seus dicionários, e quem hoje faz algum uso de tudo o que eles conquistaram?

A pergunta incorre na petição de princípio de uma verdade inevitavelmente pungente, do tipo que turva tantas outras conquistas pioneiras em campos que se estendem para além deste, e têm bem pouca relação com ele. A realidade, como vista a partir da perspectiva de hoje, é simples: por mais notáveis que tenham sido as obras lexicográficas de Thomas Elyot, Robert Cawdrey, Henry Cockeram e Nathaniel Bailey, e por mais magistral e decisiva que tenha se provado a criação de Samuel Johnson, suas conquistas parecem hoje em dia ter servido apenas como os primeiros passos, e os magníficos volumes de seus trabalhos bem pouco mais que antiguidades a serem comercializadas, entesouradas e esquecidas.

E a principal razão disso é que em 1857, pouco mais de um século após a publicação da primeira edição do *Dictionary* de Johnson, surgiu a proposta formal para criação de uma obra novíssima, de ambição verdadeiramente estelar, um projeto lexicográfico que seria de amplitude e complexidade muito maior, incomensuravelmente maior do que qualquer outro tentado até então.

Tinha como meta uma audácia que era, na verdade, bem elegante em sua simplicidade: enquanto Johnson havia apresentado uma seleção da língua — e, aliás, uma vasta seleção, realizada de maneira brilhante — esse novo projeto apresentaria

105

toda ela: cada palavra, cada nuance, cada tonalidade de significado, ortografia e pronúncia, cada capricho de etimologia, cada citação ilustrativa possível de cada autor inglês.

Aludia-se a ele simplesmente como o "grande dicionário". Quando concebido, era um projeto de atrevimento e imprudência quase inimagináveis, exigindo imensa coragem, arriscando uma arrogante presunção. Mesmo assim, havia homens na Inglaterra vitoriana que tinham a audácia e a imprudência necessárias, que estavam mais do que à altura dos riscos implícitos: aquele foi, afinal, um tempo de grandes homens, grandes visões, grandes conquistas. Talvez nenhuma outra época na história moderna fosse mais adequada para o lançamento de um projeto de tamanha grandiosidade; e isso talvez seja o motivo de ele ter, devida e ponderadamente, seguido seu caminho. Graves problemas e crises aparentemente insanáveis ameaçaram destruí-lo mais de uma vez. Disputas e atrasos o cercaram. Mas finalmente — quando muitos daqueles homens importantes e problemáticos que tiveram a visão inicial já estavam há muito tempo em seus túmulos — a meta que o próprio Johnson podia ter sonhado foi devidamente alcançada.

E, enquanto Samuel Johnson e sua equipe gastaram seis anos para criar seu triunfo, os envolvidos na realização daquele que iria ser, e ainda é, o dicionário inglês definitivo levaram quase exatamente setenta anos.

A criação do grande dicionário começou com a palestra na Biblioteca de Londres, no Dia de Guy Fawkes, em 1857.

Richard Chenevix Trench foi oficialmente definido por seus obituaristas contemporâneos como um "*divine*" [sacerdote], termo raramente utilizado hoje nesse sentido mas que abarcava todo tipo de bom e eminente vitoriano que perseguisse qualquer espécie de vocação e vestisse o hábito enquanto o fazia. Na época de sua morte, em 1886, Trench ainda era visto mais como um *divine* do que qualquer outra coisa — tivera uma resplandecente carreira eclesiástica que havia culminado com sua nomeação para deão de Westminster e depois arcebispo de Dublin. Era também coxo, por ter quebrado os joelhos: não por causa de algum excesso

106

na piedade genuflexória, mas porque caíra de uma prancha de desembarque na travessia de barco para a Irlanda.

Seu tema naquela famosa noite lexicográfica foi curioso. Divulgado em volantes e panfletos postados por todo o West End de Londres, chamava-se "De algumas deficiências em nossos dicionários ingleses". Pelos padrões de hoje o título parece autodestrutivo mas, dado o temperamento imperial da época, e a firme convicção de que o inglês era a quintessência da língua imperial, e de que qualquer livro que lidasse com ela constituía uma ferramenta importante para a manutenção do império, o título oferecia uma insinuação amplamente compreensível do impacto que o dr. Trench provavelmente viria a ter.

Ele identificou sete modos principais nos quais os dicionários então disponíveis se mostrariam deficientes — a maior parte deles é técnica e não deveria nos dizer respeito aqui. Mas seu tema subjacente era profundamente simples: era essencial para qualquer futuro dicionarista, dizia ele, conscientizar-se de que um dicionário era simplesmente um "inventário da língua" e, decididamente, não um guia para o uso adequado do idioma. Seu compilador não devia se meter a selecionar palavras para serem incluídas com base no fato de serem boas ou más. Mas todos os primeiros praticantes do ofício, inclusive Samuel Johnson, foram culpados de fazer exatamente isso. O lexicógrafo, Trench salientou, "era um historiador [...] não um crítico". Não estava ao arbítrio de um ditador — "ou de Quarenta", acrescentou ele, com um aceno insolente a Paris — determinar quais palavras deveriam ou não ser usadas. Um dicionário tinha de ser o registro de *todas* as palavras que desfrutam de qualquer tempo de vida reconhecível na língua-padrão.

E o coração de um tal dicionário, prosseguiu, deveria ser a história do período de vida de toda e qualquer palavra. Algumas palavras são antigas e ainda existem. Outras são novas e desaparecem como mariposas. Outras, ainda, surgem durante a vida de alguém, continuam a existir na geração seguinte, e na próxima, parecendo prontas a durar para sempre. Outras merecem um prognóstico menos otimista. Mas todos esses

107

gêneros de palavras constituem partes válidas da língua inglesa, não interessando se são velhas e obsoletas ou novas e com um futuro questionável. Consideremos a questão mais preciosa, disse Trench: se alguém precisa verificar uma palavra, ela tem de estar lá — porque, se não estiver, a obra de referência que aquele livro se propõe a ser torna-se um disparate, algo que não se pode consultar.

Agora ele estava se animando com este tema: para mapear a vida de cada palavra, continuou Trench, apresentar sua biografia, é importante saber o momento exato em que ela nasceu, ter um registro da sua certidão de nascimento. Não no sentido do momento em que foi pronunciada pela primeira vez, é claro — isso, até o advento do gravador, jamais se poderia saber — mas sim quando foi registrada. Qualquer dicionário que se baseasse nos princípios históricos os quais, Trench insistiu, eram os únicos válidos a considerar, tinha de ter, para cada palavra, um trecho citado da literatura, mostrando onde cada palavra foi usada pela primeira vez.

E depois disso, também para cada palavra, deveria haver frases que mostrassem as mudanças de rumo, as deturpações de significados — o modo como quase toda palavra desliza com seu jeito prateado, de peixe, avançando entre volteios aqui e ali, acrescentando sutilezas de nuance a si própria, e em seguida recolhendo-as de acordo com a vontade pública. "Um dicionário", afirmou Trench, "é um monumento histórico, a história de uma nação contemplada a partir de um ponto de vista, e os modos errados nos quais uma língua vagou [...] podem ser quase tão instrutivos quanto os certos."

O dicionário de Johnson pode ter estado entre os pioneiros em apresentar citações (um italiano, por exemplo, alegou que o seu já fizera isso em 1598), mas elas serviam apenas para ilustrar significados. A nova aventura que Trench agora parecia propor iria demonstrar não meramente o significado, mas a história do significado, a história da vida de cada palavra. E isso significaria a leitura e a citação de tudo que mostrasse alguma coisa da história das palavras que seriam citadas. A tarefa seria gigantesca,

108

monumental e — de acordo com o pensamento convencional da época — impossível.

Só que, aqui, era Trench quem apresentava a ideia, uma ideia que — para aquela categoria de homens conservadores e de sobrecasaca sentada na biblioteca naquela noite desagradável, úmida e nevoenta — surgia como potencialmente perigosa e revolucionária. Mas foi a ideia que, no fim de tudo, tornou toda a aventura possível.

O empreendimento do plano, disse, estava além da habilidade de qualquer homem isoladamente. Perscrutar toda a literatura inglesa — e esquadrinhar os jornais de Londres e Nova York, além dos mais letrados periódicos e revistas — deveria ser, em vez disso, "a ação combinada de muitos". Seria necessário recrutar uma equipe — mais que isso, uma equipe imensa — provavelmente envolvendo centenas e centenas de amadores não pagos, todos eles trabalhando como voluntários.

A plateia murmurou em surpresa. Uma ideia dessas, por mais óbvia que possa parecer hoje, jamais tinha sido manifestada antes. Mas, afinal de contas, disseram alguns membros quando a reunião já estava se dispersando, tinha mesmo um tanto de mérito legítimo. Ostentava um apelo rústico, bastante democrático. Era uma ideia que se harmonizava com o pensamento fundamental de Trench, de que qualquer grande dicionário novo deveria ser, em si mesmo, um produto democrático, um livro que demonstrasse a primazia das liberdades individuais, da noção de que se pode usar as palavras livremente, como as pessoas quisessem, sem as regras fixas e rígidas da conduta léxica.

Um dicionário desse tipo certamente não poderia ser um produto absolutista, autocrático, do tipo que os franceses tinham em mente: os ingleses, que haviam elevado a excentricidade e a desorganização a uma obra de arte, e instalado os desmiolados num pedestal, detestavam essas coisas da Europa continental, tais como regras, convenções e ditaduras. Abominavam a ideia de ditames — quanto ao idioma, pelo amor de Deus! — emanados de uma corporação secreta composta por imortais enigmáticos. Sim, assentiram inúmeros membros da Sociedade Filológica naquela noite, enquanto recolhiam seus casacos com golas de astracã, cachecóis de seda branca e cartolas, e saíam errantes para a névoa amarelada de novembro: a ideia do reitor Trench de convocar voluntários era boa, uma ideia valiosa e realmente muito nobre.

E era também, como se verifica, uma ideia que iria acabar por permitir o envolvimento no projeto de um erudito mas perturbado lexicógrafo não consumado: o Cirurg. Asst. (Reserv.), Exército dos Estados Unidos, Cap. William Chester Minor.

Isso, entretanto, era apenas a ideia. Foram necessários outros 22 anos de atividade esporádica e, às vezes, incoerente, para que o projeto do novo dicionário realmente começasse a se concretizar. A Sociedade Filológica já havia complicado a questão: seis meses antes da famosa palestra de Trench, ela instalara um certo Comitê para Palavras Não Registradas; encurralara, junto com Trench, o turbulento Frederick Furnivall e Herbert Coleridge, neto do poeta, para dirigi-lo; e planejara dedicar seus esforços oficiais a editar um dicionário suplementar de tudo o que não fosse encontrado em livros já publicados.

Passaram-se muitos meses até que o entusiasmo por trás daquele projeto diminuísse — embora este tenha sofrido um ligeiro abalo quando os envolvidos se deram conta prontamente de que tantas palavras estavam sendo descobertas nas pesquisas que um suplemento do gênero seria muito, muito maior do que qualquer outro livro, até mesmo o de Johnson, já disponível naquele momento. Tendo deixado esse plano para trás, a Sociedade adotou formalmente a ideia de um dicionário totalmente novo: 7 de janeiro de 1858, quando o projeto foi adotado, é a data normalmente reconhecida como ponto de partida, pelo menos no papel.

Furnivall então divulgou uma circular convocando leitores voluntários. Eles poderiam escolher o período histórico do qual gostariam de ler publicações: de 1250 a 1526, ano do Novo

Testamento inglês; daí até 1674, ano em que Milton morreu; ou de 1674 até os que eram, então, os dias atuais. Cada período, pensava ele, representava a existência de diferentes tendências no desenvolvimento da língua.

As tarefas dos voluntários eram bastante simples, ainda que custosas. Deveriam escrever à Sociedade oferecendo seus serviços na leitura de certos livros; seriam solicitados a ler e fazer listas de vocábulos a partir de tudo o que tinham lido e, em seguida, pedir-se-ia a eles que procurassem, de forma bastante específica, determinadas palavras que no momento interessavam à equipe do dicionário. Cada voluntário tomaria, então, de uma folha de papel, escreveria no alto, à esquerda, a palavra-chamariz, e abaixo dela, também à esquerda, os dados dos seguintes detalhes, pela ordem: o título do livro ou documento, seus números de volume e página, e aí, abaixo deles, a frase completa que ilustrava o uso da palavra-chamariz. Esta é uma técnica adotada por lexicógrafos até os dias de hoje.

Herbert Coleridge tornou-se o primeiro editor daquele que iria ser chamado de *A new English dictionary on historical principles*. Incumbiu-se, como sua primeira tarefa, disso que pode parecer prosaico ao extremo: o desenho de uma pequena estante de escaninhos em tábuas de carvalho, com nove orifícios de largura e seis de altura, que poderiam acomodar as previstas 60 mil a 100 mil folhas de papel que viriam dos voluntários. Calculou que o primeiro volume do dicionário estaria disponível para o mundo em dois anos. "E, se não fosse pela morosidade de muitos colaboradores", escreveu ele, nitidamente irritado, "eu não hesitaria em estimar um prazo menor."

Tudo nessas previsões estava enormemente equivocado. No final, mais de *6 milhões* de folhas de papel chegaram dos voluntários; e a sonhadora estimativa de Coleridge quanto aos dois anos que se poderia levar para estar com a primeira parte vendável do dicionário saindo das prensas — porque ele seria vendido em partes, a fim de ajudar a manter a entrada dos rendimentos — achava-se exponencialmente errada ao décimo fator. Foi esse tipo deploravelmente ingênuo de subestimativa

111

— de trabalho, de tempo, de dinheiro — que tanto retardou o avanço do dicionário. Ninguém tinha uma pista daquilo com que estavam se defrontando: caminhavam às cegas com os pés atolados em melaço.

E a morte precoce de Herbert Coleridge procrastinou ainda mais as coisas. Ele morreu depois de apenas dois anos de trabalho, com 31 anos, nem sequer na metade da verificação de citações das palavras começadas por A. Foi apanhado pela chuva a caminho de uma palestra da Sociedade Filológica, e a assistiu inteira na sala sem aquecimento do segundo andar em St. James's Square; pegou um resfriado e morreu. Suas últimas palavras de que se tem registro foram: "Preciso começar o sânscrito amanhã".

Furnivall assumiu então o lugar e jogou toda a sua jovial energia e concentrada determinação no trabalho — mas com o mesmo jeito estouvado e irresponsável que já lhe granjeara legiões de inimigos. Teve a brilhante e permanente ideia de contratar uma equipe de subeditores — a quem iria interpor entre os leitores voluntários — que agora enviavam alegremente suas folhas de papel com as citações necessárias — e o editor.

Os subeditores poderiam verificar os papéis que chegavam quanto à precisão e ao valor, separá-los em maços e colocá-los nos escaninhos. Caberia então ao editor decidir qual palavra ele iria "fazer" — tirar de seu lugar nos escaninhos arrumados alfabeticamente o molho de citações para o verbete escolhido e decidir quais das citações melhor se adequavam às suas necessidades. Qual delas seria a primeira de todas — isso era de importância vital, claro; e quais outras, a partir dali, demonstravam o lento progresso da palavra, à medida que seu significado variava ao longo dos séculos, até qualquer que fosse seu significado primordial então.

Mas Furnivall dirigia um projeto que, a despeito de toda a sua energia e entusiasmo, começava lenta mas claramente a fenecer. Por algum motivo, jamais bem explicado, Furnivall não tinha a malícia necessária para manter as centenas de voluntários empolgados, e assim, lenta e inexoravelmente, eles foram parando de ler, deixando de enviar suas folhas de papel. Aquela parecia a muitos uma tarefa insuperável. Vários chegaram, na verdade, a mandar de volta os livros e documentos que Furnivall lhes pedira para ler — só no ano de 1879 eles devolveram *duas toneladas* de material. O dicionário estava literalmente atolado, talvez vítima de sua própria ambição imponente. Os relatórios de Furnivall para a Sociedade tornaram-se cada vez mais breves, suas expedições com as garçonetes cada vez mais longas. Em 1868 o *Athenaeum*, jornal que mais de perto acompanhava o andamento do trabalho, disse a seus leitores de Londres que "a convicção geral é de que o projeto não será levado adiante".

Mas ele não morreu. Convém lembrar que James Murray era membro da Sociedade Filológica desde 1869. Já havia construído um nome para si com publicações (em dialeto escocês), com gigantescas empreitadas editoriais (de poesia escocesa), e com projetos nobres mas inacabados (tais como uma planejada obra sobre a declinação dos substantivos alemães). Deixara o Chartered Bank of India e retomara o ensino que tanto amava, dessa vez na distinta escola pública londrina de Mill Hill.

Furnivall — que, embora claramente comprometido com o dicionário, carecia das qualidades pessoais necessárias para comandá-lo — achou que Murray seria a escolha perfeita como organizador do dicionário. Abordou Murray e também outros membros da Sociedade: não seria esse jovem impressionante (Murray tinha então pouco mais de quarenta anos) o candidato ideal? E, além de tudo, não seria a Oxford University Press, com sua distinção acadêmica, bolsos relativamente largos e uma visão flexível do tempo literário, a editora ideal para publicar a obra?

Murray foi convencido a preparar algumas folhas de exemplo, para dar uma ideia de como a obra deveria ser. Escolheu as palavras *arrow*, *carouse*, *castle* e *persuade*,* e no final do outono de 1877 as páginas foram devidamente despachadas para Oxford, aos seus famigeradamente difíceis representantes — em essên-

---

* Respectivamente *flecha* (e, por extensão, o signo de *Sagitário*), *farrear* (ou *embebedar-se*), *castelo* (ou *torre*, no xadrez) e *persuadir, convencer*. (N. T.)

113

cia, o conselho de diretores, notórios por serem desanimadoramente intelectuais, irritantemente pedantes e financeiramente mesquinhos. Furnivall continuou a se encontrar com outros editores e impressores — a casa de Macmillan esteve numa certa época profundamente envolvida, mas recuou depois de uma discussão com Furnivall —, certificando-se sem cessar de que o grande dicionário permanecesse na mente de todos.

As vontades aliadas de escolher o editor certo e a casa editorial adequada continuaram exasperando os estabelecimentos literários lexicográficos e comerciais durante os últimos anos da década de 1870. Os representantes de Oxford primeiro desanimaram a todos ao dizer que pouco se importavam com os exemplos de Murray: queriam mais provas de que Murray pesquisara com suficiente afinco em busca de citações para as quatro palavras escolhidas; afirmaram que não gostavam do modo como ele apresentara as pronúncias dos vocábulos; e criaram grande agitação em torno da ideia de omitir ou não a parte etimológica elaborada por ele (quanto mais não fosse, porque já estavam editando sua própria e muito erudita separata, o *Etymological dictionary*).

Exasperados, Murray e Furnivall voltaram-se com esperanças para a editora de Cambridge, mas os agentes de lá (equivalentes locais dos representantes de Oxford) ofereceram apenas uma recusa brusca. O exercício do lobby prosseguiu, em salões públicos e nos clubes de Londres, semana após semana. E à medida que o tempo passava, também Oxford, muito devagar, se convenceu de que mudanças poderiam ser feitas, de que havia uma chance de os poderes constituídos virem a achar o livro proposto aceitável, de que Murray bem pudesse ser o homem, e de que o grande dicionário poderia de fato ter um dia o apelo comercial e intelectual que Oxford queria.

Finalmente, em 26 de abril de 1878, James Murray foi convidado a ir até Oxford para a primeira reunião pessoal com os representantes. Viera esperando ser aterrorizado por eles; eles imaginavam que poderiam dispensá-lo. Mas para o surpreso deleite de todos, Murray achou que, ao contrário, gostava daqueles homens veneráveis que tinham assento na grandiosa sala de conferências de Oxford, e, mais objetivamente, os representantes descobriram sem demora que gostavam muito dele. O desfecho da reunião foi a decisão dos representantes, num momento de contido e típico júbilo oxfordiano — comemorado com um ou dois copos de um medíocre xerez seco — de prosseguir.

Discussões quanto aos detalhes do contrato — que com frequência eram amargas, mas em raras ocasiões conduzidas em pessoa por um James Murray que, decididamente, não fazia parte deste mundo (embora sua prática e teimosa esposa, Ada, de fato tivesse alguma coisa a dizer) — consumiram mais um ano inteiro. Afinal, em 1º de março de 1879, quase um quarto de século depois da palestra de Richard Chenevix Trench, chegou-se a um acordo formal em torno de um documento: James Murray deveria editar, em nome da Sociedade Filológica de Londres, *The new English dictionary on historical principles*, que se expandiria por uma estimativa de 7 mil páginas in-quarto em quatro volumes grossos, e levaria dez anos para ser completado. Ainda era uma lamentável subestimação, mas o trabalho agora estava começando de maneira adequada, e dessa vez não iria mais parar.

Em questão de dias Murray tomou duas decisões. Primeira, ele iria construir um galpão de ferro corrugado no terreno da Mill Hill School, ao qual daria o nome de Scriptorium (a primeira de suas duas sedes construídas especialmente), e dali editaria o grande dicionário. E, segunda, escreveria e faria publicar um apelo de quatro folhas — "ao público de língua inglesa falada ou escrita" — para conquistar um vasto corpo de novos voluntários. O comitê, declarou, "quer a colaboração de leitores na Grã-Bretanha, na América e nas colônias britânicas, para terminar o trabalho voluntário tão entusiasticamente iniciado vinte anos atrás, lendo e extraindo dos livros o que ainda continua sem exame".

As quatro folhas de papel — oito páginas de escrita — foram despachadas para as revistas e jornais do dia, os quais as tomaram por um release e publicaram as partes que lhes pareceram de provável interesse para os leitores. As folhas foram distribuídas também por livrarias e bancas de jornais, onde funcionários as entregavam aos fregueses. Os bibliotecários as ofereciam como marcadores de livros, e havia pequenos estojos de madeira nas lojas e bibliotecas de onde o público podia tirá-las para ler. Em pouco tempo já haviam encontrado ampla circulação por todo o Reino Unido e seus vários domínios, antigos e recentes.

E em algum momento no início da década de 1880, pelo menos uma cópia, deixada dentro de um livro ou esquecida entre as páginas de algum jornal erudito, encontrou seu caminho até uma das duas grandes celas no último andar do Pavilhão 2 no manicômio judiciário conhecido como Broadmoor Asylum em Crowthorne, Berkshire. Foi lida com voracidade por William Minor, um homem para quem os livros, com os quais uma de suas duas celas achava-se revestida do chão ao teto, haviam se tornado uma segunda vida.

O dr. Minor era interno do Broadmoor há oito anos. Estava desiludido, é verdade; mas tratava-se de um homem sensível e inteligente, formado em Yale, muito lido e curioso. Encontrava-se, e isso é compreensível, sobrenaturalmente ansioso para ter algo de útil a fazer, alguma coisa que pudesse ocupar as semanas, meses, anos e décadas que se estendiam sem limite — "Até que Seja Conhecida a Vontade de Sua Majestade" — à sua frente.

Aquele convite de um certo dr. James Murray de Mill Hill, Middlesex, N. W., ao que tudo indicava, prometia uma oportunidade para o estímulo intelectual — e talvez até uma medida de redenção pessoal — muito melhor do que qualquer outra que tivesse podido imaginar. Iria escrever, imediatamente.

Pegou papel e pena, e numa caligrafia firme escreveu seu endereço: Broadmoor, Crowthorne, Berks. Um endereço absolutamente comum. Para qualquer pessoa que não soubesse de

116

alguma coisa a mais, era meramente um meio de descrever uma casa comum, num vilarejo comum, em um condado real e bem rural pouco além das fronteiras de Londres.

E, mesmo que alguém de fora realmente conhecesse a palavra *asylum*,* a única definição disponível na época era bastante inocente em sua explanação. O significado poderia ser encontrado no dicionário de Johnson, naturalmente: "Um lugar para fora do qual quem fugiu para ele não pode ser levado". Um asilo era para o dr. Johnson não mais do que um santuário, um refúgio. William Chester Minor sentiu-se bastante satisfeito por ser visto escrevendo do interior de um lugar assim — contanto que ninguém fosse olhar mais de perto, em busca do significado mais profundo e sinistro que a palavra vinha então adquirindo para si nos tempos difíceis da Inglaterra vitoriana.

* Um dos principais significados da palavra, hoje, para além de asilo político-diplomático ou de hospital ("local para recolhimento dos que necessitam de cuidados"), está associado a loucura e crime, e pode ser manifestado pela noção de "manicômio judiciário". (N. T.)

6. O SÁBIO DO PAVILHÃO 2

bedlam (be·dləm). Formas: 1-3 betleem, 3 beþþleæm, 3-6 beth(e)leem, 4 bedleem, 4-8 bethlem, 6- -lehem, 3-7 bedlem, 5 bedelem, 6 bedleme, 6-7 -lame, 6- bedlam. [Ing. méd. *Bedlem = Bethlem, Bethlehem*; aplicado ao Hospital de St. Mary de Bethlehem, em Londres, fundado como mosteiro em 1247, com a tarefa especial de receber e entreter o bispo de St. Mary de Bethlehem, e os cônegos deste, a Igreja mãe, sempre que viessem à Inglaterra. Em 1330 é mencionado como "um hospital", e em 1402 como um "hospital para lunáticos" (Timbs); em 1346 foi recebido sob a proteção da cidade de Londres e, na Dissolução dos Monastérios, teve sua propriedade transferida ao prefeito e aos cidadãos, e em 1547 veio a ser registrado como fundação do reino para receber os lunáticos. Daí o sentido moderno, do qual exemplos aparecem já no início do séc. XVI.]

2. O Hospital de St. Mary de Bethlehem, usado como asilo para receber e tratar pessoas mentalmente perturbadas; originalmente situado em Bishopsgate, em 1676 foi reconstruído perto de London Wall e, em 1815, transferido para Lambeth. *Jack* ou *Tom o' Bedlam*: um louco.

3. Por extensão: um asilo de lunáticos, um hospício.

Minor, William Chester. Um homem magro, pálido, de traços afilados, com cabelos claros, cor de areia, olhos encovados e malares salientes. Tem 38 anos e educação superior — é, na verdade, um cirurgião —, mas não se sabe que professe nenhuma religião. Pesa 63,5 quilos, e é formalmente classificado como Perigoso para Outros. Foi acusado pelo assassinato intencional de um certo George Merrett, de Lambeth, declarado Inocente pela Alegação de Insanidade. Afirma que vem sendo vítima de perseguição há anos — trata-se de uma vítima das classes inferiores, em quem não deposita confiança nenhuma. Pessoas desconhecidas estariam tentando atingi-lo, com veneno.

Assim começam as anotações médicas para o paciente 742 de Broadmoor, baseadas num exame realizado na tarde do dia em que foi internado, quarta-feira, 17 de abril de 1872.

Guardas o tinham conduzido até ali algemado, juntamente com outro assassino — um homem que fora classificado como "Insano Demais para Ir a Julgamento" — de nome Edmund Dainty: ambos haviam ficado esperando na cadeia de Newington, em Surrey, até que os documentos necessários fossem trazidos de Londres. Levaram-nos primeiro, num trem de locomotiva a vapor, até a pequena estação ferroviária de tijolos vermelhos em estilo gótico que havia sido construída, e depois dele recebera o nome, para servir ao Wellington College, uma das maiores escolas do sul da Inglaterra, situada perto dali. Um landau preto do Broadmoor, com a capota fechada, conduziu Minor e seus acompanhantes pelas estreitas alamedas cobertas de folhas que serpenteavam pelo minúsculo vilarejo. Os cavalos suavam ligeiramente ao arrastar o veículo de quatro rodas e seus ocupantes pela subida da suave colina de arenito no topo da qual se ergue o Broadmoor.

O Special Hospital, como é chamado hoje, ainda ostenta a aparência de um lugar ameaçador, embora muito daquilo que deve tê-lo tornado aterrorizante nos tempos vitorianos esteja agora discretamente escondido por trás de seus muros de segurança máxima, altos e suavemente arredondados em cima. Em 1872 o dr. Minor chegou à entrada principal original — duas torres em três pavimentos, com janelas de barras pesadas, uma arcada imponente no meio, encimada por um imenso relógio de fundo preto. O arco era fechado por um par de portas externas, verdes, em madeira maciça. A vigia de uma delas se abriu com um estalo ao som do casco de cavalos; as portas se escancara-

119

ram de repente, recuando para revelar um outro par de portões pesados, dez metros mais para dentro do asilo.

O landau se moveu com destreza no interior, as portas da frente foram fechadas e trancadas, e as luzes na sombria e cavernosa área de recepção se acenderam. O dr. Minor recebeu ordem de descer a fim de ser revistado. Suas correntes foram retiradas, para serem levadas de volta ao Surrey. O oficial de justiça da escolta (o intendente do Broadmoor) entregou os documentos — um mandado comprido, numa elegante gravação em cobre, acima da assinatura de Henry Austin Bruce, secretário de Estado outorgante de Sua Majestade para o Ministério do Interior. O superintendente do manicômio, um homem bondoso e simpático chamado William Orange, fez com que seu representante assinasse o recebimento.

O dr. Minor foi conduzido através do segundo conjunto de portões para o Pavilhão 4, o prédio de admissão. Ouviu os cavalos fazerem a volta, escutou sua escolta subir na carruagem e ordenar ao condutor que retornasse à estação ferroviária. Ouviu os portões externos se abrindo para a carruagem sair e depois fechando-se novamente. Houve um segundo ruído, alto e ressonante, quando os portões internos, de metal, foram aferrolhados e se passaram as correntes. Era agora, formalmente e sob o processo devido, um interno do Broadmoor, confinado naquele que provavelmente seria o seu lar para o resto da vida.

Tratava-se, no entanto, de uma casa razoavelmente nova. O Broadmoor fora inaugurado há apenas nove anos. Tinha sido construído porque o principal asilo de loucos do estado, o Hospital de St. Mary de Bethlehem — por conta do qual temos a palavra *bedlam* para descrever um hospício —, se achava lotado, a ponto de explodir. (Por coincidência, ficava situado em Lambeth, a pouco mais de um quilômetro do local do crime.) O reconhecimento legal da loucura criminosa foi estabelecido pelo Parlamento em 1800, e os juízes há meio século vinham

120

despachando para os asilos — e sentenciando a ficar lá até que do monarca a "Vontade Fosse Conhecida" — um imenso número de homens e mulheres que até então teriam sido mandados para prisões comuns.

Os vitorianos, com sua típica mistura de austeridade e esclarecimento, acreditavam que os internos tanto podiam ser mantidos em segurança longe do público para quem eram tão perigosos, como tinham nesses locais as condições de receber tratamento adequado. Mas o esclarecimento ia só até aí: enquanto os internos do Broadmoor hoje em dia são pacientes, e o próprio Broadmoor é um hospital especial, um século atrás não havia nada de rodeios com as palavras: os internos eram lunáticos e criminosos, tratados por "alienistas" e "médicos de loucos", e o Broadmoor constituía indubitavelmente um manicômio, no qual se achavam seguramente aprisionados.

Broadmoor com certeza parecia e sugeria — fora planejado para isso — uma prisão. Tinha sido projetado por um arquiteto militar, sir Joshua Jebb, que antes dele havia criado duas das mais tétricas penitenciárias de segurança máxima da Inglaterra, Pentonville e Dartmoor. Contava com pavilhões de celas compridos e lúgubres, severos e intimidadores; todas as construções eram de tijolos vermelho-escuros; todas as janelas tinham barras; havia um muro imenso, encimado por espigões de ferro e cacos de vidro.

A instituição escarrapachava-se como um caranguejo, feia e amedrontadora em sua colina: os aldeões erguiam os olhos para ela e estremeciam. As sirenes de fuga eram testadas toda segunda-feira de manhã: os gemidos, sobrenaturais como um presságio de morte, que ecoavam e ressoavam pelas colinas eram de arrepiar a espinha; as pessoas diziam que os pássaros continuavam em silêncio, assustados, muitos minutos depois do teste.

Mas o dr. Minor, um assassino americano — onde colocá-lo? A prática normal que, a julgar pelas anotações de seu caso, quase com certeza foi seguida no caso de Minor, era passar vários dos primeiros dias inquirindo o recém-chegado sobre si próprio e então, se ele quissesse discutir o assunto, sobre o crime que o havia mandado para lá. (Um recém-chegado, indagado por que tinha matado mulher e filhos, disse ao superintendente: "Não sei por que estou lhe contando tudo isso. Não é da sua conta. Aliás, também não é problema do juiz. Foi *puramente um assunto familiar*" [grifos meus].)

Uma vez tendo-se realizado devidamente o interrogatório — era a prática padrão de Broadmoor na época nunca mais perguntar coisa alguma sobre o crime — o superintendente decidia qual dos seis pavilhões masculinos (existiam dois outros para mulheres, separados dos blocos dos homens com cercas da maior segurança) seria o mais adequado. Se o paciente fosse julgado suicida (e suas fichas a partir daí eram escritas em cartões cor-de-rosa, não brancos), era posto numa cela do Pavilhão 6, onde havia mais membros da equipe de auxiliares para observá--lo o tempo todo; se fosse diagnosticado epiléptico, era colocado em outra cela no mesmo pavilhão, um quarto especial com paredes acolchoadas e um travesseiro em forma de cunha com o qual não podia ser sufocado durante um acesso.

Se fosse considerado perigoso e violento, também seria trancafiado no Pavilhão 6, ou talvez no Pavilhão 1, com um número ligeiramente menor de auxiliares. Naquela época, como agora, os dois prédios, mais sombrios e lúgubres do que o resto, eram conhecidos pelos internos como os "pavilhões dos fundos", porque não tinham vista para a paisagem. Eram seguros, duros, miseráveis.

Após os primeiros dias de interrogatório, os médicos do Broadmoor se deram conta de que o novo homem sob sua responsabilidade — ele próprio um médico, afinal — não era epiléptico, nem passível de se matar, nem suficientemente violento para causar algum dano. Assim, Minor foi mandado para o Pavilhão 2 — uma ala relativamente confortável que em geral era mantida para pacientes em condicional. Era chamado o "pavilhão elegante", com a palavra elegante usada aqui no sentido britânico, significando que tendia a ser ocupado por figurões e grã-finos. Um visitante certa vez escreveu que o Pavilhão 2 tinha uma atmosfera "descrita por uma pessoa familiarizada com ambos, como idêntica à do clube Athenaeum". É difícil imaginar que muitos membros deste que era o mais distinto entre todos os clubes de cavalheiros em Londres, e que incluía entre seus afiliados a maior parte dos bispos e eruditos do país, tenham exultado com a comparação.

Mas Minor foi instalado de maneira mais do que toleravelmente confortável — não por acaso, em razão de ser um homem bem-nascido e bem-educado. E ele contava com rendimentos: todas as autoridades do Broadmoor sabiam que era um soldado reformado, com uma pensão regular do Exército paga pelos Estados Unidos. Assim, deram-lhe não apenas uma cela, mas duas, um par de salas interligadas no lado sul do último andar daquele bloco. As salas eram mantidas sem tranca durante o dia; à noite, quaisquer remédios ou alimentos de que pudesse precisar eram entregues através de uma comprida abertura vertical, estreita demais para que um braço fosse estendido para fora, com uma porta de tranca do lado externo.

As janelas tinham barras de ferro na parte interior — mas, em compensação, davam para uma vista encantadora: um extenso vale baixo, de prados coalhados de gado, com as vacas descansando à sombra de grandes carvalhos; as quadras de tênis do Broadmoor e um pequeno campo de críquete de um lado; uma fileira de colinas azuis, também baixas, coroadas de faias, à distância. Naquele dia de início da primavera, com céu claro, lilases e macieiras em flor, e o canto das cotovias e tordos, talvez a sentença não tenha parecido de todo um pesadelo.

Na ponta norte do corredor ficava sentado o guarda — conhecido no asilo como "atendente"— que vigiava mais de vinte homens nesse andar. Tinha chaves, comandava a porta sempre trancada do andar, e os fazia entrar ou sair de seus aposentos para a visita ao banheiro; durante o dia, mantinha ardendo uma pequena chama a gás, num bocal de latão a seu lado. Os homens não tinham direito a fósforos: era ali que vinham acender seus cigarros ou cachimbos, da ração de fumo que lhes era entregue toda semana. (Todo o tabaco vinha do serviço da alfândega de Sua Majestade: tudo aquilo que fosse confiscado como contrabando nos portos era entregue ao Ministério do Interior para distribuição nas prisões e manicômios judiciários do Estado.)

Em questão de dias, o vice-cônsul americano estava escrevendo, para se certificar de que o desafortunado oficial de seu Exército vinha sendo bem tratado. Seria possível para "nosso pobre amigo", suplicava ele, fazer enviar alguns de seus bens pessoais até o asilo? (Os objetos tinham sido deixados no consulado para ajudar a pagar qualquer eventual despesa dos diplomatas no tribunal.) Em tese, é possível visitá-lo? A fim de animá-lo, poderíamos mandar-lhe uns dois quilos de café e algumas ameixas francesas? O sr. Orange silenciou quanto à questão específica das ameixas, mas disse ao cônsul que o dr. Minor poderia ter o que quisesse consigo, desde que isso não prejudicasse sua segurança ou o disciplinado funcionamento do asilo.

Assim, uma semana depois, o funcionário da legação enviou por trem uma valise de couro: continha uma sobrecasaca e três coletes, três pares de ceroulas e quatro cuecas, quatro camisas, quatro colarinhos, seis lenços de bolso, um livro de orações, uma caixa de fotografias, quatro cachimbos, papel de cigarros, um saco de fumo, um mapa de Londres, um diário e um relógio de algibeira com corrente de ouro — este último um legado de família, mencionado no tribunal.

Mais importante de tudo, o superintendente relatou mais tarde, o médico recebeu de volta seu material de desenho: uma caixa ordinária e seu conteúdo, um estojo de tintas e uma coleção de canetas, uma prancheta, cadernos de desenho e pequenas telas. Agora seria capaz de ocupar seu tempo de maneira construtiva, coisa que todos os pacientes eram incentivados a fazer.

Ao longo dos meses que se sucederam, Minor mobiliou suas celas com conforto — na verdade, muito à maneira de um membro do Athenaeum. Tinha dinheiro: sua pensão de oficial, cerca de 1200 dólares por ano, era paga a seu irmão, Alfred, em Connecticut — ele agia em nome de William, a quem o Estado havia designado como "uma pessoa incapaz" —, que regularmente enviava os recursos por telégrafo à Inglaterra, a fim de manter a conta corrente do irmão doente sempre atualizada. Usando este crédito constante, o dr. Minor saciava a única paixão que o consumia: livros.

Exigiu primeiro que seus próprios livros fossem mandados da casa em New Haven. Uma vez instalados, encomendou, nas grandes livrarias de Londres, dezenas e mais dezenas de volumes, novos ou de segunda mão, que de início empilhou em montes precários nas suas celas, até pedir — e pagar por isso — que fossem construídas prateleiras. No final, havia convertido o cômodo mais a oeste numa biblioteca, com uma escrivaninha, um par de poltronas, e estantes em teca do chão ao teto.

Conservava seu cavalete e as tintas na outra cela, a leste; guardava também uma pequena seleção de vinhos e um pouco de bourbon, com o qual o cônsul o mantinha abastecido. Dedicou-se outra vez à flauta, e dava aulas para alguns dos internos vizinhos. Descobriu ainda que era permitido — e dispunha de meios mais do que suficientes para tal — pagar a um dos colegas pacientes a fim de que desempenhasse trabalhos para ele — arrumar seu quarto, separar seus livros, fazer a limpeza após uma sessão de pintura. A vida, que naqueles primeiros dias tinha sido pelo menos tolerável, agora começava a se tornar de fato bem agradável: William Minor podia levar uma existência de completo lazer e segurança, estava aquecido e razoavelmente bem alimentado, sua saúde era cuidada, tinha autorização para passear pela longa trilha de cascalho conhecida como o Terraço, podia levar seu cavalete para um dos bancos junto ao gramado e contemplar os arbustos ali plantados, ou podia ler e pintar segundo a vontade de seu coração.

Suas celas ainda existem — pouca coisa mudou no asilo de Broadmoor em um século, e, embora o Pavilhão 2 hoje seja chamado de Essex House, ele ainda é o preferido para aqueles pacientes que ficarão lá dentro por um longo período. Um dos dois aposentos — o que se situa mais a oeste, onde o dr. Minor mantinha sua biblioteca — abriga um paciente cujas propensões violentas ficam logo evidentes: o quarto está atulhado de revis-

125

tas dedicadas ao fisiculturismo, cartazes nas paredes celebram os feitos de figuras do tipo Rambo, há desenhos técnicos de grandes motocicletas americanas e um slogan recortado de uma revista em quadrinhos foi colado na porta da cela. Diz: LOUCO ASSASSINO.

A outra cela, onde Minor pintava, achava-se, em contraste com a primeira, tão arrumada que quase parecia desocupada: a cama estava tão benfeita que se poderia ter jogado a proverbial moeda em sua superfície esticada, sapatos de couro encontravam-se asseadamente organizados e lustrados, roupas penduradas cuidadosamente no armário. Não havia nenhum livro, nada nas paredes. A lareira há muito fora fechada com tábuas, embora ainda lhe restasse o console, que ostentava um pequeno calendário de mesa. O ocupante do quarto, contaram-me, era um egípcio.

A sanidade de Minor, ou a falta dela, nunca esteve em dúvida. Ele jamais ficou doente a ponto de ser expulso da atmosfera benévola do Pavilhão 2 para o regime mais severo dos pavilhões dos fundos (embora um estranho e terrível incidente em 1902 de fato o tenha afastado de seus aposentos por várias semanas). Mas os registros da enfermaria revelam que seus delírios se tornaram, ao longo dos anos, cada vez mais fixos, sempre mais extravagantes, e que parecia não haver nenhuma indicação de que um dia viesse a recuperar o juízo perfeito. Talvez estivesse confortável em Broadmoor, quem sabe; mas também não existia nenhum outro lugar onde pudesse viver.

As anotações da enfermaria nos seus primeiros dez anos mostram o triste e inexorável progresso da sua espiral para as profundezas do delírio. Já na época em que deu entrada, Minor tinha uma consciência detalhada dos curiosos acontecimentos que o assolavam à noite — sempre à noite. Meninos pequenos, acreditava ele, eram postos nos caibros sobre sua cama; eles desciam quando caía em sono profundo, davam-lhe clorofórmio, e então o obrigavam a executar atos indecentes — embora os autores das anotações nunca tenham deixado claro se eram com os próprios meninos, ou com as mulheres a respeito de quem

126

sonhava constantemente. Ele alegava acordar com esfoladuras em volta do nariz e da boca, onde haviam apertado a garrafa do gás; as barras das suas calças de pijama estavam sempre úmidas, dizia, indicando que tinha sido obrigado a caminhar, num estupor, durante a noite.

Abril de 1873: "O dr. Minor está magro e anêmico, irritadiço no comportamento, embora pareça racional durante o dia e se ocupe com pinturas ou tocando flauta. Mas à noite monta uma barricada diante da porta de seus aposentos com a mobília, e prende a maçaneta aos móveis usando um pedaço de barbante, de modo a acordar se alguém tentar entrar no quarto onde dorme [...]".

Junho de 1875: "O doutor está convencido de que intrusos conseguem penetrar — vindos de debaixo do assoalho, ou através das janelas — e de que despejam veneno em sua boca por meio de um funil: ele agora insiste em ser pesado a cada manhã para ver se o veneno o deixou com peso maior".

Agosto de 1875: "A expressão em seu rosto pela manhã é com frequência desfigurada e rebelde, como se não houvesse obtido muito repouso. Queixa-se de que sente como se um ferro frio tivesse sido pressionado contra seus dentes à noite, e que alguma coisa estivesse sendo bombeada para dentro dele. Além disso, nenhuma outra alteração".

Um ano depois os demônios estavam parecendo exercer uma influência depressiva. Em fevereiro de 1876 os médicos observaram: "Um companheiro paciente declarou hoje que o dr. Minor veio a ele na Sala das Botas e disse que lhe daria qualquer coisa para que cortasse a sua — do dr. Minor — garganta. Um atendente recebeu ordens de vigiá-lo".

O ano seguinte não foi nada melhor. "Socialmente", foi relatado o que ele teria explicado a um atendente em maio de 1877, "todos os sistemas se baseiam em esquemas de corrupção e fraude, e ele é o objeto de suas maquinações. Isto jaz no cerne da tortura brutal a que se vê submetido todas as noites. Sua medula espinhal é perfurada e seu coração operado com instrumentos de tortura. Seus agressores vêm através do assoalho [...]"

Em 1878 a tecnologia torna-se parte da vilania. "Correntes elétricas de fontes não vistas são passadas através de seu corpo, insiste ele. Botões elétricos são aplicados à sua testa, ele é posto num carroção e levado a rodar pela zona rural." Foi afastado de casa e arrastado até Constantinopla, contou certa vez a um atendente, onde foi obrigado a desempenhar atos lascivos em público. "Eles estão tentando", declarou, "fazer de mim um cáften!"

Mas, embora os delírios claramente persistissem e piorassem ao longo daqueles primeiros anos no asilo, as anotações clínicas mostram, de fato — o que é crucial para esta história — o desenvolvimento paralelo de um lado mais pensativo e estudioso naquele homem desgraçado.

"Com exceção de suas impressões quanto ao tema das visitas noturnas", comenta uma entrada no final da década de 1870, "ele conversa de maneira muito coerente e inteligente sobre a maior parte dos assuntos. Trabalha em seu pedaço de jardim, e anda razoavelmente alegre neste momento. Mas tem seus dias de melancolia e reserva." Um ano depois, um médico registra simplesmente: "Ele é racional e inteligente na maior parte do tempo".

Começa também a se conformar, passando a ver o grande hospital como sua casa e os atendentes como sua família. "Não está particularmente consciente de que se sente ansioso por voltar à América, como antes se mostrava", escreve outro médico. "Tudo o que pede é um pouco mais de liberdade, talvez para sair e ver as curiosidades de Londres, ou talvez visitar a exposição de orquídeas da qual acaba de receber um cartão." Mas o médico que conduziu esta entrevista em especial estava convicto da saúde precária de seu paciente, e inseriu uma frase que parece, em retrospecto, ter quase selado o destino eterno de William Minor.

Não pode haver nenhuma dúvida de que o dr. Minor, embora ocasionalmente muito calmo e controlado, é, falando de maneira geral, mais abundantemente insano, e assim se mostra bem mais do que há alguns anos. Tem a firme e tranquila convicção de que é quase todas as noites vítima de tormentosas e propositais contrariedades por parte dos atendentes e outras pessoas ligadas a um infernal plano criminoso.

Foi por volta dessa época que se deram dois desenvolvimentos importantes para a história, um dos quais, por acaso, levando indiretamente ao outro. O primeiro originou-se de um fator que não é incomum entre os que cometem crimes aterradores: Minor passou a sentir remorsos verdadeiros pelo que havia feito e decidiu-se a tentar compensar o mal de algum modo. Foi com isso em mente que assumiu o passo audacioso de escrever à viúva de sua vítima, através da embaixada americana, que ele sabia ter ajudado a levantar recursos para a mulher nos meses que se seguiram imediatamente à tragédia.

Explicou a Eliza Merrett o quanto se sentia incomensuravelmente pesaroso pelo que tinha feito, e ofereceu-se para tentar ajudá-la de qualquer maneira que pudesse — talvez fixando uma quantia em dinheiro para ser dada a ela ou a seus filhos. A madrasta de Minor, Judith, já contribuíra: agora, talvez, e se a sra. Merrett tivesse a bondade de aceitar, ele pudesse fazer bem mais.

A carta parece ter operado um pequeno milagre: não apenas a sra. Merrett concordou em aceitar a ajuda financeira de Minor — ela perguntou também se seria possível visitá-lo. Era uma solicitação sem precedentes, a de que um assassino encarcerado fosse autorizado a passar algum tempo com um parente de sua vítima; mas o Ministério do Interior, após discutir a questão com o dr. Orange, concordou com uma visita experimental supervisionada. Assim, em algum momento do final de 1879, a sra. Eliza Merrett viajou de Lambeth até o Broadmoor e encontrou pela primeira vez o homem que sete anos antes havia acabado com a existência de seu marido, e que mudara tão drasticamente sua vida e a de seus sete filhos.

O encontro, segundo as anotações do dr. Orange, de início foi tenso, mas progrediu bem, e ao final a sra. Merrett concordou em vir de novo. Em pouco tempo ela estava se aventurando uma vez por mês em Crowthorne, ansiosa por conversar, numa interessada simpatia, com aquele americano agora aparentemente inofensivo. E embora as conversações, ao que parece, tenham cessado pouco antes de se transformarem numa verdadeira amizade, acredita-se que ela tenha feito a Minor uma oferta que iria conduzir à segunda das principais evoluções de fatos nesse período da vida dele. Ela concordou, tudo indica, em trazer para Minor pacotes de livros adquiridos junto aos comerciantes de antiguidades em Londres.

Eliza Merrett conhecia muito pouco a respeito de livros — na verdade, mal era alfabetizada. Mas, quando viu com quanto entusiasmo e carinho o dr. Minor colecionava e cultuava seus velhos volumes, e quando ouviu suas lamentosas observações sobre os atrasos e os custos do serviço postal entre Londres e Crowthorne, fez o oferecimento de recolher as encomendas para ele e trazê-las até Broadmoor em suas visitas. E assim se deu que, mês após mês, a sra. Merrett passou a entregar pacotes, embrulhados em papel pardo e selados com barbante e cera, dos grandes empórios livreiros do West End, como Maggs, Bernard Quaritch e Hatchards.

O sistema de entrega, tal como era, provavelmente permaneceu assim apenas por alguns meses — a sra. Merrett deu para beber e, ao que parece, perdeu todo o interesse pelo curioso e excêntrico infeliz. Mas o sistema dá a impressão de ter conduzido, durante sua breve vigência, ao que foi inegavelmente o evento mais afortunado na existência quanto ao resto tão melancólica de William Minor.

Porque foi no início da década de 1880 que ele deu de encontro com o primeiro dos famosos apelos de James Murray por voluntários, pedindo que as partes interessadas indicassem que poderiam estar preparadas para trabalhar no novo dicionário. Murray publicou seu apelo pela primeira vez em abril de 1879, mandou imprimir 2 mil cópias e fez com que elas circulassem em meio aos livreiros: uma delas quase certamente encontrou seu caminho, provavelmente logo depois de ter sido distribuída, para o interior de um ou mais dos pacotes que a sra. Merrett levou para Minor no asilo.

As oito páginas explicavam em termos muito vagos o que provavelmente se iria desejar. Primeiro vinham as sugestões do próprio Murray para o tipo de livros que precisavam ser lidos:

No período do Inglês Antigo até a invenção da Imprensa tanta coisa foi e está sendo feita que um pouco de ajuda externa é necessária. Mas poucos dos primeiros livros impressos — os de Caxton e seus sucessores — já foram lidos, e qualquer pessoa que tenha a oportunidade e o tempo de ler um ou mais destes, seja nos originais, ou em reimpressões acuradas, conferirá valioso auxílio ao fazê-lo. A literatura do final do século XVI está razoavelmente trabalhada; contudo, vários livros ainda precisam ser lidos. O século XVII, com tantos escritores novos, naturalmente exibe um território inexplorado ainda maior. Os livros do século XIX, estando ao alcance de todos, têm sido amplamente lidos; mas um grande número permanece não representado, não apenas aqueles publicados durante os últimos dez anos, enquanto o Dicionário esteve em período de latência, como também de datas anteriores. Mas é no século XVIII, acima de tudo, que se necessita de auxílio urgente. Os eruditos americanos prometeram retomar o estudo da literatura do século XVIII nos Estados Unidos, promessa que parecem não ter cumprido em medida alguma, e devemos agora apelar aos leitores ingleses para que compartilhem da tarefa, porque quase a totalidade dos livros daquele século, com exceção das obras de Burke, ainda precisa ser repassada.

Depois disso, Murray listou bem mais de duzentos autores específicos cujas obras, a seu ver, era essencial ler. A lista era bem impressionante: muitos dos livros eram raros, e provavelmente se encontrariam apenas em mãos de uns poucos colecionadores. Alguns livros, por outro lado, já se achavam disponíveis na recém-estabelecida biblioteca do dicionário em Mill Hill: poderiam ser enviados aos leitores que prometessem realizar o trabalho neles. (E garantissem devolvê-los: quando Henry Furnivall foi o editor, descobriu que inúmeros leitores desgostosos usaram o esquema de empréstimo como meio de engordar sua próprias coleções de bibliofilia, e assim como não enviaram os pedaços de papel com as citações solicitadas, também jamais devolveram os livros.)

O dr. Minor encontrava-se nitidamente em um dos seus momentos de humor mais estudioso, reflexivo e positivo quando leu o panfleto, porque respondeu com vivacidade e entusiasmo. Escreveu a James Murray quase de imediato, oferecendo formalmente seus serviços de leitor voluntário.

Não está inteiramente claro, no entanto, quando isso aconteceu — não precisamente claro quando foi que Minor deu início a seu trabalho lendário. Murray recordou mais tarde que havia recebido a carta de Minor "bem pouco depois de ter começado o dicionário". Entretanto, nenhuma correspondência entre o médico e o dicionário foi recuperada com data anterior a 1885 — e não se pode dizer que isso seja "bem pouco depois".

Mas existe uma pista: saíra um artigo na revista *Athenaeum* em setembro de 1879, sugerindo que os americanos poderiam apreciar a ideia de se envolverem mais intensamente, e é bastante provável que Minor, de quem se sabe que assinava a revista em Broadmoor, o tenha visto. Com base nessa suposição, nas recordações de Murray e nos registros das contribuições de Minor que vêm sendo desencavadas ultimamente na Biblioteca Bodleian em Oxford, parece provável que seu relacionamento com o dicionário entrou em marcha no ano de 1880 ou 1881.

Mas onde Murray pensava que seu colaborador morava, e o que achava que ele fazia? Murray contou a seu biógrafo que se lembrava apenas de que a primeira carta de Minor, assim como as subsequentes, fora endereçada ao escritório do dicionário simplesmente como vinda de "Broadmoor, Crowthorne, Berkshire". Murray andava ocupado demais para ficar ruminando sobre a questão, por mais estranhamente familiar que fosse o endereço. Na época em que leu a primeira carta de Minor ele já havia recebido cerca de oitocentas missivas semelhantes em resposta a seu apelo — estava ficando assoberbado pelo sucesso de sua súplica.

Respondeu a Minor com a cortesia que lhe era peculiar, dizendo que, com base em suas evidentes qualificações, entusiasmo e interesse, devia começar a ler imediatamente, repassando qualquer dos volumes que porventura já tivesse em mãos, ou recorrendo ao escritório do dicionário em busca de cópias dos livros que pudesse requerer.

No devido tempo, continuou Murray, o médico poderia esperar o recebimento de solicitações para determinadas palavras especiais — no caso particular de os organizadores do dicionário se defrontarem com dificuldades para achar citações de um vocábulo específico por conta própria. Por enquanto, contudo, o dr. Minor e todos os demais que haviam respondido ao apelo, a quem o editor manifestava sua "considerável gratidão", deveriam apenas começar a ler e a fazer listas de palavras, escrevendo as citações de maneira cuidadosa, sistemática, mas generalizada.

Duas outras folhas de papel impresso anexadas por Murray à carta, que sublinhava um acordo formal no sentido de que o dr. Minor fora oficialmente recebido como leitor voluntário, ofereceriam quaisquer aconselhamentos adicionais necessários.

Mas durante tudo isso, James Murray explicou alguns anos depois, "nunca parei para pensar em quem Minor poderia ser. Achava que fosse um médico em atividade com gostos literários e um bom tempo disponível para o lazer, ou talvez um médico aposentado, ou ainda um cirurgião sem nenhum outro trabalho".

A verdade sobre o novo correspondente americano era muito mais estranha do que aquilo que aquele escocês desprendido, inocente e alheio às coisas deste mundo jamais poderia ter imaginado.

133

7. ATUALIZANDO AS LISTAS

catchword (kæ·tʃwɒɪd). [De CATCH- 3 b + WORD.]
1. *Edit.* A primeira palavra da página seguinte inserida no canto inferior direito de cada página de um livro, abaixo da última linha. (Agora raramente utilizada.)
2. Palavra colocada de modo a atrair o olhar ou prender a atenção; *esp.* **a.** a palavra destacada no título de cada item num dicionário ou similar título de verbete.
1879 *Directions to readers for dict.*, Ponha a palavra como uma *catchword* no canto superior da folha de papel. **1884** *Athenaeum* 26 jan. 124/2 A ordenação das folhas coletadas [...] e o desenvolvimento dos vários sentidos de cada *catchword*.

As duas pequenas folhas impressas em espaço miúdo que vieram como um adendo à primeira carta de Murray revelaram-se um conjunto de instruções meticulosamente escritas. Quando sua correspondência matinal foi entregue pelo pessoal do pavilhão naquele dia, Minor deve ter se atirado a esse envelope com avidez, lendo e relendo seu conteúdo. Mas não foi só o conteúdo que o fascinou: uma lista de regras para colaboradores de dicionário não era a causa de sua agitação.

Para começar, foi o simples fato de as páginas terem sido mandadas para ele. A carta de James Murray representava, ao ver de Minor, mais um sinal do perdão e da compreensão que as visitas de Eliza Merrett já lhe haviam sugerido. O convite parecia o sinal tão esperado de uma renovada filiação à sociedade da qual há tanto tempo estava separado. Ao receber essas folhas de regras que lhe tinham sido enviadas, ele estava, segundo pensou, sendo recebido de volta num nicho do mundo real. Um nicho que confessadamente ainda se achava abrigado num par de celas em um asilo de loucos — mas que também tinha laços firmemente estabelecidos com o mundo do conhecimento, e conexões com uma realidade bem mais confortável.

Após uma década definhando na degradação sombria do confinamento, do isolamento intelectual e do retiro, Minor achava que, afinal, estava sendo guindado de volta às elevações ensolaradas da erudição. E com o que via como seu realistamento às fileiras, a autovalorização de Minor começou, ao menos marginalmente, a emergir de novo, a filtrar-se outra vez. Dos poucos dados que sobrevivem em suas fichas médicas, ele parece ter principiado a recobrar sua confiança e até seu contentamento, tanto com cada momento que passava lendo a carta de aceitação enviada por Murray como no instante em que se preparou para embarcar em sua autodeterminada tarefa.

Pelo menos por algum tempo ele pareceu verdadeiramente feliz. Até as anotações dos guardas naquela época, expressas no austero vocabulário vitoriano, insinuam que o humor daquele homem de meia-idade e aparência prematuramente envelhecida (estava naquele momento se aproximando dos cinquenta), geralmente desconfiado e cismado, tinha agora, de algum modo, começado a mudar. Sua personalidade, ainda que por um breve período, estava passando por uma transformação marcante — e tudo porque, finalmente, ele tinha alguma coisa de valor para fazer.

Mas em seu próprio valor jazia um problema, no entender de Minor. O médico logo veio a se dar conta, e ficou desalentado com a percepção, do simples fato de que o imenso valor potencial daquela grande obra para a história, para a posteridade e para o mundo de língua inglesa significava que ela precisava ser executada de maneira absolutamente adequada. O texto de Murray explicava que o dicionário tinha por meta primordial a reunião de centenas de milhares de citações. Era uma tarefa quase inimaginavelmente vasta. Poderia ela ser realizada de dentro de uma cela no manicômio?

Minor era sagaz o bastante para entender isso e se fazer a pergunta (já que sabia bem onde se encontrava e por que estava

135

ali), assim como, numa resposta parcial, para aplaudir Murray por ter assumido a abordagem certa para o trabalho no qual se achava prestes a embarcar. O amor do próprio Minor por livros e literatura dera a ele algum conhecimento a respeito de dicionários, e um conceito daquilo que era bom, ou não tão bom, quanto àqueles que já haviam sido publicados. Assim, depois de refletir, concluiu que desejava muito trabalhar para o projeto, e ser parte dele — não apenas porque isso lhe daria alguma coisa digna para fazer, o que era seu primeiro motivo, mas principalmente porque, em sua opinião, o plano de Murray para executá-lo estava evidentemente certo.

Mas o plano de Murray significava que, obviamente, haveria em suas tarefas no confinamento da cela muito mais do que o mero prazer de um ditoso e despreocupado passeio por entre a história da literatura inglesa publicada. Minor precisava agora prestar uma atenção absolutamente escrupulosa ao que lia, jogar a rede de pesca com cuidado quase religioso em busca do que quer que fosse necessário para a equipe de Murray, e finalmente selecionar, entre os frutos de sua pescaria, os melhores verbetes possíveis para enviar a eles, a fim de que fossem incluídos no livro.

As anotações de Murray mostravam a ele a melhor maneira de fazer isso. As citações, dizia a primeira página do editor, deveriam ser escritas em meias-folhas de papel de carta. A palavra-chamariz — a *"catchword"*, como Murray gostava de chamá-la — tinha de ser anotada no alto, à esquerda. A data decisiva da citação precisava vir logo abaixo dela; em seguida, o nome do autor e o título do livro citado, o número da página e, finalmente, o texto completo da frase que estava sendo selecionada. Folhas de papel previamente impressas já tinham sido preparadas para alguns livros que eram importantes, famosos e prováveis de virem a ser usados com grande frequência, obras conhecidas de autores tais como Chaucer, Dryden, Hazlitt e Swift — bastava que os leitores destacados para esses livros escrevessem a Mill Hill solicitando que os formulários lhes fossem enviados; do contrário, Murray pedia-lhes que preenchessem suas próprias folhas de papel por completo, arrumassem-nas em ordem alfabética e as mandassem para o Scriptorium.

Tudo isso era bastante simples. Mas, todos queriam perguntar, quais eram exatamente as palavras que deveriam ser buscadas?

As primeiras regras de Murray eram claras e não deixavam margem a dúvida: *toda* palavra era um possível verbete. Os voluntários deveriam tentar encontrar uma citação para toda e qualquer palavra em um livro. Talvez devessem concentrar seus esforços em palavras que os impressionassem como raras, obsoletas, arcaicas, novas, estranhas, ou usadas de maneira extravagante; mas também deveriam procurar assiduamente as palavras comuns, contanto que a frase onde se achava incluído o termo selecionado revelasse algo sobre o seu uso ou significado. Uma especial atenção precisava ser prestada também a palavras que parecessem novas ou experimentais, obsoletas ou arcaicas, de modo que a data pudesse ser usada para ajudar a estabelecer o momento de sua introdução no idioma. Tudo isso, Murray esperava, era com certeza bastante inteligível.

Mas, então, perguntaram os futuros leitores — quantas citações deveriam ser fornecidas para cada vocábulo? "Tantas quantas for conveniente", Murray escreveu de volta, especialmente onde contextos diversos tendessem a explicar diferenças no significado ou ajudassem a ilustrar as sutis variações no uso de uma determinada palavra. Quanto mais papéis com citações chegassem ao galpão que havia construído em Mill Hill, melhor: Murray garantiu aos leitores que contava com um vasto número de auxiliares para classificá-los, e que os pisos do gabinete tinham sido especialmente preparados para sustentar o peso deles.

(Mais de duas toneladas de folhas de papel já haviam dado entrada no escritório com os primeiros esforços de Coleridge e Furnivall, Murray acrescentou. Mas não confessou quantas delas tinham sido mordiscadas por ratos ou destruídas pela umidade, nem revelou que um lote fora encontrado numa

137

banheira de bebê, ou que uma carga de citações começando com a letra *I* havia sido deixada numa canastra com o fundo quebrado em um presbitério abandonado, ou que toda a letra *F* fora acidentalmente enviada para Florença, ou que milhares de papéis vieram redigidos em tão má caligrafia que, segundo Murray relatou a um amigo, teria sido mais fácil lê-los se estivessem escritos em chinês.)

A segunda folha de anotações pareceu a Minor oferecer, de início, um auxílio bem mais prático, ainda que bastante prosaico. Primeiro, ela deixava claro que Murray dispunha de um fundo com o qual poderia reembolsar as despesas postais aos voluntários que quisessem enviar pacotes de papéis mas não contassem com recursos para pagá-las; e pedia que os pacotes fossem mandados a Mill Hill pelo malote de impressos, com as laterais do embrulho abertas, de modo a que Murray não precisasse pagar multas por aqueles que tivessem sido lacrados, ainda que com a mais fina camada de adesivo (proibido pelo regulamento dos Correios).

Muitos dos primeiros leitores revelaram-se terrivelmente confusos; simplesmente não compreendiam o alcance da tarefa que lhes fora atribuída. Por exemplo, perguntaram alguns deles, todo e qualquer emprego do artigo *the* [o, a, os, as] em um livro exigiria uma citação ilustrativa? Haveria dezenas de milhares em qualquer obra, antes que qualquer das palavras substantivas sequer começasse. Além disso, choramingou uma das leitoras, e se alguém vasculhasse todas as 750 páginas de um livro, como ela acabara de fazer, e não encontrasse nem uma única palavra rara para extrair?

As notas de Murray oferecem uma resposta tolerante e bastante cordial a esse tipo de queixa, embora um tênue vestígio de sua aspereza calvinista lampeje nas entrelinhas. Não, replicava ele por entre dentes moderadamente trincados, não havia, na verdade, nenhuma necessidade de oferecer dezenas e dezenas de ilustrações para artigos definidos e preposições, a menos que as circunstâncias se revelassem muito estranhas. E não, não, *não!*, os livros *não* deviam ser esquadrinhados em busca somente

138

de palavras raras — teve de lembrar esse fato aos voluntários inúmeras e repetidas vezes. Os leitores deveriam achar e anotar *toda e qualquer* palavra que parecesse interessante, ou que estivesse citada de maneira interessante ou significativa, ou em modos que fossem *bons, adequados* ou *fortes*.

Como exemplo dos perigos desse processo até então, disse ele, já havia recebido nada menos de cinquenta citações para a palavra *abusion* (que significa "perversão da verdade"), mas contava apenas com cinco para a muito mais comum *abuse* [insulto, maus-tratos].

"Minha equipe precisa ficar procurando durante horas preciosas, em busca de citações para palavras comuns, que os leitores desconsideram, pensando que elas não são dignas de inclusão", escreveu. Pense com simplicidade, Murray vivia insistindo: pense com simplicidade.

E então, meio exasperado pelo fato de evidentemente ainda não ter sido bastante claro, estabeleceu uma versão destilada de suas instruções, uma regra de ouro, uma frase que iria se tornar a epígrafe dos leitores do dicionário. Ele queria que os leitores simplesmente fossem capazes de afirmar: "Esta é uma citação de importância capital para, digamos, a palavra *paraíso*, ou *metade*, ou *abraço*, ou *punhado*; ela ilustra o uso ou o significado da palavra; é um exemplo adequado para o dicionário". Sigam esse tipo de pensamento, Murray insistiu, e vocês não estarão errando muito.

William Minor leu e entendeu claramente tudo isso. Olhou à volta de sua cela-biblioteca, examinando por alto os volumes na impressionante coleção que já havia acumulado ao longo dos dez anos precedentes. Pegou a lista de livros que viera com o panfleto original de Murray. Iria verificar primeiro se tinha em suas estantes algum que pudesse, no devido tempo, vir a ser útil.

Não mais que de repente seus livros, os quais, até aquele momento, tinham representado meramente um fundo decora-

139

tivo e um meio de libertar sua mente da sombria rotina da vida no Broadmoor, haviam se tornado seu bem mais precioso. Pelo menos por enquanto poderia deixar de lado suas imaginações sobre o mal que as pessoas estavam tentando lhe infligir: em vez disso, agora eram seus livros que precisavam ser mantidos a salvo, longe dos predadores dos quais acreditava estar o asilo infestado. Seus livros, e seu trabalho com as palavras que encontrava neles, estavam prestes a se tornar o traço definidor da vida que acabava de escolher para si. Pelos vinte anos seguintes ele não faria no asilo quase nada além de se envolver, e sua mente torturada, no mundo dos livros, seus escritos e suas palavras.

Entretanto, era independente o bastante, e original o suficiente, para se dar conta de que podia fazer melhor do que simplesmente seguir as ordens de Murray ao pé da letra. Com sua situação peculiar, seu tempo livre, sua biblioteca, ele podia fazer mais, fazer diferente. Levou alguns dias ponderando como, exatamente, poderia servir melhor ao projeto; mas, depois de algumas semanas pensando, deu de encontro ao que achava ser a melhor maneira de atacar a tarefa. Tomou uma decisão. Tirou de suas estantes o primeiro de seus livros, e o pousou aberto sobre a mesa de leitura.

Não podemos ter certeza de qual livro foi. Para fins de ilustração, no entanto, digamos que o primeiro livro, que sabemos que ele possuía e usava, fosse *Complete woman*, um volume encadernado em couro, orlado em ouro e marfim, escrito por um certo Jacques du Boscq. Publicado em Londres no ano de 1639, fora traduzido do francês por um homem identificado apenas como "N. N."

Seus argumentos para começar por este em particular e, com efeito, para o simples fato de lê-lo, eram muitos. Tratava-se de uma bela obra do século XVII, era um livro obscuro e exótico, e sem dúvida estava repleto de palavras estranhas e divertidas. Afinal de contas, Murray exortara seus voluntários a examinar esse período específico da história literária: "O século XVII, com tantos novos escritores, naturalmente ostenta um território

140

inexplorado ainda maior". O livro de Du Boscq, em sua tradução anônima, vinha a calhar perfeitamente.

Assim, Minor tirou de uma gaveta quatro folhas de papel em branco e um vidro de tinta preta, e escolheu uma pena com o bico mais fino. Dobrou seu papel numa espécie de caderno sem capa, criando um livreto com oito páginas de espessura. Então, talvez com um último olhar da janela de sua cela para a luxuriante região lá embaixo, acomodou-se a fim de ler o livro escolhido, linha por linha, parágrafo por parágrafo, com um desvelo lento e infinitamente calculado. Ao fazer isso, deu início a uma rotina que havia planejado durante os primeiros dias de sua preparação.

A cada vez em que encontrava uma palavra que espicaçava seu interesse ele a anotava, em letras minúsculas, quase microscópicas, na posição apropriada dentro do livreto que havia criado.

O estilo singular de seu procedimento logo se tornaria a marca registrada da impressionante precisão de Minor, e de seu olhar afiado para o detalhe. Seu trabalho conquistaria a admiração e reverência de todos aqueles que o veriam mais tarde; mesmo hoje, os livretos preservados nos arquivos do dicionário fazem as pessoas engasgarem de assombro.

Vamos escolher como exemplo o momento em que se deparou com a palavra *buffoon* [bufão, bobo]. O que primeiro o impressionou foi a significação de sua aparência, numa frase convenientemente ilustrativa, na página 34 de Du Boscq. Escreveu-a de imediato em sua caligrafia diminuta, absolutamente asseada e perfeitamente legível, na primeira página do livreto em branco. Anotou-a na primeira coluna, e decidiu pôr a palavra e o número da página no terço inferior da folha.

A colocação era precisa, e tinha sido cuidadosamente escolhida. A razão disso era a certeza de Minor de que, mais cedo ou mais tarde, encontraria uma outra palavra interessante iniciada pela mesma letra, *b*; de que havia uma boa chance de ela ter de ser colocada antes de *buffoon* e somente uma possibilidade muito mais remota de que precisasse ser posta depois (porque,

141

sendo a segunda letra de *buffoon* um *u*, havia apenas três possibilidades — encontrar mais uma palavra ou palavras cuja segunda letra fosse de novo um *u*, ou uma com as que seriam as únicas outras segundas letras legítimas, *w* — com apenas uma palavra, *bwana* — ou *y*).

Com toda certeza, algumas páginas depois Minor deu com a interessante palavra *balk* [obstáculo], com uma ótima citação, e do mesmo modo merecedora de uma entrada no livreto. Inseriu-a na lista acima de *buffoon*, mas com espaço bastante para a eventualidade de aparecer uma outra palavra com *b* cuja segunda letra estivesse em algum lugar do alfabeto entre o novo *a* e o *u* anterior. Cinco páginas depois ele avistou, com um certo prazer, a palavra *blab* [tagarelice] — uma palavra bem do tipo que havia previsto —, e assim lá foi ela, içada para o espaço que tão engenhosamente guardara abaixo de *balk* e bastante acima de *buffoon*.

E desta maneira se iniciou a lista de vocábulos para o primeiro dos livros que enchiam a cela do dr. Minor — palavra por palavra, cada uma com sua grafia exata, sua localização no livreto perfeitamente adequada, o número da página onde poderia ser encontrada no livro fonte, precisa. De *atom* a *azure*, de *gust* a *hearten*, *fix* e *foresight*, a lista prosseguiu sem interrupção. Algumas das palavras ocorriam muitas vezes — *feel*, por exemplo, que Minor recordava ter colhido dezesseis vezes das páginas de Du Boscq, embora algumas destas se revelassem, na verdade, como *feeling*,* seja o gerúndio (como em "I can't help feeling this way"), ou o substantivo (como em "The feeling of which you speak is painful").

Deve ter levado várias semanas — quem sabe, meses — para concluir sua primeira lista de palavras. Talvez o ano de 1883 já fosse em meio quando conseguiu completá-la. Mas, muito

---

* *Feel* significando "sensação", "tato", ou, como verbo, "sentir", "apalpar"; e *"feeling"*, embora também servindo para transmitir a ideia de "sensação", trazendo outras conotações como "emoção", "sensibilidade", "sentimento", ou ainda "pressentimento", "suspeita". (N. T.)

embora tivessem passado quatro anos completos desde que James Murray enviara seu primeiro panfleto de convocação, e mais de três anos desde o primeiro chamado como provocação aos leitores americanos na revista *Athenaeum*, e um ano, talvez dois, desde que Minor lera um ou outro dos apelos e decidira se envolver no projeto, ele ainda não havia enviado sequer uma folha de papel para o Scriptorium. Pelo que a equipe do dicionário sabia, tinha perdido o interesse, sentira-se assoberbado, desistira.

Mas nada poderia estar mais longe da verdade. O dr. Minor tinha, de fato, um outro plano de ataque bem diferente — um método de trabalho que se revelou muito diferente do utilizado por todos os outros leitores voluntários, mas que logo o marcou como um homem singularmente valioso na criação do grande dicionário.

Porque, uma vez tendo completado a tarefa monumental de escrever a primeira lista de palavras do seu primeiro livro, recolocou-o no lugar e tirou outro da prateleira. Talvez o seguinte tenha sido *The painting of the ancients*, escrito por Francis Junius em 1638, ou *The rule of reason*, de Thomas Wilson, do ano de 1551. Ou, quem sabe, algo bem diferente. Pode ter sido qualquer um em meio a centenas de livros, já que contava com uma coleção prodigiosa, e seu costume era o de escolher um, depois outro, e escrever uma nova lista de palavras para cada. Um livro podia lhe tomar três meses para ser concluído, com o tipo de detalhe que, ele achava, seus editores exigiriam.

E assim ele avançava no trabalho, dia após dia — a pequenina vigia de sua porta se abrindo e fechando com um estalido a cada hora, mais ou menos, para que os atendentes de Broadmoor verificassem a segurança e a vida de seu estranho paciente. Encontravam-no sempre trabalhando com afinco, imerso em pensamentos e com embevecida concentração: indexava, compilava e cotejava palavras e frases de cada um dos livros, até que sua escrivaninha na prisão estivesse carregada com os livretos de papel, cada um deles contendo uma lista principal das palavras indexadas da pequena joia que era sua eclética, muito valiosa e tão útil biblioteca.

143

* * *

Embora não possamos ter certeza de quais dos seus livros ele usou primeiro, na verdade conhecemos os títulos de alguns dos livros que Minor efetivamente leu. A maioria deles, como veio a se revelar, reflete seu interesse intensamente desesperançado em viagens e história. Pode-se apenas imaginar como sua pobre mente deve ter se precipitado sobre esses relatos, aprisionada como se achava em um retiro revestido de livros no último andar do seu pavilhão de celas. Quão frustrado e de asas cortadas deve ter se sentido, lendo linha após linha de livros como o de Thomas Herbert, escrito em 1634, intitulado *A relation of some yeares travaile begunne anno 1626 into Afrique and the Greater Asia* [Um relato de alguns anos de trabalho começados no ano 1626 na África e na grande Ásia]; podemos apenas suspeitar a saudade de casa que ele deve ter sentido em relação a Trincomalee (e suas moças nativas) ao ler e indexar *First booke of the historie of the discoverie and conquest of the East Indies*, tradução feita por Nicholas Lichfield em 1582 do *Primeiro livro da história da descoberta e da conquista das Índias Orientais*, de autoria do português Fernão Lopes de Castanheda.

Um por um, sua coletânea de folhetos com palavras reunidas crescia. No outono de 1884 já tinha o bastante deles, uma seleção de vocábulos grande o suficiente, e para a qual contava com citações prontamente acessíveis, a fim de começar a indagar dos organizadores do dicionário — e do próprio Murray em particular — quais verbetes, precisamente, seriam agora necessários. Porque enquanto todos os outros voluntários simplesmente liam os livros que lhes tinham sido destinados, anotavam citações interessantes em suas folhas de papel quando davam com elas e as despachavam em fardos, o dr. Minor, com todo o tempo que tinha em mãos, era capaz de extrapolar em sua abordagem radicalmente diferente, e feita em casa.

Com a coleção de listas de palavras e seus índices aumentando rapidamente, ele se destacava agora, pronto para ajudar no projeto do dicionário da maneira como este precisava ser ajudado, enviando citações no momento exato em que os organizadores estivessem precisando delas. Tinha como manter o ritmo; podia ficar ombro a ombro com o progresso do dicionário o tempo todo, porque dispunha de acesso imediato às palavras que eram necessárias, quando desejadas. Havia criado um código, uma espécie de catálogo de mesa vitoriano para palavras, um dicionário dentro do dicionário, e ele se achava instantaneamente disponível. Os livretos de listas em sua mesa de madeira sem enfeites representavam uma criação acumulada da qual tinha bastante motivo para sentir um legítimo e cioso orgulho.

Seu costume era o de primeiro escrever ao dicionário e perguntar qual letra ou palavra estava sendo trabalhada. Em seguida, ao receber a resposta, reportava-se a seus próprios livretos de índice para ver se já havia tomado nota da palavra desejada. Caso tivesse — e, dado o seu método, bem como sua leitura ampla e vigorosa, era mais do que provável que sim —, ele seguia sua própria anotação até o número ou números das páginas, e ia direto até a apresentação ou apresentações da palavra em um de seus livros. Então, e só então, transcrevia a melhor frase contendo a palavra num pedaço de papel para citações que já se encontrava preparado e o enviava diretamente para o Scriptorium.

Tratava-se de uma abordagem sem precedentes — o tipo de técnica que somente alguém com uma quantidade imensa de energia e tempo disponível poderia contemplar. E, claro, era uma técnica que servia excelentemente aos organizadores: eles agora sabiam que, lá naquele endereço misteriosamente anônimo em Crowthorne, com toda probabilidade tinham à mão, como de fato acontecia, um suprimento de palavras completamente indexadas, junto às referências e citações que lhes eram associadas.

Com a chegada da primeira carta de Minor, contando o que tinha feito e como estava pronto para uma ulterior investigação, a equipe tão pressionada de Murray descobriu que a vida se tornara, em tese, muito mais simples. Daquele momento em diante, não estavam apenas obrigados a esquadrinhar suas prateleiras e escaninhos, e a jogar sua rede entre milhares de pedaços de papel em busca de citações que podiam ou não existir para uma palavra que desejavam incluir. Podiam simplesmente decidir quanto a uma palavra que estivesse lhes dando dificuldade, escrever para Crowthorne, e pedi-la.

Com sorte — e uma alta probabilidade estatística — no devido tempo receberiam uma carta e um embrulho do dr. Minor, dando o capítulo e o verso precisos para o que quer que desejassem, anexando os papéis com as citações no instante exato em que elas precisavam ser coladas numa página pelos linotipistas, compositores e tipógrafos.

A primeira palavra a ser tentada nesse método era enganosamente simples (na medida em que qualquer palavra individual é simples se comparada a outra). Tratava-se de uma palavra que se destinava a ser incluída no segundo fascículo, ou parte, do dicionário, em fase de preparação para ser impresso e publicado no final do verão de 1885. Por favor, investigue em suas listas de palavras, escreveu um subeditor, para ver se consegue encontrar nelas referências à palavra *art*, e a todas as suas formas derivadas.

A carta seguiu diretamente para o dr. Minor no Broadmoor, como sua missiva-convite havia sugerido. Qualquer que tenha sido o subeditor de Murray que primeiro lhe fez a pergunta, em resposta à carta original, não tinha nenhuma ideia a respeito do homem de quem buscava uma solução. Durante muitos anos a partir de então ninguém no Scriptorium saberia coisa alguma sobre ele, a não ser a verdade inegável de que era muito bom em seu trabalho, muito rápido, e estava a caminho de se tornar um membro indispensável na equipe do novo grande dicionário.

Art iria ser seu primeiro teste.

8. *ANNULATED, ART, BRICK-TEA, BUCKWHEAT*

poor (pū°ɹ), *adj.* (*s.*) Formas: *adj.* 3-5 pouere (povere), 3-6 pouer (pover), (4 poeuere, poeure, pouir), 4-5 poer, powere, 5 poyr, 5-6 power, (6 poware). β 3-5 poure, 4-6 powre, pour. γ. 3-7 (-9 *dialet.*) pore, 4-7 poore, (6) 7- poor. δ *esc.* e *dialet. nort.* 4-6 pur, 4-8 pure, (4 puyre, 5 pwyr, poyr, 6 peur(e, pwir, puire), 6- puir(ü), (9 peer). [Ing. méd. *pov(e)re, pouere, poure*, adap. fr. arc. *povre, -ere, poure*, em fr. mod. *pauvre*, dialet. *paure, pouvre, poure* = provç. *paubre, paure*, it. *povero*, esp., port. *pobre*: - lat. *pauper*, lat. vulg. também *pauper-us*, pobre. O ing. mod. *poor* e o esc. *puir* representam o ingl. méd. *pōre*; com mod. vulg. *pore*, cf. *whore* e a pronúncia de *door, floor.*

Por conta da ambiguidade da letra *u* e sua variante *v* antes de 1600, não se tem certeza se o ing. méd. *pouere, poure, pouer* significava *pou-* ou *pov-*. A série fonética *paupere-m, paupre, paubre, pobre, povre* demonstra que *povre* precedeu *poure*, que pode ter sido alcançada no final do fr. arc, e é a forma em vários dialetos do fr. mod. Mas a forma literária fr. do séc. XV e início do XVI era *povre*, artificialmente soletrada no séc. XV como *pauvre*, do lat. *pauper*, o ing. méd. *pōre* (a fonte do ing. mod. *poor*) parece ter sido reduzida de *povre* como *o'er* de *over*, *lord* de *loverd*. Cf. também POORTITH, PORAIL, POVERTY. Mas alguns dialetos ing. agora têm *pour* (paur), o que provav. representa o ing. méd. *pour* (pūr).]

I. 1. Que tem poucos bens materiais ou nenhum; carente de meios para obter os confortos, ou as necessidades, da vida; carente, indigente, destituído; *especif.* (espec. em uso jurídico) destituído a ponto de depender de doações ou dotações para sua subsistência. No uso comum expressando vários graus desde a absoluta necessidade até condições restritas de vida ou recursos limitados relativamente à posição social, como em "um pobre cavalheiro", "um pobre profissional, clérigo, estudante, empregado" etc. O oposto de *rich* [rico], ou *wealthy* [abastado]. *Poor people*, o pobre enquanto classe: frequentemente com conotação de condição social ou situação humilde.

6. Aquele que, ou em circunstância que, leva a despertar a compaixão ou piedade de alguém; desafortunado, infeliz. Agora princip. *coloq.*

Em muitas partes da Inglaterra comumente dito do morto a quem se conhecia; = falecido, finado.

As primeiras folhas de papel sem pauta, branco-neve, seis por quatro polegadas, cobertas em tinta preta esverdeada pela caligrafia caprichada, elaboradamente cursiva e tão caracteristicamente americana de William Minor, começaram a escoar da sala dos correios do Broadmoor na primavera de 1885. No final do verão, estavam chegando a seu destino todo mês em pequenos embrulhos de papel pardo, e depois em pacotes maiores a cada semana. Em pouco tempo a suave chuva de papel havia se transformado numa tempestade avassaladora, levantando-se dos lados de Crowthorne incessantemente por quase todos os vinte anos seguintes.

As folhas não foram, no entanto, enviadas para Mill Hill. Na época em que o dr. Minor começava a se engajar no segundo estágio de seu trabalho, contribuindo com as citações em lugar de acumular listas, James Murray e sua equipe estavam se mudando para Oxford. O editor fora convencido a abandonar seu emprego confortável como mestre-escola e, apesar do baixo salário e das horas intermináveis, dera o mergulho rumo à lexicografia em tempo integral.

Isso aconteceu a despeito de um ânimo geral de mal-estar e sensação de fracasso. As experiências de Murray com os primeiros anos de trabalho no dicionário estavam longe de ser felizes, e muitas foram as vezes em que ele prometeu renunciar. Os

148

representantes junto à imprensa mostravam-se parcimoniosos e intrometidos; o ritmo do trabalho provava-se insuportavelmente lento; sua saúde vinha sofrendo por conta das horas infindáveis, de sua devoção monomaníaca a uma tarefa quase impossível.

Mas então aconteceu um fato positivo: o primeiro dos volumes, dos fascículos geradores de receita nos quais Oxford insistia em que o dicionário fosse dividido, tinha sido afinal publicado em 29 de janeiro de 1884. Quase cinco anos haviam transcorrido desde que James Murray fora nomeado editor. Vinte e sete anos tinham se passado desde que Richard Chenevix Trench proferira seu famoso discurso no qual conclamava à criação de um novo dicionário inglês. Agora, numa capa turva, de branco sujo, e com suas páginas mal cortadas, achava-se a primeira parte, equivalente a 352 páginas de todas as palavras inglesas conhecidas de *A* a *Ant*, publicada pela Clarendon Press, Oxford, ao preço de 12,5 xelins.

Aqui, afinal, estava o primeiro bocado de substância: a parte um de *A new dictionary on historical principles, founded mainly on the materials collected by the Philological Society, edited by James A. H. Murray, LL. D., sometime president of the Philological Society, with the assistance of many scholars and men of science* [Um novo dicionário de princípios históricos, baseado principalmente no material recolhido pela Sociedade Filológica, organizado por James A. H. Murray, ll. d. (*legum doctor* [lat.]), antigo presidente da Sociedade Filológica, com o auxílio de muitos eruditos e homens de ciência].

Murray não podia deixar de se sentir orgulhoso; os problemas que pareciam tão insuperáveis, e que tanto o pressionavam, tendiam a se esvanecer sempre que segurava o volume recoberto por papel fino em sua mão. E numa súbita explosão de otimismo, típica das vésperas de aniversário, o editor — ia fazer 47 anos em menos de uma semana — declarou que agora se sentia confiante para prever que a parte final estaria publicada ao fim de onze anos.

Iria levar, na verdade, outros 44.

Mas agora, depois de todos os anos de espera, o mundo interessado podia afinal ver a magnífica complexidade do empreendimento, o detalhe, o trabalho de filigrana, os emaranhados de exatidão em estado puro sobre os quais os organizadores se debruçavam a compilar. Os que se achavam na Inglaterra podiam escrever e receber uma cópia por 12,5 xelins; quem estivesse nos Estados Unidos receberia um fascículo editado em Oxford mas publicado pela Macmillan em Nova York, por 3,25 dólares.

A primeira palavra da primeira parte — uma vez descontadas as quatro páginas dedicadas à simples letra *a* — foi o obsoleto substantivo *aa*, significando "um arroio" ou um "curso d'água". Havia uma citação sustentando sua existência, de uma obra datada de 1430, que fazia uma referência à ainda bastante úmida vila de Saltfleetby, no condado de Lincolnshire, que era cercada de água e onde, quatro séculos antes, existia um riacho conhecido na região como *"le Seventown Aa"* [o Arroio das Sete Cidades].

A primeira palavra em uso corrente adequado no fascículo era *aal*, um nome bengali ou hindi para uma planta da família da garança da qual se podia extrair um pigmento para tingir roupas. O *Dictionary of arts, manufactures and mines*, elaborado por Andrew Ure em 1839, conferia a autoridade: "Ele obteve da raiz de *aal* uma substância amarelo-pálida que chama morindin".

E havia a primeira palavra propriamente inglesa — se é que, poderia sofismar um linguista, tal coisa um dia existiu. Viria a ser *aardvark*, uma espécie de porco-da-terra que vive na África subsaariana e tem uma comprida língua pegajosa. Três citações são oferecidas, a mais antiga de 1833.

Dessa forma começou o vasto empório de palavras a se exibir, desde *acatalectic* e *adhesion*, via *agnate* e *allumine*, até *animal*, *answer* e, finalmente, *ant* [formiga]. Através desta última, a equipe de Murray quis dizer bem mais do que "simplesmente o pequeno inseto social da ordem dos himenópteros"; há também a contração para *ain't*,* um prefixo raro significando "anti-", como em *antacid*, e mais comumente o sufixo derivado do francês apenso para formar palavras como *tenant, valiant, claimant* e *pleasant*. Trezentas e cinquenta páginas de acumulação erudita, as primeiras páginas do que iria se dilatar, ao fim de mais de quatro décadas, para nada menos de 15 487.

Seria no novo Scriptorium em Oxford que o dr. Murray iria realizar todo o trabalho futuro no dicionário. Ele, Ada e sua família de tamanho considerável — seis filhos e cinco filhas — se mudaram para lá no verão de 1884, seis meses depois do *A-Ant*. Estabeleceram-se em uma casa grande no que eram então os arredores ao norte da cidade, na Banbury Road, 78. Era chamada de Sunnyside. A casa, grande e confortável ao estilo de North Oxford, que é um tranquilo local para moradia dos principais lentes da universidade ou para instalação de seus institutos menores, ainda existe, junto à caixa postal em forma de coluna vermelha que os Correios erigiram do lado de fora para suportar as imensas quantidades de cartas que saíam de lá. Hoje nessa casa vive um famoso antropólogo, e ele modificou bem pouca coisa em seu exterior.

Somente o Scriptorium — ou o Scrippy, como a família Murray se referia a ele, e que o próprio dicionário de Murray define como "a sala em uma casa religiosa destacada para a cópia de manuscritos" — desapareceu. Talvez isso não seja de surpreender: ninguém, nem mesmo nos tempos vitorianos, gostava muito da construção em ferro corrugado que ficava instalada no quintal. O vizinho de porta dizia que aquilo estragava sua paisagem, e assim Murray fez com que fosse enterrada numa trincheira de um metro e meio, o que a tornou úmida e fria para a equipe e produziu uma imensa ribanceira de terra descartada que ofendeu ainda mais os vizinhos. Quando estava terminado, as pessoas diziam que parecia um galpão de ferramentas, um estábulo ou uma lavanderia, e os que trabalhavam ali pragueja-

---

* Contração de *"am not"* ou *"are not"*, de uso dialetal ou vulgar. (N. T.)

vam contra o ascetismo monástico de sua construção, o frio que chegava irremediavelmente até os ossos, e o chamavam de "um horrendo gabinete de ferro".

Mas tinha seis metros de comprimento a mais do que o Scriptorium de Mill Hill (que ainda existe, um anexo à biblioteca do que é até hoje uma escola cara e elegante), e a disposição das peças para arquivar, separar e usar os papéis com citações que chegavam — que agora vinham numa enchente, a uma razão de mais de mil por dia — havia melhorado muito.

A princípio, tinham sido montados 1029 escaninhos (Coleridge contava apenas com 54); depois, bancadas de prateleiras foram sendo construídas, à medida que o volume e o mero peso dos papéis iam se tornando inimaginavelmente grandes. Compridas mesas de mogno bem lustrado sustentavam os textos selecionados para a palavra do dia ou da hora, e imensos púlpitos de igreja serviam de apoio para os principais dicionários e livros de referência aos quais Murray e seus homens recorriam constantemente. O próprio chefe havia instalado sua cadeira e escrivaninha em um tablado nos velhos tempos de Mill Hill; ali em Oxford havia um nível de assoalho mais democrático, mas o banco de Murray era mais alto do que o resto, e de lá ele presidia os trabalhos com uma autoridade inconteste, vendo tudo, deixando que lhe escapasse bem pouca coisa.

Organizou os trabalhos do Scriptorium como um oficial no campo de batalha. As folhas de papel eram da competência exclusiva do corpo de intendentes, do qual Murray era o general intendente. Os pacotes chegavam a cada manhã, mil e poucas folhas por dia. Um leitor conferia rapidamente para ver se a citação estava completa e todas as palavras se achavam grafadas de maneira correta; depois um segundo — com frequência um dos filhos de Murray, cada um dos quais era empregado quase logo depois de ter sido alfabetizado, recebia um salário de meio xelim por semana em troca de meia hora de trabalho por dia, e se tornava capaz de fazer palavras cruzadas numa idade bastante precoce — separava o conteúdo de cada pacote na ordem alfabética dos verbetes. Um terceiro funcionário dividia então os verbetes em suas várias par-

152

tes reconhecidas da linguagem — *bell* como substantivo, *bell* como adjetivo, *bell* como verbo, por exemplo —, e em seguida um quarto funcionário providenciava para que as citações reunidas em apoio a cada um fossem organizadas em ordem cronológica.

A seguir, um subeditor, um dos mais graduados membros da equipe, subdividia os significados de cada vocábulo nas várias formas de que ele houvesse gozado ao longo do seu tempo de vida; também nesse ponto (se isso não tivesse sido feito antes), ele empreenderia a primeira tentativa de escrever o traço mais essencial da maior parte dos dicionários — a definição.

Definir com propriedade as palavras é um ofício requintado e peculiar. Existem regras — uma palavra (para tomar um substantivo como exemplo) deve ser definida primeiro segundo a classe de coisas à qual pertence (mamífero, quadrúpede), e depois diferenciada de outros membros daquela classe (bovino, fêmea). Não deve haver na definição palavras que sejam mais complicadas ou menos prováveis de serem conhecidas do que a palavra que está sendo definida. A definição deve dizer o que uma coisa é, e não o que ela não é. Se existe uma série de significados para uma determinada palavra — *cow* possui um âmbito extenso de significados, *cower** tem, em essência, apenas um —, isso precisa ser declarado. E todos os termos da definição devem ser encontráveis em outra parte do dicionário — um leitor nunca deve topar no dicionário com uma palavra que não possa achar em algum outro lugar dentro dele próprio. Se quem define der um jeito de seguir todas essas regras, juntar à mistura uma sempre premente necessidade de concisão e elegância — e se for fiel à tarefa — daí provavelmente resultará a definição adequada.

A essa altura as palavras do envelope de citações já teriam sido reunidas no menor dos subgrupos, cada uma com seu

---

* *Cow* significa "vaca", mas, como verbo, quer dizer "assustar", "intimidar"; *cower* é somente "agachar-se", "curvar-se". (N. T.)

significado e definição estabelecidos — ou recém-escrita por um funcionário menos importante, ou anotada algum tempo antes, quando a palavra se encontrava em processo de definição. Restava agora simplesmente dividir esses subgrupos em ordem cronológica, de modo a demonstrar — com o exército de citações — como as acepções de verbete haviam se modificado e evoluído ao longo do seu tempo de vida.

Feito isso, Murray pegava as coleções de pedaços de papel para cada um dos subgrupos, em busca de uma palavra-chamariz diferenciada e definida, e arrumava ou rearranjava, ou a subdividia mais, como achava conveniente. Escrevia e inseria a etimologia da palavra (o que Oxford, a despeito da existência de seu próprio dicionário etimológico, afinal julgou conveniente permitir a Murray incluir) e sua pronúncia — uma decisão traiçoeira e passível de provocar, como de fato aconteceu, uma infindável controvérsia —, e então fazia a seleção definitiva das melhores citações. Em termos ideais, deveria haver pelo menos uma frase da literatura para cada século em que a palavra foi usada — a menos que se tratasse de uma palavra que mudava muito rapidamente e necessitasse de mais citações para sugerir a velocidade de seus novos tons.

Por fim, com tudo isso ajustado, Murray escrevia a definição concisa, erudita, acurada e adoravelmente elegante pela qual o dicionário é famoso — e mandava as colunas concluídas para o prelo. Seriam usadas as fontes Clarendon ou Old Style (ou em Greek, ou outra tipologia estrangeira, em inglês antigo ou anglo-saxão quando necessário) para a composição e depois os textos retornavam ao Scriptorium já compostos. Estavam prontos para serem encaixados numa página, e a página montada numa fôrma para rodar nas grandes impressoras das oficinas de tipografia em pedra nos fundos da Walton Street.

Murray não era do tipo de se lamuriar, mas suas cartas contam muita coisa sobre a dificuldade da tarefa a que tinha se lançado — e da qual os editores, que desejavam ver um retorno de seu investimento o haviam incumbido. A esperança manifesta era que duas partes — seiscentas páginas de dicionário concluído — pudessem ser publicadas a cada ano. O próprio Murray tentava com galhardia completar o trabalho em 33 palavras diárias — todavia, "com frequência uma única palavra, como *approve* [...] toma sozinha três quartos do dia".

Murray falou sobre as provações do trabalho em seu discurso presidencial para a Sociedade Filológica, e num artigo subsequente para a *Athenaeum*, em março de 1884 — um artigo que levou a seu primeiro contato efetivo com William Minor. Referiu-se à dificuldade "de abrir nosso caminho experimentalmente por uma floresta inexplorada onde jamais esteve o machado de um homem branco antes de nós".

Somente aqueles que passaram pela experiência sabem da perplexidade desnorteada com a qual editor ou subeditor, após ter dotado de citações uma palavra como *above* [...] em meio a vinte, trinta ou quarenta grupos, e provido cada um destes com uma definição provisional, espalha-os sobre uma mesa ou no chão, onde pode ter uma visão geral do todo, e passa hora após hora deslocando-os de lá para cá como peças num tabuleiro de xadrez, labutando para encontrar a evidência fragmentária de um registro histórico incompleto, tal como uma sequência de significados que possa formar uma cadeia lógica de desenvolvimento. Às vezes, a busca parece desesperançada; recentemente, por exemplo, a palavra *art* deixou-me absolutamente desconcertado durante vários dias: alguma coisa precisava ser feita quanto a ela: alguma coisa foi feita e posta em letra de fôrma; mas o exame renovado dela quando impressa, com a maior facilidade de leitura e comparação que este fato propiciava, conduziu a toda uma modificação das peças e reconstrução do edifício, que se estendeu por várias colunas de texto impresso.

Foi mais ou menos nesta época, quando Murray se via tão aflito por causa de *art*, que um de seus subeditores — ou talvez tenha sido o próprio Murray — escreveu a primeira solicitação oficial a Broadmoor. Queriam que o dr. Minor verificasse se ele

155

próprio havia assinalado alguma citação para *art* que sugerisse outros significados, ou que viesse de datas anteriores do que as que tinham sido reunidas até então. Dezesseis nuances diferentes de significado haviam sido descobertas para o substantivo: talvez Minor tivesse outras mais, ou algum esclarecimento ulterior para a palavra. Se assim fosse, que ele então — ou qualquer outro, aliás — tivesse a bondade de enviá-las a Oxford, o mais depressa possível.

No devido tempo, chegaram dezoito cartas sobre a palavra, de vários leitores que tinham visto o artigo. Uma das respostas, inegavelmente a mais proveitosa, veio de Broadmoor.

Em comparação com todos os outros leitores, que haviam meramente oferecido uma ou duas frases, o dr. Minor, de quem ninguém falava ainda, incluíra nada menos de 27. Ele impressionou seus subeditores em Oxford não apenas como um homem meticuloso; era também muito prolífico, e capaz de sondar a fundo nos poços do conhecimento e da pesquisa. A equipe do dicionário fizera uma descoberta rara.

Precisa ser dito que a maior parte das citações de Minor para essa palavra em particular veio de uma fonte um tanto óbvia: o famoso *Discourses* de sir Joshua Reynolds, escrito em 1769, um ano após ter se tornado presidente da Royal Academy. Mas elas foram de valor inestimável para os realizadores do dicionário — e como prova, até hoje, destacando-se como um memorial silencioso aos primórdios de seu trabalho, está a primeira citação conhecida que William Chester Minor empregou no livro concluído.

É a segunda citação no sentido de *"The Arts"* (*"As Artes"*, ou *"As Letras"*) e diz simplesmente: "1769, Reynolds, sir J. *Disc.* i Obras. 1870 306 Há um desejo geral em meio à nossa Nobreza de serem distinguidos como amantes e juízes das Artes".

Inadvertidamente, as palavras de sir Joshua iriam fornecer o ponto de partida para um relacionamento entre o dr. Murray e o dr. Minor que combinaria sublime erudição, intensa tragédia, reserva vitoriana, profunda gratidão, respeito mútuo e uma cordialidade de lento crescimento que poderia até, no mais

156

livre dos sentidos, ser denominada de amizade. Como quer que fosse chamado, era um elo que iria durar, para os dois homens, até que a morte finalmente os separasse trinta anos depois. O trabalho que o dr. Minor fez para o dicionário, e que começou com os *Discourses* de Reynolds, continuou pelas duas décadas seguintes; mas um laço mais forte do que o simples amor pelas palavras também fora forjado, e constituiu um vínculo que manteve esses dois homens de certa idade, tão diferentes entre si, intimamente ligados por trinta anos.

Aconteceu, no entanto, sete anos antes que se conhecessem. Durante aquele tempo, Minor começou a enviar suas citações numa escala prodigiosa — às vezes, muito mais de cem novas folhas de papel a cada semana, vinte por dia, todas numa caligrafia firme e caprichada. Escrevia a Murray — sempre em tom bastante formal, apenas raramente divagando por questões que não se achavam no âmbito do escopo que determinara para si mesmo.

A primeira correspondência que sobrevive, de outubro de 1886, tratava de modo geral sobre assuntos agrícolas. Talvez o médico, fazendo uma pausa de descanso em seu trabalho na mesa, tenha se levantado para esticar as pernas e fitado da janela de sua cela, tristonho, os trabalhadores da fazenda no vale lá embaixo, observando-os enquanto faziam as últimas medas do outono e bebiam sidra quente sob os carvalhos. Refere-se em sua carta a um livro que está lendo, chamado *The country farme*, de Gervase Markham, publicado em 1616, e a ocorrências do verbo *bell* — como as flores de lúpulo ao amadurecer, intumescendo em formas de sino no final de agosto. Também *blight** prende sua atenção, assim como *blast*,** e depois *heckling*,

---

* "Praga das plantas" ou "tempo brumoso, abafado". Em sentido figurado, também "malogro". (N. T.)

** Os principais significados são "rajada", "pé de vento" e "explosão". (N. T.)

que nas fazendas de outrora significava o processo de separar um por um os caules do linho, e somente mais tarde passou a ser utilizada (com frequência num contexto político) no sentido de catequizar alguém, fazendo com que seus argumentos sejam submetidos a severo escrutínio, como a planta do linho podia sofrer quando dividida para a espadela.

Gosta também da palavra *buckwheat* [trigo-sarraceno] — e de sua tradução francesa, *blé noir* — e descobre sutilezas como "unguento de trigo-sarraceno". Regozija-se claramente em seu trabalho — é quase possível senti-lo se contorcendo em algo semelhante à excitação de um adolescente quando propõe: "Eu poderia lhe oferecer mais se o senhor quisesse", e como bônus de provocação joga-lhe uma pequena tentação na palavra absolutamente divertida *horsebread*. Conclui a carta parecendo desejar uma resposta do homem importante lá de fora, no grande mundo exterior: "Confio em que a mesma possa lhe ser útil. Muito sinceramente, W. C. Minor, Broadmoor, Crowthorne, Berks.".

O tom dessa e de outras cartas semelhantes que sobrevivem parece a meio caminho entre a subserviência e o desinteresse: digno e controlado por um lado, e por outro agitado numa bajulação bem ao estilo Uriah Heep. Minor quer desesperadamente saber que está sendo útil. Quer se sentir envolvido. Quer, mas sabe que jamais poderá exigir, que os louvores sejam despejados sobre ele. Quer respeitabilidade, e quer que as pessoas no manicômio saibam que é especial, diferente dos outros em suas celas.

Embora não faça ideia alguma da personalidade ou das circunstâncias de vida do seu correspondente — imaginando-o como um homem ainda no exercício da medicina com gostos literários e um bom tempo livre —, Murray parece reconhecer algo em seu tom de apelo. Nota, por exemplo, a maneira curiosa como Minor parece preferir trabalhar com palavras que são de uso corrente — como *art*, de início, e depois *blast* e *buckwheat* — e que se encontram em processo de serem incluídas na sucessão de páginas, partes e volumes do momento. Murray observa, numa carta a um colega, que Minor obviamente deseja muito estar atualizado — que, ao contrário da maior parte dos

158

outros leitores, não tem nenhum interesse em trabalhar com palavras que estejam destinadas a volumes a serem publicados anos ou décadas adiante. O editor escreve mais tarde que Minor claramente quer ser capaz de se *sentir envolvido*, desfrutar da impressão de que ele, Minor, de certo modo faz parte da equipe, realizando coisas em alinhamento com os escribas lá no Scriptorium.

Minor nem estava assim tão distante de Oxford afinal de contas, talvez se sentisse como se vivesse numa faculdade isolada, tal qual a St. Catherine's Society ou Mansfield Hall, e que suas celas — ou o que James Murray ainda pensava ser seu confortável escritório marrom, revestido de livros — fossem apenas uma versão rural, isolada, do Scriptorium, um gabinete para a criação acadêmica e o detetivesco trabalho léxico. Se alguém tivesse optado por analisar mais a fundo, poderia ter se admirado com a estranha simetria dos ambientes em que viviam aqueles dois homens — cravados, como cada um deles se achava, em meio a imensas pilhas de livros, dedicados unicamente ao saber do tipo mais recôndito, cada um deles tendo como única válvula de escape sua correspondência, em grandes tempestades diárias de papel e inundações de tinta.

A não ser pelo fato de que havia uma diferença: William Minor continuava profunda e irreversivelmente louco.

Os atendentes do Broadmoor haviam notado alguma melhora logo no início da década de 1880, quando ele mandou a primeira resposta aos apelos de Mill Hill. Mas à medida que corriam os anos, e quando Minor passou desolado e sozinho pelo marco do seu aniversário de cinquenta anos, em junho de 1884 — sua madrasta já idosa tendo-o visitado no mês anterior, a caminho de casa, nos Estados Unidos, vinda do Ceilão, onde havia ficado desde a morte do marido —, também os velhos males retornaram, revigorados, fortalecidos.

"Caro dr. Orange", escreve ele ao superintendente do Broadmoor no início do mês de setembro seguinte. "A desfiguração de meus livros ainda persiste. É simplesmente certo que alguém além de mim tem acesso a eles, e os maltrata."

Sua caligrafia é trêmula, insegura. Ouvira a porta de sua cela se abrindo às três da madrugada na noite anterior, afirma, e prossegue, num desvario: "O som daquela porta, como o senhor pode verificar, desde que foi modificada, é inconfundível; e se pode moralmente ter tanta certeza de seu fechamento pelo som quanto de qualquer outra coisa que não veja de fato". Se o diretor não dispuser de outro remédio, adverte ele, "terei de enviar meus livros de volta para Londres, e mandar vendê--los". Felizmente, esse pequeno acesso de raiva teve vida curta. Se houvesse continuado ou piorado, o dicionário poderia ter perdido um de seus mais íntimos e valiosos amigos.

Um mês depois uma nova obsessão o assola:

Caro dr. Orange,
Deixe-me mencionar um fato que cabe na minha hipótese. Tantos incêndios têm ocorrido nos Estados Unidos originando-se bastante inexplicavelmente no intervalo existente entre o chão e o piso que, soube agora, as Companhias Seguradoras recusam-se a garantir grandes edifícios — usinas, fábricas — que têm o costumeiro espaço vão sob o assoalho. Elas insistem em pisos sólidos. Tudo isso veio à sua atenção há dez anos; mas ninguém sugere uma explicação.

Quer dizer, ninguém, a não ser o dr. Minor. Demônios vêm se insinuando furtivamente nos interstícios, e têm arquitetado danos e cometido crimes — e disso não se exclui Broadmoor, onde se escondem e saem rastejando no escuro, para maltratar o pobre médico todas as noites, marcar seus livros, roubar sua flauta e torturá-lo com crueldade. O hospital, afirma, deve fazer construir pisos sólidos; de outra forma, nada de seguro contra incêndios, e uma infinidade de iniquidades noturnas.

Os relatórios diários fluem numa espécie de xaropada inconsútil de insanidade. Quatro bolinhos roubados; sua flauta desaparecida; seus livros todos manchados; ele próprio arrastado para cima e para baixo no corredor pelos atendentes James e Annett. Uma chave reserva utilizada à noite para permitir que aldeões entrassem em seus aposentos, a fim de maltratá-lo e danificar seus bens. O dr. Minor, em ceroulas e camisa, meias e chinelos, queixando-se de que pequenos pedaços de madeira eram forçados para dentro de sua fechadura, que eletricidade estava sendo usada em seu corpo, que um *"bando assassino"* o havia espancado durante a noite e deixara uma dor devastadora por todo o seu lado esquerdo. Canalhas vinham ao seu quarto. O atendente Coles entrou às seis da manhã e *"usou meu corpo"* — *"Que coisa mais sórdida"*, levantou-se da cama aos berros certa manhã, dessa vez somente em ceroulas, *"um sujeito não poder dormir sem que Coles entre desse jeito"*. De novo, como antes: *"Ele fez de mim um proxeneta!"*.

E como vinha a loucura, assim vinham as palavras. Muitas das que o fascinavam eram anglo-indianas, refletindo seu lugar de nascimento: havia *bhang, brinjal, catamaran, cholera, chunnam* e *cutcherry*. Gostava de *brick-tea*. Por volta de meados da década de 1890, ficou muito ativo no trabalho com a letra *D*, e, embora existam algumas palavras em hindustâni como *dubash, dubba* e *dhobi*, estava interessado também no que era visto como o cerne das palavras do dicionário — e há contribuições de citações nos arquivos de Oxford para palavras tais como *delicately, directly, dirt, disquiet, drink, duty* e *dye*. Era capaz, com muita frequência, de fornecer citações para a primeira utilização de uma palavra — sempre uma ocasião a ser comemorada. Para o emprego da palavra *dirt* significando "terra", no sentido de "poeira", ele cita do *New account of East Indies and Persia*, de John Fryer, publicado em 1698. Para um significado de *magnificence*, para um de *model*, para *reminiscence*, e para *spalt*, uma pessoa tola, a primeira obra de Du Boscq também o supriu de material ideal.

A equipe do dicionário em Oxford percebeu apenas uma pequena e estranha alteração da cadência no ritmo frenético de Minor: no alto verão, chegavam bem menos pacotes. Talvez,

161

especulavam aqueles inocentes, o dr. Minor gostasse de passar os dias mais quentes ao ar livre, longe de seus livros — uma explicação sensata, aliás. Mas quando o outono voltava, e a tarde começava a escurecer, ele passava outra vez a trabalhar sem cessar, respondendo a todos os pedidos, indagando repetida e ansiosamente sobre o andamento dos trabalhos, e inundando a equipe com ainda mais maços de papel — mais citações, até, do que eram necessárias.

"Seria desejável que o dr. Minor tivesse feito cerca da metade do número de referências", escreveu Murray, assoberbado, a um outro editor, "mas na verdade ninguém sabe realmente quais palavras virão a ser úteis até que se chegue a lidar com a palavra lexicograficamente."

Porque seu método de trabalho era diferente de todos os outros, torna-se difícil fazer uma comparação quantitativa, estabelecer em números a realização de seu trabalho em confronto com o de outros grandes colaboradores. Talvez ao final do trabalho tivesse mandado efetivamente não mais de 10 mil folhas de papel, o que parece um número razoavelmente modesto. Mas como virtualmente todos eles se provaram úteis, e porque cada um deles foi aceito, o feito de Minor como colaborador mais do que se equipara ao empenho alcançado por alguns outros, que mandaram 10 mil folhas *por ano*.

A equipe de Oxford de fato sentiu-se grata. O prefácio do primeiro volume concluído, o volume 1, A-B, quando finalizado em 1888 — nove anos completados desde o início do projeto —, contém uma menção de uma linha. Tanto poderia ter sido uma página inteira de agradecimentos bajuladores, a menção deixou o colaborador extremamente orgulhoso, ainda mais porque, por acaso, tratava-se de uma referência discreta o bastante para não oferecer a outros nenhuma pista de sua estranha situação. Dizia, com simplicidade e elegância: "Dr. W. C. Minor, de Crowthorne".

Por mais agradecida que estivesse, a equipe de Oxford também vinha ficando, à medida que o tempo passava, cada vez mais intrigada. E Murray era o mais intrigado de todos.

Quem seria exatamente aquele homem culto, estranho, rigoroso?, perguntavam-se uns aos outros. Murray tentou, sem sucesso, investigar. Crowthorne ficava a menos de 65 quilômetros de Oxford, a uma hora pela ferrovia Great Western, passando por Reading. Como se dava que Minor, um homem tão distinto e vigoroso, e tão vizinho, nunca fosse visto? Como poderia existir um homem com tamanho talento lexicográfico, que dispunha de tanta energia e tempo livre, e morava tão perto, mas que jamais demonstrava intenção de conhecer o templo para onde enviava tantos milhares de oferendas? Onde andava a curiosidade desse homem? O que lhe dava prazer? Estaria indisposto, incapacitado, receoso? Será que se sentia intimidado pela companhia dos eminentes homens de Oxford?

A resposta para o mistério cada vez mais profundo surgiu de maneira curiosa. Foi apresentada ao dr. Murray por um bibliotecário erudito de passagem, que se deteve no Scriptorium para falar sobre assuntos bem mais sérios. No curso de uma conversa que vagou por todo o espectro da lexicografia, ele casualmente fez uma referência ao médico de Crowthorne.

Como o bondoso James Murray tinha sido generoso para com ele, observou o acadêmico: "Como o senhor tem sido bom para com o nosso pobre dr. Minor".

Houve uma pausa de surpresa, e os subeditores e secretários no Scriptorium, que estavam prestando discreta atenção na conversa, de repente interromperam seu trabalho. Como se fossem um só, todos ergueram os olhos na direção do lugar onde seu líder e o visitante se encontravam sentados.

"*Pobre* dr. Minor?", perguntou Murray, tão perplexo quanto qualquer um daqueles que agora ouviam com expresssão alerta. "*Do que o senhor está falando?*"

9. O ENCONTRO DAS MENTES

‖**dénouement** (denū·mań). [De *dénouement, dénoûment,* antigamente *desnouement,* de *dénouer, desnouer,* em fr. arc. *desnoer* desamarrar = provç. *denozar,* it. *disnodare,* uma formação românica do lat. *dis-* + *nodāre,* amarrar, *nodus* nó.]
Desemaranhar, desembaraçar; *especif.* o desenrolar final ou desenlace das complicações de uma trama numa peça, romance etc.; catástrofe; *transf.* solução ou resultado de uma complicação, dificuldade ou mistério.

O mito literário moderno sustenta, mesmo hoje, que o mais estranho enigma cercando a carreira de William Chester Minor foi o seguinte: por que ele não compareceu ao jantar do grande dicionário — um jantar para o qual tinha sido convidado —, realizado em Oxford na resplandecente noite de terça-feira, 12 de outubro de 1897?

Era o Ano do Jubileu da rainha Vitória, e os que estavam ligados ao projeto do *OED* achavam-se com mais do que disposição para uma festa. O dicionário finalmente vinha caminhando bem. O progresso vacilante dos primeiros anos agora se acelerava — o fascículo *Anta-Battening* tinha sido publicado em 1885, o *Battentlie-Bozzom,* em 1887, o *Bra-Byzen,* em 1888. Um novo espírito de eficiência instalara-se no Scriptorium. E, para coroar a glória, em 1896 a rainha Vitória "graciosamente concordara", como a corte gostava de dizer, em que o recém-concluído volume 3 — abarcando toda a exasperante letra *C* (que os lexicógrafos consideravam singularmente repleta de ambiguidades e complexidades, muito por conta de suas frequentes imbricações com as letras *G, K* e *S*) — deveria ser dedicado a ela.

O dicionário havia sido subitamente investido de uma aura de majestosa permanência. Não pairava dúvida de que um dia

164

ele seria concluído — como já fora aprovado pela rainha, quem bancaria o seu cancelamento? Verificando-se essa feliz constatação e com a rainha tendo feito a sua parte, também Oxford, em alto espírito de comemoração, decidiu que igualmente a universidade poderia acompanhar a boa maré. James Murray merecia receber honrarias e agradecimentos — e quem mais adequado para conferi-los do que a universidade adotada pelo grande homem?

O novo vice-reitor da universidade decidiu que um grande jantar — um *slap-up*, para empregar a expressão que o dicionário iria citar como de 1823 — deveria se realizar em homenagem a Murray. A festa seria encenada no imenso salão do Queen's College, onde a velha tradição manda que um estudante, com uma trombeta de prata, toque uma fanfarra para convocar os convidados à mesa de jantar. Isso iria celebrar o que *The Times*, no dia do jantar, proclamou ser "o maior esforço que qualquer universidade, talvez qualquer editora, tenha tomado em mãos desde a invenção da imprensa. [...] Não será a menor das glórias de Oxford ter concluído esta tarefa gigantesca". A noite representaria um evento memorável para Oxford.

Como de fato aconteceu. As mesas compridas foram esplendidamente decoradas com flores e os melhores cristais e prataria que o Queen's pôde arrebanhar em suas adegas e porões. O menu era francamente inglês — sopa clara de tartaruga, linguado com molho de lagosta, pernil de carneiro, perdiz assada, pudim Queen Mab e sorvete de morango. Mas, como o próprio dicionário, foi também generosamente — não demais — temperado com galicismos: "timo à moda de Villeroi, grenadines de vitela, ramequins". Os vinhos eram abundantes e excelentes: um sherry amontillado de 1858, um licor marasquino do Adriático de 1882, um Château d'Yquem envelhecido, e champanhe da casa Pfungst, 1889. Os convidados usavam gravata branca, túnicas acadêmicas, medalhas. Durante os discursos — e depois de um "brinde de lealdade", no qual a indulgência de sua majestade foi devidamente observada e suas seis décadas no trono orgulhosamente saudadas — fumaram charutos.

Devem ter fumado bem, e por muito tempo. Houve nada menos de catorze discursos — James Murray, sobre toda a história da criação do dicionário, o diretor da Oxford University Press, sobre sua convicção de que o projeto constituía um grande dever para com a nação, e o egrégio Henry Furnivall, animado e divertido como sempre, roubando tempo do recrutamento de viçosas amazonas na casa de chá da ferrovia para virem remar com ele, falando sobre o que via como a impiedosa atitude de Oxford em relação à admissão de mulheres.

Entre os convidados podiam-se contar todos os grandes e importantes do mundo acadêmico. Os organizadores do dicionário, os representantes da imprensa, os impressores, os membros da Sociedade Filológica e, não menos importante, alguns dos mais assíduos e vigorosos dos leitores voluntários.

Estavam lá o sr. F. T. Elworthy, de Wellington; a srta. J. E. A. Brown, de Further Barton, perto de Cirencester; o rev. W. E. Smith, de Putney; lorde Aldenham (mais conhecido pelos amigos do dicionário como sr. H. Huck Gibbs); o sr. Russell Martineau; monsieur F. J. Amours; e, para as últimas partes da letra *D*, as srtas. Edith e E. Perronet Thompson, ambas de Reigate. A lista era longa; mas tão sonoros pareciam os nomes e tão assombrosos os seus feitos que os comensais, por essa hora já bem avançados em seu porto ou conhaque, os ouviram num silêncio que seria fácil confundir com arrebatamento.

Ocorre que os comentários mais bajulatórios feitos sobre os voluntários naquela noite relacionam-se a dois homens que tinham muito em comum: ambos eram americanos, ambos haviam passado algum tempo na Índia, ambos eram soldados, ambos loucos e, embora ambos houvessem sido convidados, nenhum dos dois veio para o jantar em Oxford.

O primeiro era o dr. Fitzedward Hall, que vinha de Troy, Nova York. Sua história era bizarra. Quando estava prestes a entrar para Harvard, em 1848, sua família exigiu que partisse para Calcutá a fim de seguir o rastro e recuperar um irmão errante. Seu navio naufragou na baía de Bengala; ele sobreviveu e ficou fascinado pelo sânscrito, estudando-o a tal ponto que por fim lhe foi oferecida a cátedra em sânscrito do Government College em Varanasi, então chamada Benares, a cidade mais sagrada do vale do Ganges. Combateu ao lado dos britânicos durante o motim de Sepoy em 1857, como fuzileiro; em seguida, deixou a Índia em 1860 e tornou-se professor universitário de sânscrito no King's College e bibliotecário no Ministério da Índia.

E então, de maneira bastante precipitada, sua vida desmoronou. Ninguém sabe ao certo por quê, a não ser pelo fato de que ele teve uma furiosa disputa com um colega austríaco, também acadêmico em sânscrito, chamado Theodor Goldstücker. Foi uma contenda de tamanha gravidade — linguistas e filólogos são conhecidos pelo temperamento instável e o fato de guardarem rancores eternos — que o levou a abandonar o Ministério da Índia, fazer com que fosse sumariamente suspenso da Sociedade Filológica, e sair de Londres para viver num pequeno vilarejo em Suffolk.

As pessoas diziam que ele era um bêbado, um espião estrangeiro, um imoral irrecuperável e um acadêmico impostor. Hall, em troca, acusava todos os britânicos de voltarem-se contra ele, arruinando sua vida, afastando sua esposa, e limitando-se a demonstrar apenas um "ódio demoníaco" contra os americanos. Ele girou a chave na fechadura de seu chalé em Marlesford e — a não ser pela ocasional viagem de volta ao lar, em Nova York, num vapor — levou uma vida de total reclusão.

E, ainda assim, escrevia todo santo dia a James Murray em Oxford — uma correspondência que se prolongou por vinte anos. Os dois homens jamais se conheceram —, mas ao longo dos anos Hall, sem se queixar, compilou folhas de papel, respondeu a dúvidas, ofereceu conselhos e permaneceu como o mais firme aliado do dicionário mesmo durante os tempos mais áridos. Não é de surpreender que o dr. Murray tenha escrito no grande prefácio: "[A]cima de tudo temos de registrar a inestimável colaboração do dr. Fitzedward Hall, cujo trabalho voluntário completou a história literária e documental de incontáveis palavras, sentidos e expressões idiomáticas, e cujas contribuições podem ser encontradas em cada página do dicionário".

Os que compareceram ao jantar sabiam por que ele não tinha vindo: sabiam que era um eremita, que era uma pessoa difícil. Mas ninguém sabia exatamente — ou pelo menos é isso que diz a história há muito tempo — por que o homem mencionado a seguir não aparecera. Murray, ao escrever o célebre prefácio, havia sido quase igualmente generoso em seu elogio: "Também o trabalho perseverante do dr. W. C. Minor, que semana após semana forneceu citações adicionais para as palavras que no momento estavam sendo preparadas para o prelo". "Secundadas apenas pelas contribuições do dr. Fitzedward Hall", Murray iria escrever um pouco mais tarde, "no realçar a nossa ilustração da história literária de palavras, frases e construções individuais, estiveram as do dr. W. C. Minor, recebidas semana a semana."

Mas onde, conjecturava a assembleia ali reunida, *estava* o dr. Minor? Ele morava em Crowthorne, a apenas sessenta minutos de distância nos trens a vapor verdes e dourados da Great Western. Não era notoriamente um misantropo mal-humorado como o dr. Hall. Suas cartas sempre tinham sido marcadas por uma polida solicitude. Então, por que não poderia ter feito a cortesia de vir? Para alguns que jantavam no Queen's naquela gloriosa noite de outono, a ausência de Minor deve ter parecido uma melancólica nota de rodapé para aquilo que era, sob todos os demais aspectos, um glorioso momento literário.

A informação transmitida até hoje sustenta que o dr. Murray estava perplexo, até vagamente irritado. Diz-se que ele fez os votos, do alto de todo o seu conhecimento lexicográfico, de seguir o exemplo de Francis Bacon, que em 1624 havia escrito em inglês o axioma retirado da coletânea de máximas do Profeta conhecida como o *hadith*, no sentido de que "Se a montanha não vem a Maomé, então Maomé vai à montanha".

Conta-se que ele escreveu de imediato ao dr. Minor, e sua carta supostamente dizia o seguinte:

O senhor e eu nos conhecemos através de correspondência há dezessete anos completos, e é lamentável o fato de que

168

nunca tenhamos nos encontrado. Talvez viajar nunca tenha se mostrado conveniente para o senhor; talvez fosse dispendioso demais; mas, embora seja de fato difícil para mim deixar o Scriptorium por um único dia que seja, há muito venho desejando conhecê-lo, e talvez possa sugerir que vá eu mesmo visitá-lo. Se isso for conveniente, talvez o senhor pudesse sugerir uma data e um trem, e se isso, por sua vez, for conveniente para mim, eu lhe telegrafarei indicando a hora prevista para a minha chegada.

Supõe-se também que o dr. Minor tenha respondido prontamente, dizendo que, é claro, ficaria encantado em receber o editor, lamentava que suas circunstâncias físicas — não elaborou a questão — tivessem tornado até então impossível sua vinda a Oxford, e sugeria inúmeros trens entre os que se achavam listados no *Bradshaw*. Murray escolheu devidamente uma quarta-feira de novembro e um trem que, com uma baldeação em Reading, fosse aguardado na estação ferroviária de Wellington College pouco depois do almoço.

Telegrafou os detalhes a Crowthorne, tirou seu fiel triciclo Humber preto e, com a barba branca voando sobre os ombros ao sabor da brisa fria, lançou-se pela Banbury Road, passando pelo Randolph Hotel, o Ashmolean Museum e o Worcester College, rumo à plataforma de cima, na direção de Londres, da estação de Oxford.

A viagem levou pouco mais de uma hora. Ficou agradavelmente surpreso, ao chegar a Crowthorne, por encontrar um coche com condutor em libré esperando por ele. Sua suposição de tanto tempo quanto ao fato de Minor dever ser um homem de letras com tempo livre disponível foi reforçada: talvez, pensou consigo mesmo, fosse até um homem de recursos.

Os cavalos trotavam em meio às ruelas úmidas de neblina. A magnífica colunata de Wellington School destacava-se, elegante, na distância, uma distância respeitável da aldeia de Crowthorne em si, que era não mais do que um amontoado de cabanas, as pilhas de folhas secas queimando sem chamas por trás delas.

169

Depois de uns dois quilômetros, o cocheiro mudou a direção dos cavalos para uma trilha margeada de choupos que subia por uma colina baixa e comprida. As cabanas foram rareando e acabaram substituídas por várias casas de tijolos vermelhos, com aspecto bem mais austero. E então os cavalos se detiveram diante de um portão imponente, um par de torres com um grande relógio de fundo preto no meio, e portas pintadas de verde que estavam sendo abertas por um criado. O editor se mostrava, talvez, vagamente agitado: esta deve ter lhe parecido uma grande mansão rural na qual estava sendo regiamente bem recebido, como se fosse esperado para um suntuoso chá da tarde, ou como alguém chegando a Kedleston para almoçar com lorde Curzon.

James Murray tirou o barrete e desabotoou a capa curta de *tweed* Inverness que o protegia do frio. O criado não disse nada, mas o conduziu para dentro e na subida de um lance da escadaria em mármore. Foi introduzido numa grande sala com uma lareira de carvão incandescente e uma parede coberta por retratos de homens com ar soturno. Havia uma grande escrivaninha de carvalho e, atrás dela, um homem imponente, de importância óbvia. O criado retirou-se de costas e fechou a porta.

Murray adiantou-se até o grande homem, que se levantou, cumprimentou-o de maneira formal, curvando-se, e estendeu a mão.

"Senhor, sou o dr. James Murray, da Sociedade Filológica de Londres", disse em sua voz escocesa requintadamente modulada, "e editor do *Oxford English dictionary*." Então acrescentou: "E o senhor deve ser o dr. William Minor. Até que enfim. Sinto-me profundamente honrado em conhecê-lo".

Houve uma pausa. Em seguida, o outro replicou: "Lamento, senhor. Não posso deitar pretensão a tamanha distinção. Sou o superintendente do Broadmoor Asylum, um manicômio judiciário. O dr. Minor é um americano, e trata-se de um dos nossos internos mais antigos. Ele cometeu um assassinato. É verdadeiramente insano".

O dr. Murray, segundo continua a história, ficou, por sua vez, assombrado, pasmo, e todavia demonstrou um solidário interesse. "Ele rogou por ser levado até Minor e o encontro entre os dois homens de cultura que haviam se correspondido por tanto tempo e agora se conheciam em circunstâncias tão estranhas foi extremamente impressionante."

A história desse primeiro encontro é, no entanto, nada mais do que uma divertida e romântica ficção. Foi criada por um jornalista americano chamado Hayden Church, que viveu em Londres pela maior parte da metade deste século. A versão surgiu pela primeira vez na Inglaterra, na revista *Strand*, em setembro de 1915, e depois outra vez, revisada e ampliada, no mesmo periódico, seis meses mais tarde.

Na verdade Church já a havia experimentado diante de uma plateia americana, escrevendo anonimamente para o *Sunday Star*, de Washington, em julho de 1915. A história ganhou um esplêndido tom sensacionalista, com aquele tipo de manchete extravagante, em várias linhas, que lamentavelmente quase já saiu de moda.

ASSASSINO AMERICANO AJUDOU A ESCREVER O DICIONÁRIO DE OXFORD, dizia a primeira linha, estendendo-se por todas as oito colunas da página.

MISTERIOSO COLABORADOR DE DICIONÁRIO INGLÊS PROVOU SER UM RICO CIRURGIÃO AMERICANO CONFINADO NO MANICÔMIO JUDICIÁRIO DE BROADMOOR POR UM HOMICÍDIO COMETIDO QUANDO SE ENCONTRAVA EM ESTADO DE DETERIORAÇÃO MENTAL — DE COMO SIR JAMES MURRAY EDITOR DO DICIONÁRIO, PARTIU, SEGUNDO PENSAVA, PARA VISITAR O LAR DE UM COLEGA ERUDITO, SE VIU NO ASILO E OUVIU A EXTRAORDINÁRIA HISTÓRIA, QUE COMEÇA DURANTE A GUERRA CIVIL AMERICANA, QUANDO O AUTOR DO CRIME ERA CIRURGIÃO NO EXÉRCITO NORTISTA — COLABORADOR ESTÁ RICO E AGORA VIVE NA AMÉRICA, DIZ SEU AMIGO.

A manchete de um fôlego só contava uma história ainda mais extenuante — mas tornada mais do que ligeiramente ridícula pela inabilidade de seu autor, ou por sua prevenção em citar o nome de Minor. Em todas as referências ele é chamado simplesmente de dr. Blank,* como em "E o senhor deve ser o dr. Blank. Sinto-me profundamente honrado em conhecê-lo".

Não obstante, a história foi bem aceita por seu público americano, a quem tinham sido oferecidas pistas e trechos provocativos nos anos anteriores — não tendo passado despercebida na época a detenção de um oficial seu por assassinato em Londres, sua prisão sendo ocasionalmente refrescada na memória à medida que novos correspondentes e diplomatas abriam caminho em suas carreiras na capital inglesa. Mas a revelação de seu trabalho para o dicionário era novidade e, no que diz respeito a isso, Hayden Church acertou um belo e antiquado golpe. As máquinas de telégrafo captaram a história; ela apareceu em jornais do mundo todo, até em lugares longínquos como Tientsin, na China.

Mas em Londres a história não caiu tão bem. Henry Bradley, que nessa época sucedera a Murray como editor-chefe do que era agora conhecido como o *Oxford English dictionary*, desaprovou o artigo no *Strand*. Escreveu uma carta raivosa ao *Daily Telegraph*, queixando-se de "várias inexatidões nos fatos" e de que "a história da primeira entrevista do dr. Murray com o dr. Minor é, no que envolve suas características mais fantasiosas, uma ficção".

Hayden Church disparou uma resposta espirituosa a Bradley, que o *Telegraph*, naturalmente apreciando uma boa polêmica, publicou com grande satisfação. Contém vagas contestações, citando apenas "uma hoste de correspondentes, alguns deles de grande eminência" — mas nenhum dos quais é citado — que confirmaram os principais aspectos da história. Protesta, sem maior energia, que "eu tenho a melhor das razões para acreditar que o relato do encontro entre Minor e Murray seja exato".

---

* Espaço vazio a ser preenchido (em documentos, por exemplo), marcado com pontos ou um traço. (N. T.)

A parte mais estranha da réplica de Church é seu enigmático pós-escrito. "Acabo de me comunicar com um dos mais notáveis homens de letras da Inglaterra, que [...] salientou que *não aparecia no meu artigo o que ele pessoalmente considerava o traço mais impressionante de todos na história do americano* [grifos meus]."

Rigorosamente verdadeiro ou não, o relato de Hayden Church do primeiro encontro revelou-se simplesmente bom demais para ser ignorado. Ele atraiu a atenção de toda a Inglaterra, as pessoas diziam. Tirou suas mentes da Primeira Guerra Mundial — 1915, afinal de contas, foi o ano de Ypres, de Galípoli, do naufrágio do *Lusitania*, e as pessoas sem dúvida ficaram contentes por ter uma tal saga como diversão das sombrias realidades da luta. "Nenhum romance", comentou a *Pall Mall Gazette*, "se iguala a esta história maravilhosa, de um erudito numa cela acolchoada."

Virtualmente todas as referências subsequentes à saga da criação do dicionário de Oxford, num grau maior ou menor, recontam a história de Church. Em sua justamente celebrada biografia do avô (1977), K. M. Elisabeth Murray reconta a versão de Church para os acontecimentos quase sem contestações, assim como o faz Jonathon Green num livro mais genérico sobre a história da lexicografia, publicado em 1996. Somente Elizabeth Knowles, uma editora da Oxford University Press que ficou intrigada com a história no início da década de 1990, assume uma opinião mais serena e imparcial: ainda assim, mostra-se nitidamente perplexa pelo fato de não se conseguir encontrar nenhum relato definitivo do primeiro encontro. A pátina aplicada por décadas de bom uso tornou a lenda agradavelmente verossímil.

A verdade, entretanto, revela-se apenas perifericamente menos romântica. Ela vem à tona numa carta que Murray escreveu em 1902 a um amigo notável, o dr. Francis Brown, em Boston, e que apareceu numa caixa de madeira no sótão de um dos pouquíssimos parentes vivos de William Minor, um comerciante aposentado, residente em Riverside, Connecticut. A carta

173

aparenta ser o original total e completo, embora constituísse um cansativo hábito de muitos escritores de cartas da época preparar uma cópia "autorizada" de toda a correspondência que enviavam; ao fazê-lo, ocasionalmente editavam e eliminavam alguns trechos.

Seu primeiro contato com Minor, escreve o dr. Murray, ocorreu logo depois do início de seu trabalho no dicionário — provavelmente em 1880, ou até 1881. "Ele provou ser um leitor muito bom, que me escrevia com frequência" e, como já foi mencionado, Murray pensava apenas que devesse se tratar de um médico aposentado com abundante tempo disponível:

Por acaso, minha atenção foi chamada para o fato de que seu endereço, *Broadmoor, Crowthorne*, Berkshire, era o de um grande asilo de loucos. Presumi que (talvez) fosse o diretor médico daquela instituição.

Mas nossa correspondência estava, é claro, inteiramente limitada ao dicionário e seu material, e o único sentimento que eu nutria em relação a ele era o de gratidão por sua imensa ajuda, com alguma surpresa diante dos livros antigos, raros e caros, aos quais evidentemente tinha acesso.

Isso continuou durante anos, até que um dia, entre 1887 e 1890, o falecido sr. Justin Winsor, bibliotecário do Harvard College, encontrava-se sentado, conversando comigo em meu Scriptorium e, entre outras coisas, observou: "Você deu uma grande satisfação aos americanos por falar daquela maneira em seu prefácio sobre o pobre dr. Minor. Este é um caso muito doloroso".

"É mesmo?", respondi com surpresa. "Em que sentido?"

O sr. W. ficou igualmente admirado ao descobrir que, durante todos os anos em que me havia correspondido com o dr. Minor, não tivesse sabido ou desconfiado de alguma coisa quanto a ele; e em seguida me emocionou com sua história.

O grande bibliotecário — porque Justin Winsor permanece como uma das mais grandiosas figuras em toda a biblioteco-logia americana do século XIX, e além disso um historiador formidável — então relatou a história, que Murray em seguida recontou a seu amigo em Boston. Alguns dos fatos estão incor-retos, como tendem a ficar os fatos quando relatados depois de um período de anos — Murray diz que Minor frequentou Harvard (quando na verdade ele se formou em Yale), e repete a história provavelmente apócrifa de que o médico foi levado à loucura por ter de testemunhar a execução de dois homens após o julgamento por uma corte marcial. Prossegue dizendo que o assassinato a tiros aconteceu na Strand — então, ao contrário de agora, uma das ruas mais elegantes de Londres — em vez de nas lúgubres redondezas da orla de Lambeth. Mas em essência a história é relatada de maneira correta, após o que Murray retoma sua própria narrativa.

Fiquei, é claro, profundamente impressionado com a histó-ria; mas como o dr. Minor jamais fizera sequer uma alusão a si mesmo nesta situação, tudo o que eu podia fazer era escrever a ele com mais respeito e gentileza do que antes, de modo a não demonstrar nenhum conhecimento desta revelação, que eu temia pudesse provocar alguma mudança em nosso relacionamento.

Alguns anos atrás um cidadão americano que veio até aqui para pedir meu auxílio contou-me que tinha ido ver o dr. Minor e disse que o encontrou bastante desanimado e deprimido, e insistiu comigo para que fosse visitá-lo. Respondi que me esquivava disso, porque não tinha motivo para supor que o dr. Minor achasse que eu sabia de alguma coisa pessoal a seu respeito.

O americano replicou: "Mas ele acha. Não tem nenhu-ma dúvida de que o senhor sabe tudo sobre ele, e seria real-mente um ato de bondade se o senhor fosse vê-lo".

Escrevi então ao dr. Minor dizendo-lhe isso e que o sr. (esqueci o nome), que recentemente o visitara, contara-me

175

que uma visita minha seria bem-vinda. Escrevi também ao dr. Nicholson, o então diretor, que calorosamente me convidou — e que, quando fui, recebeu-me e levou-me de volta à estação ferroviária, e convidou-me para o almoço, ao qual também estava presente o dr. Minor, que descobri ser muito querido pelos filhos dele.

Reuni-me com o dr. Minor em seu quarto ou cela por muitas horas ao todo, antes e depois do almoço, e o achei, até onde podia ver, tão são quanto eu, um homem muito educado e erudito, com muitos gostos artísticos, e de ótimo caráter cristão, bastante resignado com sua triste sorte, e aflito apenas por conta do que dizia respeito à restrição que isso impunha à sua possibilidade de ser útil.

Soube (pelo diretor, creio) que ele sempre deu grande parte de seus rendimentos para sustentar a viúva do homem cuja morte tão tristemente causara, e que ela o visita regularmente.

O dr. Nicholson o tinha em alta conta, dava-lhe muitos privilégios e levava, com regularidade, visitantes notáveis até seu quarto ou cela, para vê-lo e a seus livros. Mas seu sucessor, o diretor atual, não demonstrou tal simpatia especial.

O encontro teve lugar em janeiro de 1891 — seis anos antes do que a data preferida pelos românticos que repetem a história fantasiosa do dicionário. Murray havia escrito a Nicholson pedindo permissão, e na carta quase podemos sentir seu infantil e ansioso antegozo do evento.

Terei grande satisfação em travar conhecimento com o dr. Minor, a quem o dicionário tanto deve, assim como com o senhor, que tem sido tão bom para ele. Devo chegar provavelmente pelo trem que o senhor indica (o 12 de Reading), mas não tive tempo de verificar a tabela de horários, ou mesmo de pedir à minha esposa que o fizesse; porque, para assuntos desse tipo, entrego-me automaticamente nas mãos dela, e ela me diz: "Seu trem parte a tal e tal hora, e você vai nele, e eu virei ao Scriptorium para buscá-lo a fim de se aprontar cinco minutos antes". Sempre grato, obedeço e cumpro meu trabalho até que cheguem os tais "cinco minutos antes".

Está agora plenamente evidente que os dois homens se conheciam em pessoa, e se viram com regularidade durante quase vinte anos a partir daquela data. Aquele primeiro encontro para o almoço iria dar início a uma longa e sólida amizade, baseada tanto num cauteloso respeito mútuo como, mais particularmente, em seu apaixonado e intensamente compartilhado amor pelas palavras.

Para os dois homens, a primeira visão do outro deve ter sido, de fato, peculiar, porque eram fantasticamente semelhantes na aparência. Ambos eram altos, magros e calvos. Ambos tinham olhos azuis bem encovados, e nenhum dos dois usava óculos (embora Minor fosse extremamente míope). O nariz do dr. Minor parece um pouco adunco, o do dr. Murray, mais fino e ainda mais aquilino. Minor tem uma aura de bondade avuncular; Murray, mais ou menos parecido, mas com um traço de severidade que bem poderia distinguir um nativo da Baixa Escócia de um ianque de Connecticut.

Mas o que surgia como mais obviamente parecido nos dois homens eram suas barbas — em ambos os casos, brancas, longas e caprichosamente aparadas em forma de andorinha — com bigodes fartos e suíças. Ambos pareciam ilustrações populares do deus Saturno; os rapazes em Oxford viam Murray passando de triciclo e o chamavam gritando "Papai Noel!".

É verdade, a do dr. Minor tinha um aspecto mais esfiapado e desgrenhado, sem dúvida porque os arranjos para corte e lavagem dentro do Broadmoor fossem bem menos sofisticados do que no mundo lá fora. A barba de Murray, por sua vez, era fina, bem penteada e tratada com xampu; dava a impressão de que jamais fora permitido a nenhuma partícula de comida pousar ali. A de Minor era mais rústica, enquanto a de Murray representava uma declaração de elegância. Mas ambas constituíam atributos magnificamente exuberantes. Quando as barbas foram acrescentadas às demais coletâneas de atributos individuais da dupla, cada um deles deve ter imaginado, por um segundo, que estava se dirigindo na direção de um espelho, em lugar de se ver conhecendo um estranho.

Os dois homens se encontraram dezenas de vezes nos vários anos seguintes. A julgar pelos relatos, gostavam um do outro — uma afeição sujeita apenas às alterações de humor do dr. Minor, para as quais Murray tornou-se, ao longo dos anos, plenamente sensível. Sempre tomava a precaução de telegrafar a Nicholson, para indagar como se encontrava o paciente. Se estivesse deprimido e raivoso, ele permanecia em Oxford; se deprimido, mas disposto a ser consolado, embarcava no trem.

Quando o tempo estava ruim, os dois homens ficavam juntos no quarto de Minor — uma pequena cela mobiliada com praticidade não muito diferente de um típico quarto de estudante em Oxford, e bem parecida com o cômodo que seria oferecido a Murray em Balliol, assim que ele se tornou membro honorário da instituição. Era revestida de estantes, todas abertas, a não ser por um armário com frente de vidro que guardava as obras mais raras dos séculos XVI e XVII a partir das quais muito do trabalho para o *OED* estava sendo feito. A lareira crepitava, dando ao quarto um tom alegre. Chá e bolo Dundee eram trazidos por um companheiro, também paciente, que Minor havia contratado a fim de trabalhar para ele — um dos muitos privilégios que Nicholson, como Orange antes dele, concedeu a seu notável interno.

Havia uma penca de outros mimos além desses. Ele podia encomendar livros à vontade nos mais variados negociantes de antiguidades em Londres, Nova York e Boston. Podia escrever a quem quer que desejasse cartas que não passavam pela censura interna. Podia receber visitas mais ou menos à vontade — e contou a Murray, com um certo orgulho, que Eliza Merrett, a viúva do homem que havia assassinado, vinha a seus aposentos com frequência. Não era uma mulher desprovida de atrativos, disse, embora achasse que ela bebia um tanto demais em sua busca de consolo.

178

Assinava revistas que ele e Murray liam um para o outro: *The Spectator* era uma de suas favoritas, e também *Outlook*, que seus parentes em Connecticut enviavam pelo correio. Recebia a *Athenaeum*, assim como a esplendidamente enigmática publicação de Oxford, *Notes & Queries*, que até hoje empreende intrigantes indagações filosóficas na comunidade literária internacional sobre mistérios não resolvidos do mundo livresco. O *OED* costumava publicar seu desiderato de palavras ali; até que Murray começasse a visitar Crowthorne, este era o principal meio de Minor para descobrir sobre que palavras em particular a equipe do *OED* estava trabalhando.

Embora os dois homens conversassem principalmente sobre palavras — com mais frequência sobre uma palavra específica, mas às vezes a respeito de problemas léxicos mais genéricos de dialeto e nuances de pronúncia —, eles de fato discutiam, e isso é tido como certo, num sentido geral, a natureza da enfermidade do médico. Murray não poderia ter deixado de notar, por exemplo, que o chão da cela de Minor havia sido coberto com uma folha de zinco — "para impedir que homens entrem pelas tábuas à noite" — e que ele mantinha uma tigela com água junto à porta de qualquer cômodo onde estivesse — "porque os espíritos do mal não ousarão atravessar a água para chegar até mim".

Murray estava a par, também, dos temores do médico quanto a ser transportado de seu quarto à noite para outro lugar onde o forçariam a praticar "atos da mais desregrada intemperança" em "antros de infâmia" antes de ser devolvido à sua cela por volta do amanhecer. Quando os aeroplanos foram inventados — e Minor, como americano, mantinha-se avidamente atualizado com tudo o que ia acontecendo nos anos que se seguiram ao primeiro voo dos irmãos Wright em Kitty Hawk — ele os incorporou aos seus delírios. Os tais homens, depois disso, invadiam seus aposentos, punham-no numa máquina voadora e o levavam a bordéis em Constantinopla, onde seria obrigado a executar atos de terrível lascívia com vagabundas e garotinhas. Murray estremecia ao ouvir essas histórias, mas mordia a língua. Não estava em seu papel olhar aquele velho com outro sentimento que não uma triste afeição; e, além disso, seu trabalho para o dicionário continuava em ritmo acelerado.

Quando o tempo estava bom, os dois passeavam juntos pelo Terraço — uma larga trilha de cascalho junto ao muro sul do manicômio, sombreada por velhos e altos abetos e araucárias, do tipo chileno. Os gramados eram verdes, os arbustos repletos de narcisos e tulipas, e de vez em quando outros pacientes saíam dos pavilhões para jogar futebol, caminhar ou ficar sentados em um dos bancos de madeira olhando para o espaço. Os atendentes espreitavam nas sombras, garantindo que não ocorressem irrupções de distúrbios.

Murray e Minor, as mãos atrás das costas, caminhavam no mesmo passo, lentamente, de uma ponta a outra dos quase mil metros do Terraço, sempre à sombra dos desolados prédios vermelhos ou do muro de nove metros de altura. Pareciam sempre animados, mergulhados em sua conversa; papéis ou, algumas vezes, livros, eram mostrados de um para o outro. Não falavam com os demais, e davam a impressão de habitar um mundo só deles.

Às vezes o dr. Nicholson convidava a dupla para o chá da tarde; e em uma ou duas ocasiões Ada Murray veio também ao Broadmoor, ficando com Nicholson e sua família na casa confortavelmente mobiliada do superintendente enquanto os homens estudavam seus livros na cela ou no caminho de cascalho. Havia sempre uma atmosfera de tristeza quando chegava a hora de o editor ir embora: as chaves eram passadas, os portões se fechavam com um som metálico, e Minor era de novo deixado só, preso na armadilha de um mundo criado por ele próprio, resgatado apenas quando, após um ou dois dias de luto silencioso, tirava mais um volume de suas prateleiras, selecionava uma palavra necessária e seu contexto mais elegante, tomava da pena e a mergulhava na tinta para escrever mais uma vez: "Ao dr. Murray, Oxford".

O correio de Oxford conhecia bem o endereço: era tudo de que se precisava para uma comunicação por carta com o maior lexicógrafo do país, na certeza de que a informação chegaria até ele no Scriptorium.

Muito poucas cartas entre os dois homens sobrevivem até hoje. Há uma carta extensa, de 1888, na qual Minor escreve sobre as citações contendo a palavra *chaloner* — um termo obsoleto para designar o homem que fabricava *shalloon*, um tecido de lã para forro de casacos. Está interessado, segundo um bilhete posterior, na palavra *gondola*, e encontra uma citação em Spenser, datada de 1590.

Murray falava com frequência sobre seu novo amigo, e gostava de incluí-lo — e, na verdade, fazendo alguma discreta referência a seu estado — nas palestras que volta e meia se via obrigado a proferir. Em 1897, por exemplo, nas anotações que restaram para um discurso que deveria fazer numa reunião noturna do dicionário na Sociedade Filológica: "Cerca de 15 mil ou 16 mil papéis adicion. receb. durante o último ano. Metade destes fornecida pelo dr. W. C. Minor, a cujo nome e comovente história já aludi muitas vezes antes. O dr. M. tem em leitura cinquenta ou sessenta livros, a maior parte volumes raros, dos sécs. XVI-XVII. Seu método é se manter imediatamente adiante da efetiva preparação do dicionário".

Dois anos depois Murray sentiu-se capaz de ser ainda mais lisonjeiro, beirando a bajulação:

A posição suprema [...] é certamente mantida pelo dr. W. C. Minor, de Broadmoor, que durante os dois últimos anos enviou nada menos de 12 mil cits. [*sic*]. Quase todas estas foram para palavras com as quais o sr. Bradley e eu estávamos efetivamente ocupados, porque o dr. Minor gosta de saber a cada mês quais as palavras exatas que estarão sendo provavelmente trabalhadas durante esse tempo e dedicar todo o seu esforço a fornecer citações para estas palavras, e desta forma sentir que está em contato com a criação do dicionário.

Tão enormes têm sido as contribuições do dr. Minor durante os últimos dezessete ou dezoito anos que poderíamos, com facili-

dade, ilustrar os últimos quatro séculos a partir de suas citações apenas [grifos meus].

Mas a dedicação de todas as suas forças estava começando a cobrar um tributo, tanto para seu corpo como para a mente. Seu bondoso amigo dr. Nicholson aposentou-se em 1895 — ainda sofrendo as dores de ter sido atacado seis anos antes por um paciente, que o atingira na cabeça com um tijolo escondido numa meia. Foi substituído pelo dr. Brayn, homem escolhido (por mais do que o seu nome apenas, acredita-se) por um Ministério do Interior que pensava ser necessário empregar um regime mais rígido no manicômio.

Brayn era na verdade um militar disciplinado, um carcereiro da velha escola que teria se saído bem numa prisão agrícola na Tasmânia ou na ilha Norfolk. Mas ele fez o que o governo exigia: não houve nenhuma fuga durante seu exercício no cargo (tinha havido várias antes dele, causando uma disseminação de pânico), e no primeiro ano 200 mil horas de confinamento na solitária foram registradas no diário da instituição para os internos mais rebeldes. Era temido e odiado por todos os pacientes — assim como pelo dr. Murray, que considerava impiedoso o tratamento dado por ele a Minor.

E Minor continua a se lamentar. Queixa-se de um buraco no calcanhar da meia, sem dúvida causado pelo sapato de um estranho no qual, à noite, tinha sido obrigado a enfiar o pé (novembro de 1896). Minor desconfia que seus vinhos e licores estão sendo adulterados.

Um curioso fragmento de informação chegou mais tarde, naquele mesmo ano, dos Estados Unidos, quando se observou, de maneira bastante lacônica, que duas pessoas da família de Minor tinham se matado recentemente — a carta prosseguia advertindo a equipe em Broadmoor para que se tomasse grande cuidado no sentido de verificar que, qualquer que fosse o tipo de loucura que dominava seu paciente, a doença revelasse ter uma natureza hereditária. Mas mesmo que a equipe considerasse Minor um possível risco suicida, nenhuma restrição foi imposta a ele em resultado da informação americana.

Alguns anos antes ele havia pedido um canivete, com o qual poderia aparar as páginas mal cortadas das primeiras edições dos livros que havia encomendado: não há nenhuma indicação de que tenha sido instado a devolvê-lo, nem mesmo quando o severo dr. Brayn assumiu o cargo. Nenhum outro paciente tinha permissão para guardar qualquer tipo de faca consigo, mas com suas celas geminadas, suas garrafas, seus livros e com seu criado em meio expediente, William Minor parecia ainda pertencer a uma categoria diferente da maioria dos internos do Broadmoor na época.

No ano seguinte à revelação sobre seus parentes, os arquivos falam do momento em que Minor começou a fazer caminhadas no Terraço sob todo tipo de tempo, censurando, raivoso, aqueles que tentavam convencê-lo a voltar para dentro durante uma tempestade de neve especialmente violenta, insistindo, com seu jeito imperativo, em que o problema era exclusivamente seu se estava com vontade de pegar um resfriado. Tinha mais liberdade de escolha e movimento do que a maioria.

Não que isso melhorasse em grande coisa o seu gênio. Vários dos velhos amigos do Exército da América, por um motivo ou outro, vieram a Londres em 1899, e todos pediram para visitar o Broadmoor. Mas o velho oficial recusou-se a recebê-los, dizendo que não se lembrava deles e, além disso, não queria ser incomodado. Requisitou formalmente que lhe fosse concedida uma certa "liberdade de vizinhança", a ser liberada sob condicional — a palavra inglesa que usou aqui para significar "vizinhança" foi a incomum *vicinage*, em vez de *vicinity*, de uso mais corriqueiro.

Entretanto, a elegância de sua linguagem não convenceu ninguém, e seu requerimento foi negado com toda firmeza. "Ele ainda é doente da mente e estou impossibilitado de recomendar que seu pedido seja deferido", escreveu o superintendente ao secretário do Interior. (Ou datilografou, seria melhor

183

dizer: este é o primeiro documento no arquivo de Minor que foi produzido em uma máquina de escrever — uma indicação de que, enquanto o paciente permanecia numa desgraçada estase, o mundo exterior à sua volta vinha mudando com toda rapidez.) O secretário do Interior então recusou devidamente a súplica; há na ficha uma fria anotação assinada apenas com as iniciais pelo insensível dr. Brayn: "Paciente informado, 12.12.99. RB".

O cartão de seu regime alimentar demonstra que ele come de forma um tanto descontinuada e caprichosa — muito mingau, pudim de sagu, creme todas as terças-feiras, mas toucinho e outras carnes apenas ocasionalmente. Dá a impressão de ter se tornado cada vez mais infeliz, perturbado, apático. "Ele parece instável", é um tema constante nas anotações dos atendentes. Uma visita de Murray no verão de 1901 o animou, mas logo depois a equipe do dicionário já estava começando a perceber uma alteração depressiva no mais zeloso de seus voluntários remanescentes.

"Observei que ele não enviou nenhuma citação do *Q*", escreveu Murray a um amigo.

Mas ele vem se mostrando muito inativo há vários meses, e não tenho sabido quase nada a seu respeito. Sempre é menos prestimoso no verão, porque passa tanto tempo ao ar livre, nos jardins e no terreno. Mas este ano ele está pior do que o habitual, e venho sentindo há um bom tempo que devo tirar um dia para ir vê-lo de novo, a fim de tentar renovar seu interesse.

Em sua situação solitária & triste ele exige um bocado de atenção, incentivo e uma lisonjeira persuasão, e tenho de ir vê-lo de tempos em tempos.

Mais um mês se passou e as coisas não ficaram nada melhores. Murray escreveu sobre ele outra vez — por essa época já há histórias dando conta de Minor "fazendo corpo mole" e "recusando-se" a desempenhar o trabalho que se pedia. Escreveu alguma coisa sobre a origem da palavra *hump*, a corcova de um camelo — mas fora isso, e coincidente com a morte da rainha Vitória, deixou-se cair num silêncio taciturno.

Um outro amigo dos velhos tempos de Exército, escrevendo de Northwich, em Cheshire, no mês de março de 1902, pergunta ao superintendente Brayn se poderia obter autorização para visitar Minor, dizendo-lhe com alguma aflição que o próprio Minor havia escrito sugerindo a ele que não fosse, já que "as coisas estão muito mudadas e eu poderia achar isso desagradável". "Por favor, dê-me seu parecer", acrescenta o autor da carta. "Não desejo expor minha esposa a nada de desagradável."

Brayn concordou: "Creio que não seria aconselhável para o senhor visitá-lo [...] não há indicações de qualquer perigo imediato, mas sua idade está começando a se denunciar [...] sua vida é precária".

Foi por volta dessa época que veio a primeira indicação de que poderia ser melhor se o dr. Minor recebesse então autorização para voltar aos Estados Unidos, a fim de passar seus anos de declínio — visto que ele de fato parecia em declínio — perto da família.

Minor tinha ficado no Broadmoor por trinta anos, completados agora — era de longe o paciente mais antigo. Mantinha-se apenas por conta de seus livros. A tristeza o envolvera definitivamente. Sentia falta do bondoso dr. Nicholson; estava desorientado com o regime mais brutal do dr. Brayn. Seu único colega intelectual entre os pacientes do Pavilhão 2, o estranho artista Richard Dadd, que fora mandado para o manicômio por matar a facadas o próprio pai, falecera há muito tempo. Sua madrasta, Judith, a quem vira brevemente em 1885, quando ela voltava da Índia, tinha morrido em New Haven no ano de 1900. A idade estava eliminando rapidamente todos os que eram próximos daquele velho louco.

Até o velho Fitzedward Hall também morrera, em 1901 — um acontecimento que incitou Minor a disparar uma carta de profunda e fiel tristeza a Murray. Junto com suas condolências seguiu um pedido, sugerindo que o editor talvez pudesse incluir em sua correspondência mais algumas folhas de papel preparadas para as letras *K* e *O* — a notícia da morte de seu conterrâneo parece ter reavivado um pouco o interesse de Minor pelo trabalho. Mas só um pouco. Agora ele se achava muito sozinho, com a saúde piorando cada vez mais, inofensivo para qualquer pessoa, exceto ele mesmo. Estava com 66 anos, e os aparentava. Os fatos de suas circunstâncias de vida começavam a pesar duramente sobre ele.

O dr. Francis Brown, um notável médico de Boston a quem Murray escrevera com o relato completo da história de Minor e do primeiro encontro entre os dois, achou que pudesse intervir. Ao ser informado da situação através de Murray, ele havia escrito ao Departamento do Exército em Washington e depois à embaixada americana em Londres, e a seguir, em março, ao dr. Brayn, sugerindo — sem o conhecimento de Minor — que fosse enviada uma petição ao Ministério do Interior solicitando que fosse liberado para a custódia da família e devolvido aos Estados Unidos. "Sua família se regozijaria por tê-lo de volta, passando seus últimos dias em sua terra natal e perto dos parentes."

Mas o implacável Brayn não fez a recomendação ao secretário do Interior; e nem a embaixada ou o Exército americano tomaram a decisão de se envolver. O velho devia permanecer em seu lugar, incentivado somente pela correspondência ocasional com Oxford, mas cada vez mais desanimado, irritado e triste.

Estava claro que uma crise achava-se prestes a irromper — e irrompeu. O acontecimento que, na expressão bombástica de Hayden Church, "foi o traço mais impressionante na história americana" se pôs a caminho, sem qualquer aviso que chamasse atenção para ele, numa fria manhã do início de dezembro em 1902.

10. O CORTE MAIS CRUEL

masturbate (mæ·stɒbeⁱt), *v.* [Do lat. *masturbāt-*, prov. rad. em *masturbārī*, de origem obscura: segundo Brugmann para **mastiturbārī* de **mazdo-* (cf. gr. μέξεα pl.) membro viril + *turba* perturbação, distúrbio. Uma antiga conjectura via a palavra como proveniente de *manu-s* mão + *stuprāre* profanar; daí as formas etimologizadas MANUSTUPRATION, MASTUPRATE, -ATION, utilizadas por alguns autores ing.] *intr.* e *ref.* Praticar autoerotismo.

"Às 10h55 da manhã o dr. Minor veio até o portão dos fundos, que estava trancado, e gritou: 'É melhor mandarem buscar o médico encarregado imediatamente! Eu me feri!'."

Essas palavras constituem as primeiras linhas de uma breve anotação a lápis que assoma, anônima, em meio aos inúmeros outros papéis que demarcam os detalhes triviais da vida do paciente número 742 do Broadmoor. Os relatos dos traços mais mundanos da vida agora quase solitária de William Minor — sua dieta, o número de suas visitas que diminuía firme e gradativamente, sua fragilidade crescente, seus lapsos de rabugice, suas ruminações insanas — aparecem geralmente à tinta, numa escrita firme e confiante. Mas essa única página, datada de 3 de dezembro de 1902, é bem diferente. O fato de ter sido escrita com lápis de ponta grossa a destaca — assim como a caligrafia, o que lhe confere a impressão de ter sido rabiscada com urgência, às pressas, por um homem sem fôlego, em pânico, num estado de choque.

Seu autor foi o principal atendente do Pavilhão 2, um certo sr. Coleman. E ele tinha bons motivos para estar horrorizado:

Mandei o atendente Hartfield em busca do médico e fui ver se podia ajudar o dr. Minor. Então ele me contou — havia decepado seu pênis. Disse que o havia amarrado com um cordão, o que estancara o sangramento. Vi o que ele tinha feito.

O dr. Baker e o dr. Noott então o examinaram e ele foi removido para a Enfermaria B-3 às 11h30 da manhã.

Ele tinha feito seu passeio antes do desjejum, como era de costume. Tomou seu café também. Conversei com ele às 9h50 na Ala 3 e ele parecia estar como sempre.

Mas na verdade ele não estava "como sempre" — o que quer que possa significar essa expressão no contexto de sua tão desenvolvida paranoia. A menos que o ato de se mutilar tenha sido uma reação extraordinária a algum acontecimento igualmente extraordinário — o que bem poderia ser o caso, embora não exista nenhuma prova disso —, tudo indica que William Minor o vinha planejando havia vários dias, se não meses. Cortar seu pênis era, à luz de sua loucura, um ato necessário e redentor: provavelmente veio a ocorrer como consequência de um profundo despertar religioso, que seus médicos acreditavam ter se iniciado dois anos antes — ou no final do século, trinta anos depois de ser internado.

Minor era filho de missionários, e tinha sido criado, pelo menos ao que se imagina, como um sólido cristão congregacionalista. Mas, enquanto esteve em Yale, praticamente desertou de sua religião, e na época em que se estabeleceu no Exército da União — seja porque ficou desiludido com suas experiências no campo de batalha ou porque simplesmente se desinteressou da religião organizada — ele abandonou completamente suas crenças e ficava satisfeito em ser descrito, sem pudor, como ateu.

Foi por algum tempo um devotado leitor de T. H. Huxley — o grande biólogo e filósofo vitoriano que cunhou o termo *agnóstico*. Seus próprios sentimentos eram ainda mais negativos: como as leis da natureza podiam explicar bastante satisfatoriamente todos os fenômenos naturais, escreveria Minor, não conseguia encontrar qualquer necessidade lógica para a existência de Deus.

No entanto, ao longo dos anos no manicômio, esses sentimentos de hostilidade começaram lentamente a abrandar. Por volta de 1898, mais ou menos, sua certeza absoluta quanto à não existência de Deus passou a vacilar — talvez, em parte, por conta da sólida fé cristã de seu visitante frequente, James Murray, que era objeto da mais intensa e duradoura admiração de Minor. Murray bem pode ter discutido o provável conforto que Minor deveria conquistar a partir do reconhecimento e aceitação de uma divindade superior: de forma não intencional, pode ter disparado o gatilho do que veio a resultar no firmemente intensificado fervor religioso de Minor.

Na virada do século, Minor estava mudado: andava dizendo às suas visitas, e formalmente informou ao superintendente do Broadmoor, que agora se via como um teísta — como alguém que aceita a existência de um Deus mas não se inscreve em nenhuma religião determinada. Era um passo importante — mas, ainda assim, e à sua própria maneira, trágico.

Porque, no compasso de suas novas convicções, Minor começou a julgar a si mesmo segundo os severos padrões do que acreditava ser uma divindade eternamente vingativa, que tudo podia e tudo via. De repente, deixou de pensar em sua loucura como uma tristeza tratável e passou, em vez disso, a vê-la — ou a alguns de seus aspectos — como uma aflição intolerável, um estado de pecado que necessitava de purgação e castigos constantes. Começou a se considerar não uma criatura arrependida, mas alguém indizivelmente vil, dotado de hábitos e inclinações pavorosos. Era um onanista compulsivo e obsessivo: Deus com certeza iria puni-lo de forma terrível se não lograsse pôr um fim à sua indiscriminada dependência da masturbação.

Em especial, seu prodigioso apetite sexual passou a se tornar particularmente abominável para ele. Começou a ser assombrado pela lembrança — ou pela suposta memória fantástica — de suas conquistas sexuais do passado. Começou a detestar a maneira como seu corpo respondia, e o modo como Deus tão inadequada e injustamente o havia equipado. Como relatava sua ficha médica:

189

Ele acredita ter havido uma completa saturação de todo o seu ser com a lascívia de mais de vinte anos, tempo durante o qual manteve relações com milhares de mulheres nuas, noite após noite. As dissipações noturnas não tiveram nenhuma influência perceptível em seu vigor físico, mas seu órgão aumentara de tamanho em resultado do uso tão frequente, seu constante priapismo permitira que o membro se desenvolvesse enormemente. Ele se recorda de uma francesa observando *"bien fait!"* logo que o viu; outra mulher chamou-o de "um apóstolo do prazer"; a aventura e as fantasias sexuais deram-lhe mais prazer do que qualquer outra coisa no mundo.

Mas quando se tornou cristão, ele viu que devia se separar da vida lasciva que vinha levando — e concluiu que a amputação de seu pênis resolveria o problema.

A remoção cirúrgica do pênis é, na melhor das condições, uma operação perigosa, raramente executada até mesmo por médicos. Um ataque do famoso peixinho brasileiro conhecido como *candiru*, que gosta de subir nadando pela corrente da urina do homem e se alojar na uretra com um anel de espinhas invertidas impedindo a sua retirada, é uma das muito raras circunstâncias em que um médico desempenhará a cirurgia, conhecida como "penectomia". É corajoso, imprudente e de-sesperado o homem que desempenha uma autopenectomia, na qual o indivíduo remove o próprio órgão — ainda mais quando a operação é feita num ambiente não esterilizado, com um canivete.

Entre seus muitos privilégios, como já vimos, o dr. Minor desfrutava — ao contrário dos demais pacientes do Broadmoor — da permissão do superintendente para portar um canivete. Havia muito tempo o instrumento deixara de ser de grande uti-lidade: poucas foram as ocasiões em que teve de cortar as pági-nas mal-acabadas de uma primeira edição, razão pela qual, de início, havia solicitado a faca. Agora ela simplesmente ficava no seu bolso, como poderia estar no de qualquer homem comum do mundo lá fora. Exceto pelo fato de que Minor não era comum, em sentido algum — e agora tinha, como veio a se revelar, uma rara e urgente necessidade do canivete.

Estava desesperadamente seguro de que fora o seu pênis que o levara a cometer todos aqueles atos ofensivos à moral que tanto o haviam dominado por toda a vida. Seus incessantes desejos sexuais, se não nasciam do pênis, eram pelo menos executados através dele. Em seu mundo delirante, achava que não tinha alternativa, a não ser removê-lo. Era um médico, claro, e dessa forma sabia mais ou menos o que estava fazendo.

Assim, naquela manhã de quarta-feira ele afiou seu canivete numa pedra de amolar. Amarrou um cordão fino bem apertado na base do membro para atuar como ligadura e cauterizar por pressão os vasos sanguíneos, esperou durante dez minutos até que as paredes da veia e da artéria estivessem adequadamente comprimidas — e então, com um movimento destro que a maioria prefere nem sequer imaginar, cortou o órgão a cerca de dois centímetros da base.

Atirou o objeto infrator ao fogo. Relaxou o cordão e descobriu que, como esperava, não havia quase nenhum sangue. Deitou-se por um instante para garantir que não houvesse hemorragia e depois caminhou com ar quase informal até o portão dos fundos no andar térreo do Pavilhão 2 a fim de chamar pelo atendente. Sua prática ensinara-lhe que agora provavelmente entraria em choque, e supôs que precisaria ser acomodado na enfermaria do manicômio — como de fato ordenaram os espantados médicos do Broadmoor.

Permaneceu ali quase um mês — e em questão de dias estava exibindo seu velho eu impertinente, queixando-se do barulho que os trabalhadores faziam, muito embora o dia que tenha escolhido para fazer suas reclamações fosse um domingo, quando todos estavam em casa.

O pênis cicatrizou plenamente, deixando um pequeno coto através do qual Minor podia urinar, mas que — para sua suposta satisfação — provou ser sexualmente inútil. O problema havia sido solucionado: a Divindade ficaria satisfeita porque nenhum outro rompante sexual poderia ter lugar ali. O médico observou em suas anotações clínicas que estava admirado pelo fato de alguém ter a coragem de desempenhar tão extraordinária mutilação em si próprio.

Resta outra razão possível para que Minor tenha levado adiante um feito tão extravagante — uma razão que muitos pensarão exigir demais da credulidade. Ele pode ter amputado seu pênis por culpa e ódio contra si mesmo pelo fato de ter gozado de algum tipo de relacionamento, ou de pensamentos lascivos, com a viúva do homem que havia assassinado.

Eliza Merrett, deve-se lembrar, tinha visitado Minor no manicômio a intervalos regulares no início da década de 1880. Costumava trazer livros e, de vez em quando, presentes; ele e a madrasta haviam lhe dado dinheiro como recompensa por sua perda; ela afirmara, de maneira bastante pública, que o perdoara pelo assassinato; aceitara, e com simpatia, a ideia de que Minor havia cometido o crime num momento em que não distinguia o certo do errado. Não seria possível que, num momento de conforto mútuo, alguma coisa tenha se passado entre aquelas duas pessoas — que eram quase da mesma idade, e que em muitos sentidos encontravam-se quase igualmente limitadas pelas circunstâncias? E não pode ter acontecido que um dia, eventualmente, a lembrança do acontecimento mergulhasse o sensível e atencioso dr. Minor numa profunda depressão movida pela culpa?

Não existe nenhuma sugestão de que os encontros entre Minor e Eliza Merrett constituíssem alguma coisa diferente de visitas respeitáveis, formais e castas — e talvez assim fossem, e qualquer culpa residual que Minor possa ter sentido se originou, quem sabe, do tipo de fantasias que o subjugavam, como demonstram suas fichas médicas. Mas deve-se admitir que permanece como uma possibilidade — não uma probabilidade, com certeza — a hipótese de um sentimento de culpa por um ato específico, em lugar de algum fervor religioso queimando em fogo lento, ter precipitado essa horrível tragédia.

* * *

Foi exatamente um ano depois disso que se levantou outra vez a questão de transferir o dr. Minor para os Estados Unidos. Nessa época seu irmão Alfred, que ainda administrava a loja de louças em New Haven, sugeriu a ideia numa carta particular — que Minor jamais chegou a ver — ao superintendente. Na oportunidade, e pela primeira vez, o sempre desagradável dr. Brayn ofereceu alguma esperança: "Se puderem ser feitos acertos para seu cuidado e tratamento adequados, e se o governo americano concordar com sua remoção, acredito bastante possível que a proposta venha a ser considerada favoravelmente".

Um ano mais e James Murray o visitou, no caminho de volta a casa, depois de ir ver sua filha na faculdade em Londres. Disse a Brayn que Minor era "meu amigo", e contou mais tarde que ficou desolado ao ver como o médico parecia fraco, como a luz e energia que o haviam marcado em seus tempos de ocupação com o dicionário na década anterior davam a impressão de tê-lo abandonado. Murray ficou ainda mais convencido de que o velho cavalheiro deveria ser autorizado a voltar ao lar para morrer. Na Inglaterra ele não tinha ninguém e nenhum trabalho, nenhuma razão para sua existência. Sua vida era meramente uma tragédia em câmara lenta, um ato de morrer, inexorável e gradual, conduzido diante dos olhos de todos.

William Minor retribuiu o prazer da visita de um jeito íntimo que não era do seu costume: deu a ele uma pequena quantia em dinheiro. James Murray estava partindo para a colônia do Cabo — parte do que hoje é a África do Sul — a fim de participar de uma conferência, e de algum modo Minor descobriu que aquela viagem iria exigir as finanças de Murray até o limite (embora os normalmente parcimoniosos representantes da Oxford University Press tivessem lhe dado cem libras). Assim, Minor decidiu colaborar também e enviou uma ordem postal de algumas libras, que mandou para Murray junto com um bilhete curiosamente afetuoso, como um idoso poderia escrever a outro:

Rogo perdoar a liberdade que tomo de incluir um vale postal pagável à sua ordem — que pensei pudesse acrescentar um pouco aos seus recursos para ajudar em necessidades imprevistas.

Até um *milionário* pode sentir satisfação ao descobrir que tem um soberano a mais do que pensava, embora seja ele próprio um republicano, e nós, pessoas menos dotadas, temos direito a uma satisfação desse tipo quando a sorte permite.

Construir uma casa e sair em viagem são quase a mesma coisa, no que diz respeito a custar mais do que se espera; e em todo caso estou certo de que pode tornar isso útil para si.

Agora me despeço, com os melhores votos de bem-estar,

Deus esteja convosco,
W. C. Minor

E ao longo das semanas e meses que se seguiram, o homem insano transformou-se no homem enfermo. Levou um tombo no banho; machucou a perna; tropeçou e torceu tendões enrijecidos e músculos fatigados; sofria com o frio e pegou um resfriado. Todas as inconveniências ocasionais da velhice estavam se amontoando sobre sua loucura, cada uma delas um Pélion sobre Ossa, até que William Minor não era mais do que um magro e idoso infeliz, não mais temido por ninguém, objeto da piedade de todos.

Veio então um exemplo patético de uma loucura menor. Embora não fosse mais grande coisa como lexicógrafo ou flautista, o dr. Minor continuava sendo um pintor razoável, e preenchia muitas horas trabalhando no cavalete montado no quarto. Certo dia, num capricho, decidiu que ia enviar uma de suas melhores obras à princesa de Gales, a jovem — May de Teck, futura rainha Mary — esposa do homem que em breve se tornaria o rei Jorge V.

Mas o dr. Brayn disse não. Com frieza e previsivelmente reforçando a regra de que nenhum interno do Broadmoor podia se comunicar com qualquer membro da família real — uma norma criada porque inúmeros internos com a mente perturbada imaginavam *ser* eles próprios membros da família real — disse a Minor que o trabalho não poderia ser enviado. O médico, aborrecido e queixoso, então apelou formalmente, obrigando Brayn a mandar o quadro e uma petição ao Ministério do Interior, cujo ministro teria a última palavra. O órgão, como era de se esperar, respaldou Brayn, e este escreveu de novo a Minor, negando sua petição.

Mas isso fez com que Minor perdesse as estribeiras, e ele escreveu uma carta furiosa, que mal se conseguia ler, ao embaixador americano, pedindo-lhe que usasse suas boas funções diplomáticas para transmitir o pacote ao palácio de Buckingham. O pacote jamais foi enviado: Brayn insistiu em não permitir. Assim, Minor mandou mais outra carta, dessa vez ao chefe do Estado-Maior do Exército dos Estados Unidos em Washington, queixando-se de que ele próprio, um oficial do Exército americano, estava sendo impedido à força de se comunicar com sua embaixada.

Toda a saga tornou-se então o foco do trabalho de um longo mês de verão por parte de uma horda de adidos, vice-cônsules, chefes do protocolo e assistentes de oficiais diplomáticos graduados, todos se altercando e conjecturando se a aquarela sem dúvida encantadora daquele velho inofensivo um dia conseguiria chegar às mãos da princesa de Gales.

Mas ela jamais chegou. A permissão foi negada de ponta a ponta — e o episódio acabou de forma melancólica. Porque quando o dr. Minor tristemente se recolheu à sua cela no pavilhão e pediu, em tom de queixume, que lhe devolvessem sua tela, foi informado, com fria arrogância, que, na verdade, ela havia se perdido. A carta solicitando o quadro de volta está escrita numa caligrafia trêmula, garatujada — a caligrafia de um idoso, meio são, meio senil — e não serviu de nada. O quadro nunca foi recuperado.

E houve outros acontecimentos desalentadores. No início de março de 1910, o dr. Brayn — a quem a história provavelmente não julgará com generosidade no caso específico de William Minor — ordenou que todos os privilégios do velho fossem retirados. Minor recebeu o aviso de desocupar a suíte de dois cômodos que havia habitado durante os 37 anos anteriores com apenas um dia de antecedência, devendo deixar para trás seus livros, desistir do acesso à escrivaninha, aos blocos de desenho e às flautas, e se mudar para a enfermaria do manicômio. Foi um ultraje cruel, cometido por um homem vingativo, muito provavelmente com ciúme da reputação florescente do paciente que tinha sob sua responsabilidade, e cartas iradas caíram aos borbotões sobre Broadmoor, vindas dos poucos amigos remanescentes que ficaram sabendo da notícia.

Até Ada Murray — agora lady Murray, já que James fora feito cavaleiro em 1908, recomendado por um grato primeiro-ministro Herbert Asquith — queixou-se amargamente em nome do marido pelo tratamento cruel e desdenhoso que aparentemente vinha sendo imposto a Minor, a essa altura já com 76 anos. Brayn replicou frouxamente: "Eu não teria restringido qualquer de seus privilégios se não estivesse convencido de que deixar as coisas como estavam era correr o risco de um sério acidente".

Nem sir James nem lady Murray foram apaziguados pela resposta: era imperativo, disseram ambos, que seu amigo, aquele gênio do conhecimento, fosse autorizado a voltar para a sua América natal, para longe das garras desse monstruoso dr. Brayn, e para longe de um hospital que não mais parecia o lar benigno de um inofensivo erudito, mas se assemelhava, isso sim, ao Bedlam que um dia fora construído para substituir.

O irmão de Minor, Alfred, viajou de navio para Londres no final de março com o propósito de resolver a situação de uma vez por todas. Tinha falado com o Exército dos Estados Unidos em Washington; os generais de lá afirmaram que seria possível, com a condição apenas de que o Ministério do Interior britânico concordasse transferir o dr. Minor para o lugar no qual ele havia sido encarcerado tantos anos antes — o Hospital Federal St. Elizabeth, na capital americana. Se Alfred concordasse em manter seu irmão sob custódia segura durante a travessia do Atlântico, então seria bem possível convencer o secretário do Interior a emitir a autorização necessária.

O destino iria interferir de forma misericordiosa. Por imensa sorte, o secretário do Interior na época era Winston Churchill — um homem que, embora menos famoso então do que em breve se tornaria, tinha uma natural inclinação de simpatia em relação aos americanos, visto que sua mãe era nascida nos Estados Unidos. Churchill ordenou a seus assessores civis que fizessem subir um resumo do caso a seu gabinete — um sumário que existe até hoje, e oferece uma indicação concisa e curiosa da maneira como os governos administram seus assuntos.

Os vários argumentos contra e a favor da liberação do dr. Minor são apresentados; a decisão está condicionada em última análise a repousar apenas sobre o fato de, caso Minor ainda seja julgado perigoso para terceiros, se poder confiar realmente em seu irmão Alfred para mantê-lo afastado de qualquer arma de fogo durante a transferência. Os burocratas que trabalhavam no caso chegaram então, lenta mas inexoravelmente, a cotejar os entendimentos — de que, por um lado, Minor não é perigoso e, por outro, seu irmão pode merecer toda confiança, se houver necessidade. Assim, a recomendação feita a Churchill com base nesse pomposo processo de conhecimento e análise foi de que o homem deveria, de fato, ser libertado sob condicional e autorizado a partir para sua terra natal.

E assim, na quarta-feira, 6 de abril de 1910, Winston S. Churchill assinou devidamente, em tinta azul, um Mandado de Liberação Condicional, sujeita apenas à condição de que Minor "deva, ao ser libertado, deixar o Reino Unido e não retornar a este país".

No dia seguinte sir James Murray escreveu, perguntando se poderia obter permissão para se despedir do velho amigo e trazer consigo também lady Murray. "Não há a menor objeção", disse o dr. Brayn com afabilidade, "ele se encontra em muito melhor estado de saúde e ficará satisfeito em vê-lo." É quase possível ouvir o soerguimento do ânimo daquele velho diante da ideia de, após 38 longos anos, estar finalmente voltando para casa.

Como a ocasião era momentosa — tanto para Minor como para a Inglaterra, em mais sentidos do que se podia imaginar de imediato —, Murray convidou um artista da equipe dos messr. Russell & Co., fotógrafos de Sua Majestade o rei, a fim de tirar um retrato formal de despedida do dr. Minor, nos jardins do manicômio judiciário Broadmoor. O dr. Brayn disse que não fazia objeção; a fotografia que resultou permanece como um simpático retrato de uma figura bondosa, sábia e, a julgar por sua expressão facial, nada descontente, parecendo estar sentado após o chá sob uma repousante cerca viva inglesa, relaxado, calmo, desinteressado de tudo o mais.

No alvorecer do sábado, 16 de abril de 1910, o atendente chefe Spanholtz — muitos dos atendentes do Broadmoor eram, como este, ex-prisioneiros de guerra bôeres — recebeu ordens para proceder à tarefa de escolta, "em traje à paisana", a fim de acompanhar William Minor até Londres. Sir James e lady Murray estavam lá, sob o tímido sol de primavera, para dizer adeus: houve apertos de mão formais e, conta-se, algum brilho de lágrimas.

Mas aqueles eram tempos mais nobres do que o nosso; e os dois homens que haviam representado tanto um para o outro, durante tanto tempo, e cuja criação, produto da erudição combinada de ambos, achava-se agora a meio caminho de ser completada — os seis volumes do *OED* publicados até então estavam embalados em perfeita segurança na valise de Minor —, disseram adeus um ao outro numa atmosfera de rígida formalidade. O dr. Brayn proferiu seu breve discurso de despedida e o landau seguiu trotando pelas alamedas, logo se perdendo de vista na precoce neblina primaveril. Duas horas mais tarde a carruagem chegava à estação Bracknell, na linha sudeste principal, para Londres.

Uma hora depois Spanholtz e Minor estavam na pujante e abobadada catedral da estação de Waterloo — muito maior do que era quando, a não mais de algumas centenas de metros, o assassinato fora cometido naquela noite de sábado em 1872. A dupla não se demorou, por motivos óbvios, e tomou um tílburi elegante para a estação de St. Pancras, lá pegando um trem para o porto conhecido como Tilbury Docks. Caminharam até o embarcadouro onde se achava ancorado o navio de passageiros *Minnetonka*, da Atlantic Transport Line, sendo abastecido com carvão e provisões, a fim de partir naquela tarde com destino a Nova York.

Foi somente no cais que o atendente do Broadmoor abandonou a custódia do homem sob sua responsabilidade, entregando-o a Alfred Minor, que esperava junto à prancha de embarque do navio. Um recibo foi devidamente apresentado e assinado, pouco antes do meio-dia, como se o paciente não passasse de um grande caixote, ou um peso de carne. "Este serve a certificar que William Chester Minor foi neste dia recebido do manicômio judiciário Broadmoor para ficar sob meus cuidados", dizia, e recebeu a assinatura: "Alfred W. Minor, curador".

Spanholtz então acenou um adeus animado e saiu às pressas para pegar seu trem de volta. Às duas em ponto o navio fez soar o apito de partida em sua buzina a vapor e, com os rebocadores ganindo, foi se afastando em direção ao estuário do Tâmisa. Pelo meio da tarde já se encontrava ao largo do farol que era o marco divisório de North Foreland, na costa de Kent, e virara direto a estibordo; ao cair da noite estava no canal da Mancha; ao amanhecer da fresca manhã seguinte, ao sul das ilhas Scilly, e na hora do almoço toda a Inglaterra e o pesadelo que ela encerrava finalmente haviam recuado, perdidos, sobre o corrimão úmido da popa. O mar estava cinzento, imenso e vazio, e à frente ficavam os Estados Unidos — o lar.

Duas semanas depois o dr. Brayn recebeu um bilhete de New Haven.

Fico feliz em dizer que meu irmão fez a viagem em segurança, e encontra-se agora satisfatoriamente estabelecido no asilo St. Elizabeth em Washington, D. C. Ele apreciou muito a viagem e não teve nenhum problema com os enjoos do mar. Achei que perambulou demais durante a última parte da viagem. Não me perturbou à noite — embora eu tenha sentido grande alívio na chegada ao cais em Nova York. [...] Espero ter o prazer de encontrá-lo em algum dia do futuro. Minhas considerações ao senhor e à sua família, com os melhores votos a todos da equipe do Broadmoor e seus atendentes.

11. ENTÃO, APENAS OS MONUMENTOS

diagnosis (dəiĕgnōᵘˑsis). Pl. -oses. [Adapt. lat. *diagnōsis*, gr. διάγνωσις, subs. de ação de διαγιγνώσκειν distinguir, discernir, de δια- todo, completamente, separado, apartado + γιγνώσκειν aprender a conhecer, perceber. No fr. *diagnose* em Molière: cf. prec.]
1. *Med.* Determinação da natureza de estado enfermo; identificação de uma doença pela investigação meticulosa de seus sintomas e história; também, a opinião (formalmente declarada) resultante de tais investigações.

O velho Frederick Furnivall foi o primeiro homem do grande dicionário a ir embora. Morreu apenas algumas semanas depois que o *Minnetonka* zarpou de Londres.

Furnivall sabia que estava morrendo desde o início daquele decisivo ano de 1910. Continuou divertido e vigoroso até o fim, remando seu barquinho em Hammersmith, flertando com suas garçonetes da ferrovia, enviando seu pacotes diários de palavras e recortes de jornal ao editor de um projeto com o qual estivera intimamente associado pela metade de um século.

Iniciou uma de suas últimas cartas a Murray com um desdém tipicamente excêntrico pela doença que, bem sabia, em breve iria derrubá-lo. Seu primeiro interesse manifesto foi por uma palavra — *tallow-catch* — que Murray havia encontrado em Shakespeare, recentemente definira e mandara a Hammersmith para ser aprovada: Furnivall apresentou suas congratulações por uma definição que dizia em certa parte "um homem muito gordo [...] um barril de sebo", uma palavra que guarda semelhanças hoje com a referência a uma pessoa como "um barril de banha". Somente depois disso Furnivall falou, de forma elíptica, a respeito do sombrio prognóstico que seu médico lhe havia apresentado — ele

201

tinha câncer do intestino — observando: "Sim, os Homens do Dicion. se vão gradualmente, & eu desaparecerei dentro de seis meses. [...] É um grande desapontamento, já que eu desejava ver o dicion. concluído antes de morrer. Mas não é para ser. Entretanto o arremate da palavra é correto. Assim, está tudo bem".

Morreu como previra, em julho; mas só abandonou o trabalho depois de inspecionar, como Murray havia sugerido que fizesse, um verbete majestosamente longo que estava previsto para ser incluído no volume 11. "Não lhe daria satisfação", Murray lhe perguntara, "ver o gigantesco *TAKE* em sua forma final? Antes que seja tarde demais?"

O próprio Murray, dado o avançar da idade, suspeitava que, com a morte de Furnivall, seu próprio fim não deveria estar muito distante. E, ao oferecer *take* a Furnivall, ficava evidente que acabava de começar o trabalho monumental sobre a totalidade da letra *T*. Essa única letra iria lhe tomar cinco longos anos — de 1908 a 1913 — para ser concluída. Quando a terminou, Murray sentiu-se tão aliviado que chegou a expressar uma imprudente previsão otimista: "Cheguei ao estágio em que posso calcular o fim. Com toda probabilidade humana o *Oxford English dictionary* estará concluído em meu octogésimo aniversário, daqui a quatro anos".

Mas não seria assim. Nem o *OED* seria completado em quatro anos, nem sir James Murray jamais chegaria a se tornar um octogenário. A grande conjunção pela qual esperava — suas bodas de ouro com lady Murray, a conclusão de seu dicionário — nunca chegou a acontecer. O *regius professor* de medicina de Oxford certa vez brincou dizendo que a universidade parecia estar pagando a ele um salário "somente para manter aquele velho vivo" de modo a que pudesse completar sua obra. Ao que parece, não pagaram o suficiente.

Sua próstata o traiu na primavera de 1915, e os abrasadores raios X com os quais tais problemas eram tratados naquela época o afligiram gravemente. Murray manteve seu ritmo de trabalho, completando os verbetes de *trink* a *turndown* em meados do verão, e incluindo inúmeras palavras difíceis que, como disse um colega editor, "foram trabalhadas com seus recursos e sagacidade característicos". Foi fotografado pela última vez no Scriptorium em 10 de julho — sua equipe e filhas ao seu redor e atrás dele, e ao fundo as estantes de livros encadernados substituindo os escaninhos com seus milhares de pedaços de papel que haviam sido o familiar pano de fundo nos primeiros tempos do dicionário. Com o barrete acadêmico ainda no topo da cabeça, sir James parece magro e abatido; sua expressão é de calma resignação, e a das pessoas ao lado dele, compreensiva e trágica.

Morreu em 26 de julho de 1915, de pleurisia, e foi enterrado como desejava, junto a um grande amigo de Oxford que tinha sido professor de chinês.

William Minor, agora em seu quinto ano no Hospital do Governo para Doentes Mentais em Washington, — que até 1916 foi conhecido apenas informalmente por seu nome posterior e permanente, St. Elizabeth —, teria sabido no devido tempo da morte do homem que lhe trouxera tanto alívio e conforto intelectual. Mas na data exata do falecimento de Murray, Minor simplesmente teve mais um daqueles maus dias dos quais sofria com paciência cada vez menor. Alguém poderia até se aventurar a dizer que foi um dia no qual Minor, em Washington, esteve inconscientemente em sintonia com os tristes acontecimentos que se desenrolavam em Oxford, a quase 5 mil quilômetros dali, do outro lado do Atlântico.

"Atacou um de seus companheiros pacientes", diziam as anotações de um dos guardas da enfermaria de Minor naquela mesma noite de segunda-feira, 26 de julho. "O outro havia parado em frente a seu quarto e olhou para dentro. Demonstra irritação e tenta bater com força, mas tem pouco vigor para conseguir machucar alguém. (Ele começara a bater nas pessoas um mês antes. Fora passear numa tarde de junho, com seu atendente, e os dois encontraram um policial. Quando o oficial começou a fazer perguntas, Minor passou a socar o atendente

203

no peito — embora mais tarde tenha dito que lamentava o incidente, explicando que estava se tornando "um pouco irritadiço".)

Provavelmente vinha sendo capaz de infligir bem pouco dano a qualquer pessoa desde o momento em que deu entrada nos registros do hospital. Podia estar louco, mas mostrava-se penosamente minguado de corpo; sua espinha estava curvada; arrastava os pés ao caminhar; perdera os dentes e sofria de alopecia. Foram tiradas fotografias, de frente e de perfil, como se estivessem tratando de um criminoso comum: sua barba aparece branca e comprida, a cabeça calva, com a testa alta e abaulada, os olhos esgazeados. Sua loucura foi definida como paranoia simples, disseram os médicos; Minor confessou que ainda pensava constantemente em garotinhas, e que tinha sonhos com os atos estarrecedores que elas o haviam feito executar durante as excursões noturnas a que era obrigado.

Mas não foi considerado perigoso: seus médicos concordaram em que devia ser garantido a ele o privilégio de passear pelos campos ao redor do hospital, se acompanhado por um atendente. O coto de seu pênis era um atestado dramático do fato que ele não deveria ter acesso a facas ou tesouras. Mas, fora isso, foi julgado inofensivo — era apenas um homem de 77 anos, magro, desdentado, enrugado, ligeiramente surdo, ainda que "muito ativo, considerando sua idade".

Seus delírios pioraram progressivamente durante os anos no St. Elizabeth. Ele se queixava de que seus olhos eram regularmente bicados por pássaros, de que as pessoas forçavam comida em sua boca com um funil de metal e depois martelavam suas unhas, de que dezenas de pigmeus se escondiam sob as tábuas do chão de seu quarto e atuavam como agentes do submundo. Mostrava-se ocasionalmente irritado mas, com maior frequência, calmo e cortês, lendo e escrevendo muito em seu quarto. Tinha um ar um tanto arrogante, disse um dos médicos: não se interessava muito pela companhia dos demais pacientes, e absolutamente não permitia que qualquer um deles entrasse em seu quarto particular.

Foi no St. Elizabeth que sua até então intrigante doença recebeu o que pode ser visto como a primeira descrição moderna, reconhecível até hoje. Em 8 de novembro de 1918, o psiquiatra que o atendia, um certo dr. Davidian, formalmente declarou que William Minor, paciente federal número 18 487, estava sofrendo do que seria chamado de *"dementia praecox*, de forma paranoide". Não mais a vaga palavra *monomania* seria usada, nem a simples *paranoia* se mostraria suficiente. Minor e sua história clínica haviam finalmente sido liberados das dúbias amarras representadas pelo confuso "tratamento moral" dos vitorianos para os loucos — a expressão tinha sido cunhada pelo francês Philippe Pinel do hospital Salpêtrière, em Paris — e estavam afinal prestes a ser recebidos no mundo da moderna psiquiatria.

A nova expressão, *dementia praecox*, era bastante precisa. Quando Davidian a empregou como diagnóstico, ela já estava em uso corrente havia vinte anos. Significava, literalmente, a falência prematura das faculdades mentais, e era usada para distinguir um estado no qual uma pessoa começa a perder o contato com a realidade, como acontecera com Minor, bem cedo em sua vida — por volta da adolescência, da casa dos vinte anos, ou dos trinta. Nesse sentido a doença era marcadamente diferente da *senile dementia*, termo outrora usado para descrever a decrepitude que acompanha especificamente a velhice, e gênero do qual o mal de Alzheimer é um exemplo.

A nomenclatura foi publicada em Heidelberg no ano de 1899 pelo psiquiatra alemão Emil Kraepelin, que na época era o supremo classificador das doenças mentais conhecidas. O nome que deu a esse estado mental foi planejado menos para diferenciá-lo da enfermidade de uma pessoa idosa do que para marcá-lo como algo muito diferente da psicose maníaco-depressiva, um mal com que guardava semelhanças suficientes para deixar confusos os primeiros alienistas.

A opinião de Kraepelin, revolucionária na época, era que, enquanto a psicose maníaco-depressiva tinha causas físicas identificáveis (tais como um nível baixo do lítio, um metal alcalino, no sangue e no cérebro) e era, portanto, tratável (como, por exemplo, através do uso de comprimidos de lítio, a fim de compensar a sua falta no paciente depressivo), a *dementia praecox* era um chamado mal endógeno, que carecia de qualquer causa externa identificável. Nesse sentido, deveria ser vista como semelhante a alguns distúrbios físicos sistêmicos tão enigmáticos como a hipertensão essencial, na qual o paciente desenvolve uma alta pressão sanguínea — e seus vários desordenados e inconvenientes efeitos colaterais — sem nenhuma razão óbvia.

Kraepelin chegou a definir três subtipos distintos de *dementia praecox*. Havia a catatônica, na qual as funções motoras do corpo são excessivas ou inexistentes; a hebefrênica, na qual um comportamento grotescamente inadequado começa a se desenvolver durante a puberdade, e daí a origem da palavra, do grego ήβη, "mocidade"; e a paranoica, na qual a vítima sofre de delírios, com frequência de perseguição. Era desse tipo de demência, segundo a classificação da época proposta por Kraepelin, que sofria o dr. Minor.

O tratamento tradicional oferecido a ele, e aos de seu gênero, era ainda simples, básico e, pelos padrões de hoje, decepcionantemente pouco esclarecido. Aqueles que sofriam de demência paranoide eram condenados como patologicamente incuráveis, retirados do convívio da sociedade por sentença judicial e colocados — gentilmente, brandamente, em sua maior parte, graças à poderosa influência de Pinel — em celas por trás de muros altos, de modo a não causar qualquer inconveniência àqueles que viviam no mundo normal, do lado de fora. Alguns ficavam encarcerados somente por uns poucos anos; outros por dez ou vinte. No caso de Minor seu exílio involuntário da sociedade iria durar a maior parte de sua vida. Ele viveu a maior parte de seus primeiros 38 anos do lado de fora, até que matou George Merrett. Então, por 47 dos 48 anos que lhe restaram, ficou trancafiado em manicômios estatais, essencialmente sem tratamento porque era, na opinião dos médicos daquela época, essencialmente intratável.

Desde a época de Minor e Davidian, a doença passou a ser

vista com muito maior liberalidade. Seu nome, para começar, foi mudado: o que foi, de início, a bem menos assustadora palavra *schizophrenia* — vinha do termo grego para designar "mente dividida" — fez sua primeira aparição em 1912. (Ela ainda pode mudar outra vez: a fim de livrar o mal da sua pátina de associações desagradáveis existem agora movimentos — talvez não totalmente prudentes — para chamá-la "síndrome de Kraepelin".)

Os primeiros tratamentos para a doença, que mal começavam a ser introduzidos na época do declínio final de Minor, envolviam o uso de sedativos importantes como hidrato de cloral, sódio amital e paraldeído. Hoje estantes inteiras de dispendiosas drogas antipsicóticas estão disponíveis ao menos para tratar e lidar com os sintomas mais aniquilantes da esquizofrenia. Mas até agora, e a despeito do gasto de verdadeiras fortunas, houve muito poucos avanços no sentido de deter os misteriosos gatilhos que aparentemente disparam a doença e seus males demoníacos.

E continua a haver muito debate quanto ao que poderiam ser esses gatilhos. Será que se poderá dizer um dia que uma importante doença psicológica como a esquizofrenia, com sua grave ruptura da química, aspecto e função do cérebro, tem verdadeiramente uma *causa*? No caso de William Minor, teriam as terríveis cenas na batalha de Wilderness efetivamente disparado o gatilho para seu comportamento extravagante?

Poderia o fato de marcar a ferro um irlandês ter precipitado, conduzido diretamente ou contribuído, ainda que de forma indireta, para o crime que ele cometeu oito anos depois, que o levou ao exílio que ele iria sofrer pelo resto da vida? Houve nesse caso algum acontecimento identificável; teria ficado Minor algum dia exposto ao equivalente mental de um germe invasivo? Ou é a esquizofrenia de fato uma doença sem causa, uma parte do próprio ser de alguns indivíduos desafortunados? Acima de tudo, o que *é* a doença — será simplesmente o desenvolvimento de uma personalidade que está vários passos além da mera excentricidade, e que toca em áreas que a sociedade não se considera capaz de tolerar ou aprovar?

Ninguém sabe ao certo. Em 1984 uma tese foi apresentada descrevendo um homem que acreditava firmemente ser possuidor de duas cabeças. Achava uma delas irritante para além do tolerável, e atirou nela com um revólver, ferindo-se horrivelmente no processo. Foi diagnosticado como esquizofrênico, e a comunidade psiquiátrica concordou, já que estava manifestamente provado que o homem tinha somente uma cabeça, e sofria de um delírio absurdo pelo qual era dominado. Mas há o caso do notório "Mad Lucas", da Hertfordshire vitoriana, que viveu com o cadáver da esposa durante três meses e, depois disso, absolutamente sozinho, num bíblico isolamento e em selvagem sordidez pelo quarto de século seguinte, e era visitado por carradas de romeiros vindos de Londres — também ele foi diagnosticado como esquizofrênico. Seria mesmo? Não se trataria apenas de um excêntrico fronteiriço, comportando-se de maneira que ficava além das normas aceitas? Seria ele louco como o delirante dono da cabeça fantasma? Seria tão perigoso quanto o outro, e do mesmo modo merecedor de confinamento? E de que maneira se assenta um caso como o de William Minor dentro do espectro desse tipo de loucura? Ele era menos louco do que o primeiro homem, e mais do que o segundo? Como se quantifica isso? Como se trata? Como se julga?

Os psiquiatras hoje se mantêm cautelosos quanto a todas essas perguntas, assim como intrigados e polêmicos quanto à possibilidade de a doença poder ser ou não disparada por um gatilho — ter de fato uma causa definível. A maior parte dos acadêmicos evita se comprometer, esquiva-se dos dogmas, preferindo dizer simplesmente que acredita no efeito cumulativo de vários fatores.

Um paciente pode ter uma simples predisposição genética para a doença. Ou as características do temperamento básico da pessoa podem aumentar de forma semelhante a probabilidade de que ela "reaja mal", ou de maneira extravagante, a uma pressão externa — às cenas do campo de batalha, ao choque de uma tortura, por exemplo. Só que talvez certas cenas e choques sejam fortes demais, ou repentinos demais, para permitir que qualquer pessoa a eles submetida continue integralmente sã.

Existe um distúrbio recentemente diagnosticado, conhecido como transtorno de estresse pós-traumático, que parece afetar de forma irregular um grande número de pessoas que estiveram expostas a situações verdadeiramente aterradoras. A única diferença entre casos do passado e de hoje, depois da Guerra do Golfo, quando a doença foi pela primeira vez identificada em massa, ou após o trauma de um sequestro ou de um acidente de trânsito, é o fato de que a maioria dos pacientes obtém alívio dos sintomas com o passar de algum tempo. Mas William Chester Minor nunca sentiu alívio. Sua agonia perdurou por toda a vida. Por mais conveniente que possa ser afirmar que o transtorno de estresse pós-traumático arruinou sua vida — e a de sua vítima —, a persistência dos sintomas sugere outra coisa. Havia algo de ferozmente errado com seu cérebro, e o que aconteceu na Virgínia provavelmente pressionou a erupção de suas manifestações mais devastadoras.

Talvez tenha sido uma constituição genética incomum que o predispôs a cair doente — afinal de contas, dois de seus parentes haviam se matado, embora não tenhamos maiores informações quanto às circunstâncias. Talvez seu temperamento virtuoso — era pintor, flautista, colecionador de livros antigos — o tenha tornado particularmente vulnerável ao que viu e sentiu naqueles campos do Sul encharcados de sangue. Talvez sua subsequente prisão no Broadmoor o tenha impedido de melhorar, quando um regime mais tolerante e esclarecido pudesse ter mitigado seus sentimentos mais sombrios, ajudando-o a se recuperar. Hoje, uma em cada cem pessoas sofre de esquizofrenia. Quase todas elas, se tratadas com piedade e uma boa química, podem levar algum tipo de existência digna, uma espécie de vida que foi negada, por grande parte do tempo, ao dr. Minor.

Exceto, é claro, pelo fato de que Minor teve seu trabalho no dicionário. E há nisso uma cruel ironia — a ideia de que, se ele houvesse sido tratado *dessa* maneira, poderia jamais ter se sentido impelido a trabalhar nele como o fez. Ao oferecer-lhe sedativos alteradores do ânimo, como poderiam ter feito nos tempos eduardianos, ou tratando-o como hoje, com drogas antipsicóticas tais como a quetiapina ou a risperidona, muitos dos sintomas de sua loucura poderiam ter desaparecido — mas ele também poderia ter se sentido desinteressado ou incapaz de desempenhar seu trabalho para o dr. Murray.

Num certo sentido, fazer todas aquelas folhas de papel para o dicionário *foi* sua medicação; de certa maneira elas se tornaram sua terapia. A rotina de seu tranquilo estímulo intelectual, confinado à cela, mês após mês, parece tê-lo provido, pelo menos, de um limite para a sua paranoia. Sua triste situação só fez piorar quando aquele estímulo desapareceu; quando o grande dicionário deixou de funcionar como sua estrela guia, quando o único ponto fixo no qual seu cérebro notável mas torturado era capaz de se concentrar se desprendeu, ele deu a partida em sua espiral descendente, e sua vida começou a se esvair.

Pode-se experimentar, então, um estranho sentimento de gratidão por seu tratamento nunca ter sido suficientemente bom a ponto de distraí-lo do seu trabalho. As agonias que deve ter sentido naquelas terríveis noites no manicômio asseguraram a todos nós um benefício, para todo o sempre. Uma ironia verdadeiramente selvagem, na qual não é nada confortável se prolongar.

Em novembro de 1915, quatro meses após a morte de sir James, o dr. Minor escreveu a lady Murray em Oxford, oferecendo-lhe todos os livros que tinham sido mandados do Broadmoor para o Scriptorium, e que se encontravam na posse de sir James quando ele morreu. Esperava que posteriormente viessem a ser mandados para a Biblioteca Bodleian. "Fico contente [...] em saber que a senhora está bem, como se deve presumir por sua carta e ocupações. A senhora ainda deve estar tendo muito trabalho com o material para o dicion. [...]" Minor utiliza a ortografia inglesa das palavras: nitidamente, os anos no Broadmoor haviam deixado suas marcas em mais sentidos do que o meramente custódio.

E seus livros de fato repousam na grande biblioteca até hoje: estão registrados como tendo sido doados "Pelo dr. Minor através de lady Murray".

Mas por essa época ele já estava em franca decadência. Um antigo colega dos tempos da Guerra Civil escreveu de West Chester, Pensilvânia, para perguntar como ia passando o amigo — e o superintendente do hospital responde que, considerando sua idade, o capitão Minor goza de boa saúde, e se encontra numa "ala iluminada e alegre, onde parece contente com o ambiente que o cerca".

Mas as anotações da enfermaria contam uma história diferente, apresentando uma litania de todos os sintomas da firme investida da senilidade e da demência. Com frequência cada vez maior, os atendentes escrevem sobre Minor tropeçando, se machucando, se perdendo, se impacientando, vagando, ficando tonto, cansando-se com facilidade — e, pior de tudo, começando a esquecer, e sabendo que estava esquecendo. Sua mente, embora torturada, sempre havia sido peculiarmente aguda: agora, em 1918 e ao final da Primeira Guerra Mundial, ele parecia saber que suas faculdades estavam se apagando, que sua mente afinal se tornava tão enfraquecida quanto seu corpo, e que as areias ficavam movediças. Durante dias a fio ele permanecia no leito, dizendo que precisava de "um bom descanso": montava barricadas à porta, com cadeiras, ainda convencido de que estava sendo perseguido. Fazia mais de 45 anos que ocorrera o crime, meio século completo desde que os primeiros sinais da loucura tinham sido observados, naquele forte do Exército na Flórida. E ainda assim os sintomas permaneciam os mesmos — persistentes, incurados e incuráveis.

Mesmo assim, acontecia uma ocasional nota queixosa, como esta, escrita no verão de 1917:

Dr. White,

Caro senhor, houve um tempo em que a carne — bife e presunto — era muito dura e seca. Isso, num certo grau, mudou para melhor desde sua observação, e eu não me queixaria; e o arroz parecia ser o único vegetal a acompanhá-la.

Isto não é muita coisa de que se lamentar; e ainda assim essas ninharias representam muito para nós nesta vida. Agradecendo-lhe pelo que possa se dispor a fazer.

Muito sinceramente seu,
W. C. Minor

Um ano depois — embora sua memória vacilante e a visão enfraquecida tenham-no feito datar a carta de 1819 em vez de 1918 —, ele demonstra mais um arroubo de benevolência, semelhante à contribuição para a aventurosa viagem de James Murray ao Cabo. Nesse último caso, Minor enviou 25 dólares ao Belgian Relief Fund, e outros 25 à Universidade Yale, sua alma mater, como doação para o fundo de serviço militar da escola. O reitor de Yale escreveu de Woodbridge Hall: "Tenho ouvido falar muito da história do dr. Minor", respondeu ao superintendente, "e fico, portanto, duplamente comovido ao receber este presente".

Em 1919 seu sobrinho Edward Minor requereu ao Exército que lhe desse alta do St. Elizabeth e o trouxesse para um hospital destinado a loucos idosos em Hartford, Connecticut, conhecido como O Retiro. O Exército concordou — "Creio que, se o Retiro compreender plenamente o caso, devemos deixá-lo ir", disse um certo dr. Duval numa reunião realizada em outubro para discutir a questão. "Ele está tão velho agora que provavelmente não causará nenhum grande mal." A direção do hospital concordou também, e em novembro, durante uma tempestade de neve, o frágil e idoso cavalheiro deixou Washington e o estranho mundo dos asilos de loucos — um mundo que habitava desde 1872 — para sempre.

* * *

Ele gostou da nova casa, uma mansão instalada em meio a hectares de bosques e jardins às margens do rio Connecticut. Seu sobrinho escreveu no início do inverno de 1920 sobre como a mudança parecia lhe ter feito algum bem; mas, ao mesmo tempo, sobre como ele era incapaz de cuidar de si mesmo. Além de tudo, estava ficando cego rapidamente e há alguns meses já não conseguia ler. Com essa única fonte de alegria agora lhe sendo negada, deve ter parecido a Minor que lhe restavam poucos motivos para viver. Ninguém ficou surpreso quando, após um passeio num dia exuberante do início da primavera naquele mesmo ano, ele pegou um resfriado que se transformou em broncopneumonia, e morreu em paz, durante o sono. Era sexta-feira, 26 de março de 1920. Minor vivera por 85 anos e nove meses. Pode ter sido um louco mas, como o elefante do dicionário do dr. Johnson, "de vida extremamente longa".

Não houve obituários: apenas duas linhas na coluna de Falecimentos do *New Haven Register*. Minor foi levado para sua velha cidade natal e enterrado no cemitério Evergreen, na tarde da segunda-feira seguinte, no lote da família que fora estabelecido por seu pai missionário, Eastman Strong Minor. A lápide é pequena e discreta, feita de arenito avermelhado, e traz apenas seu nome, William Chester Minor. Um anjo se ergue num pedestal próximo, fitando o céu, com o mote cinzelado: "Minha fé ergue os olhos para Vós".

Em volta do cemitério Evergreen, uma alta cerca de aramado mantém afastada uma parte rebelde de New Haven, bem distante da austera elegância de Yale. A simples existência da cerca sublinha uma triste e irônica realidade: o dr. William Chester Minor, que esteve entre os maiores colaboradores do melhor dicionário de toda a língua inglesa, morreu esquecido na obscuridade e está enterrado junto a uma favela.

* * *

O *Oxford English dictionary* levou mais oito anos para ser terminado, o anúncio de sua conclusão tendo sido feito na véspera do Ano-novo, em 1927. O *New York Times* estampou o fato na primeira página da manhã seguinte, um domingo, dizendo que, com a inclusão da palavra *zyxt*, do antigo dialeto de Kent — a segunda forma do presente do indicativo, em gíria local, do verbo *to see* [ver] —, a obra estava acabada, o alfabeto tinha sido exaurido, e o texto completo achava-se agora integralmente nas mãos dos impressores. A criação do grande livro, declarou o jornal em tom bombástico e grandiloquente, representava "um dos grandes romances da literatura inglesa".

Os americanos de fato adoraram a história de sua criação. H. L. Mencken — ele próprio um lexicógrafo a quem não se poderia chamar de insignificante — escreveu que esperava com todo empenho que Oxford comemorasse a culminância do projeto de setenta anos com "exercícios militares, partidas de boxe entre os membros graduados da universidade, discursos em latim, grego, inglês e no dialeto de Oxford, competições de gritos entre as diferentes faculdades e uma série de rodadas de bebidas à moda medieval". Considerando que o último editor do livro estava dividindo seu tempo entre o magistério em Oxford e Chicago, havia mais do que um bom motivo para que os americanos assumissem um entusiasmado interesse numa criação que era agora, ao menos em parte, de sua própria lavra.

A solitária labuta da lexicografia, a terrível corrente de palavras frente à qual homens como Murray e Minor haviam tão habilmente combatido e se erguido vencedores, tinha agora, afinal, sua grande recompensa. Doze volumes pujantes: 414 825 verbetes definidos; 1 827 306 citações ilustrativas utilizadas, para as quais apenas William Minor sozinho havia contribuído com dezenas de milhares.

A extensão total dos tipos — todos montado à mão, pois os livros foram compostos por impressão tipográfica, ainda discernível pelo tato da tinta sobre o papel — é de quase

287 quilômetros, a distância entre Londres e a periferia de Manchester. Descontando todos os sinais de pontuação e todos os espaços — o que, qualquer impressor sabe, ocupa tanto tempo para compor quanto uma única letra —, há nada menos que 227 779 589 caracteres.

Outros dicionários em outros idiomas levaram mais tempo para ser feitos; mas nenhum foi maior, mais grandioso, ou teve mais autoridade do que este. O maior esforço já empreendido desde a invenção da imprensa. O mais longo e sensacional periódico jamais escrito.

Uma palavra — e somente uma única palavra — ficou de fato perdida para sempre: *bondmaid*, que aparece no dicionário de Johnson, foi, na verdade, extraviada por Murray e encontrada, como alguém que se perdeu de casa, muito tempo depois de o fascículo *Battentlie-Bozzom* ter sido publicado. Ela e dezenas de milhares de palavras que tinham evoluído ou surgido durante os 44 anos gastos na montagem dos fascículos e seus volumes apareceram num suplemento, que saiu em 1933. Quatro outros suplementos foram lançados entre 1972 e 1986. Em 1989, utilizando os novos recursos de computador, a Oxford University Press publicou sua segunda edição integral, incorporando todas as mudanças e acréscimos dos suplementos em vinte volumes bem mais delgados. A fim de ajudar a alavancar as vendas no final dos anos 1970, foi lançado um conjunto de dois volumes compostos em tipologia muito reduzida, com uma poderosa lente de aumento incluída em cada embalagem. Em seguida veio um CD-ROM, e não muito tempo depois a grande obra foi adaptada, ainda mais uma vez, para uso on-line. Uma terceira edição, com vasto orçamento, achava-se em processo de elaboração.

Existe uma certa reprovação no sentido de que a obra reflete um tom elitista, masculino, britânico e vitoriano. Mas, mesmo admitindo que, como tantas realizações daquela era, o dicionário de fato reflete um conjunto de atitudes que não se encontram em harmonia absoluta com os conceitos prevalentes no fim do século XX, ninguém parece insinuar que qualquer

215

outro dicionário jamais tenha sequer chegado perto, ou um dia se aproximará, da façanha que ele representa. Foi a criação heroica de uma legião de interessados e entusiasmados homens e mulheres de vasto conhecimento e interesses gerais; e continua vivo até hoje, assim como vive a língua da qual ele, com toda a justiça, reivindica ser o retrato.

POSFÁCIO

memorial (mĭmō²·riăl), *adj.* e *s.* [Adapt. fr. arc. *memorial*
(fr. mod. *mémorial*) = esp., port. *memorial*, it. *memoriale*,
adap. lat. *memoriālis* adj. (neut. *memoriāle*. usado no lat.
tardio como subst.), de *memoria* MEMORY.] A. adj.
    1. Preservação da memória de uma pessoa ou coisa.
    2. Alguma coisa através da qual a memória de uma
pessoa, coisa ou acontecimento é preservada, como o
ato de erguer um monumento.

    Esta foi a história de um soldado americano cujo envolvi-
mento na criação do maior dicionário do mundo foi singular,
impressionante, memorável e louvável — mas, ainda assim,
desgraçadamente triste. E, ao contá-la, é tentador esquecer
que as circunstâncias que colocaram William Chester Minor
na posição em que ele foi capaz de contribuir com todo o seu
tempo e energia para a realização do *OED* tiveram início com o
horrível e imperdoável assassinato.
    George Merrett, sua vítima, era um inocente e comum
integrante da classe trabalhadora, filho de um fazendeiro de
Wiltshire, que veio para Londres a fim de ganhar a vida, mas
acabou morrendo a bala, deixando uma esposa grávida, Eliza, e
sete filhos pequenos. A família já estava vivendo na mais horrenda pobreza, tentando manter alguma evocação de sua dignidade interiorana em meio à sordidez de uma das mais rudes
e implacáveis áreas da cidade vitoriana. Com o assassinato de
Merrett, as coisas deram uma tremenda reviravolta para pior.
    Toda Londres ficou chocada e horrorizada com o crime, e
levantaram-se fundos, coletou-se dinheiro, para ajudar a viúva
e sua prole. Os americanos em particular, estupefatos diante da
torpeza cometida por um dos seus, foram convocados, por parte
de seu cônsul-geral, a contribuir para um fundo diplomático;
os vigários em Lambeth se associaram para fazer coletas, numa

reunião ecumênica; uma série de espetáculos amadores — inclusive um "de raro caráter elitista" com leituras de Longfellow e trechos selecionados de *Otelo*, realizado no Hercules Club — foi encenada por toda a cidade para levantar dinheiro; e o próprio funeral constituiu um acontecimento esplêndido, tão marcante quanto o de qualquer magnata.

George Merrett tinha sido membro da Ancient Order of Foresters — uma das muitas assim chamadas "sociedades de amigos" que um dia foram tão populares em toda a Grã-Bretanha, como meio, na ausência de quaisquer programas governamentais ou de recursos privados, de prover pensões cooperativas e outros tipos de auxílio financeiro para as classes trabalhadoras. Na noite em que morreu, Merrett estava substituindo um trabalhador do turno que fazia parte da irmandade Forester: esse pequeno ato de benevolência obrigou duplamente a ordem a oferecer ao membro falecido um último adeus com todo requinte.

O cortejo teve mais de oitocentos metros: a banda da Foresters vinha à frente, tocando a marcha fúnebre do *Saul*, seguida por dezenas de membros ostentando o emblema da ordem; depois, o féretro puxado por cavalos e quatro carruagens negras para levar a família enlutada. Eliza Merrett ia na última delas, segurando seu bebê caçula nos braços e soluçando. Centenas de trabalhadores da cervejaria acompanharam, e depois milhares de pessoas, gente comum do público, todos usando fitas de crepe preto em torno do braço ou nos chapéus.

Durante toda a tarde a procissão serpenteou, saindo de Lambeth, passando pelo ponto na Belvedere Road onde a tragédia havia ocorrido, pelo Hospital Bedlam e subindo em direção ao grande cemitério em Tooting, onde George Merrett finalmente foi enterrado.

Pode ser que seu túmulo um dia tenha sido assinalado, mas hoje carece de uma lápide que o identifique, e onde os registros dizem que jaz George Merrett não há nada além de um pedaço de terreno com grama descorada, um diminuto retalho de terra assentada em meio a um mar de monumentos mais nobres e mais recentes.

Como vimos, em seus momentos de lucidez William Minor mostrava-se arrependido, horrorizado pelas consequências do seu instante de delírio ensandecido. De suas celas no Broadmoor, providenciou para que fosse mandado dinheiro à família, a fim de ajudá-los em sua aflição. Sua madrasta, Judith, já havia arranjado presentes para as crianças. Uns sete anos após a tragédia, quando Minor escreveu para manifestar seu remorso, Eliza Merrett disse que o perdoava e tomou o que agora parece a extraordinária decisão de visitá-lo no Broadmoor — e de fato, por alguns meses, veio até Crowthorne com frequência, trazendo-lhe embrulhos com seus amados livros. Mas, na verdade, ela jamais se recuperou totalmente do choque pelo que acontecera: em pouco tempo tinha se entregado à bebida e, quando morreu, foi por falência do fígado.

A vida de dois dos seus filhos, então, se desenrolou da maneira mais curiosa: George, o segundo menino mais velho, levou o presente em dinheiro dado por Judith para Mônaco, ganhou uma quantia considerável e ficou por lá, criando para si um estilo de rei de Monte Carlo, antes de morrer numa obscuridade empobrecida no sul da França. Seu irmão mais novo, Frederick, suicidou-se com um tiro em Londres, por motivos que nunca ficaram totalmente esclarecidos. O fato de que dois dos irmãos de Minor também tenham se matado investe toda a história de uma tristeza quase insuportável.

Mas a principal figura trágica nesta estranha narrativa é o homem menos lembrado — aquele que foi abatido a bala nas úmidas e frias pedras da calçada de Lambeth naquela noite de sábado, em fevereiro de 1872.

Os únicos monumentos públicos já erigidos aos dois protagonistas desta saga mais tragicamente ligados um ao outro são coisas mesquinhas, avaras. William Minor tem apenas uma pequena e simples lápide num cemitério de New Haven, encurralado entre o lixo e os casebres miseráveis. Durante anos George Merrett nunca teve absolutamente nada, a não ser um pedaço de grama acinzentada num cemitério esparramado ao sul de Londres. Entretanto, Minor conta, de fato, com a vantagem do grande dicionário, que, podem dizer alguns, atua como sua lembrança mais duradoura. Mas nada mais resta para sugerir que a vítima de assassinato um dia foi digna de qualquer tipo de recordação. George Merrett se tornou um homem absolutamente esquecido.

Esta é a razão pela qual agora parece adequado, mais de um século e um quarto depois, que este modesto relato comece com a dedicatória que tem. E também é o motivo de este livro ser oferecido como um pequeno testamento ao finado George Merrett de Wiltshire e Lambeth, sem cuja morte prematura esses acontecimentos jamais teriam se desenrolado, e esta história jamais poderia ser contada.

NOTA DO AUTOR

∥ **coda** (kō·da, kōᵘ·dã). *Mus.* [It.: -lat. *cauda* cauda, rabo.] Um trecho de caráter mais ou menos independente introduzido após o encerramento das partes essenciais de um movimento, de modo a formar uma conclusão mais definitiva e satisfatória.

Em primeiro lugar, fiquei intrigado pela figura central desta história, o dicionário em si, lá pelo início da década de 1980, quando eu estava vivendo em Oxford. Num dia de verão, um amigo que trabalhava na editora da universidade convidou-me a entrar num depósito para contemplar um tesouro esquecido. Era uma pilha de placas de metal embaralhadas, cada uma medindo pouco mais de dezoito centímetros por 25 e, como descobri quando peguei uma delas, pesadas como o diabo.

Eram as placas descartadas de impressão tipográfica a partir das quais o *Oxford English dictionary* havia sido composto. As placas originais, recobertas de chumbo na frente e aço com antimônio atrás, moldadas no século XIX e início do século XX, a partir das quais todas as muitas impressões do *OED* — desde os fascículos individuais montados à medida que os livros iam sendo editados, até a obra-prima definitiva, com doze volumes, de 1928 — tinham sido feitas.

A editora, meu amigo explicou, recentemente adotara métodos mais modernos: composição via computador, fotolitografia e coisas do gênero. Os velhos métodos dos homens da linotipia — com seus lingotes de chumbo e seus bastões de tipos, seus bronzes e cobres, seus tambores de papel e cilindros, e sua fantástica habilidade em ler de trás para a frente e de cabeça para baixo a toda velocidade — há muito tinham sido abandonados. As placas, e todos os estojos de tipos para composição manual, estavam agora sendo jogados fora, derretidos, levados embora.

221

Talvez eu quisesse ficar com uma ou duas placas, perguntou ele — só para guardar como souvenir de algo que um dia fora maravilhoso?

Escolhi três, tentando ler, da melhor maneira que consegui, os tipos de trás para a frente sob a luz fraca e poeirenta. Duas delas vim a dar de presente mais tarde. Mas guardei uma: era a página 452 completa do volume 5 do grande dicionário — abrangia as palavras *humoral* até *humour*, tinha sido editada mais ou menos em 1901, e composta em 1902.

Durante anos levei comigo a velha placa, estranha e com aspecto sujo, por onde andasse. Era uma espécie de talismã. Eu a escondia, como um esquilo faz com suas nozes, em armários e guarda-louças nos vários apartamentos e casas das várias cidades e vilarejos onde vim a morar. Tinha muito orgulho dela — chegava a ser entediante, atrevo-me a dizer — e de vez em quando dava com a placa escondida atrás de outras coisas mais importantes, tirava-a do lugar, espanava a poeira e a exibia aos amigos, um pequeno e fascinante item da história da lexicografia.

Estou certo de que a princípio eles me acharam um tanto louco — embora, na verdade, eu imagine que pareciam compreender, depois de algum tempo, meu estranho afeto por aquela coisinha enegrecida — e *tão pesada!* Ficava observando enquanto eles esfregavam os dedos suavemente sobre o chumbo em relevo, e assentiam numa concordância silenciosa: a placa parecia lhes oferecer uma espécie de prazer tátil, assim como um divertimento intelectual de natureza bem mais simples.

Quando vim morar nos Estados Unidos, em meados dos anos 1990, conheci uma linotipista, uma mulher que vivia no oeste de Massachusetts. Contei-lhe sobre a placa, e ela ficou visivelmente intrigada. Sentia um grande entusiasmo pela história da criação do dicionário, disse-me, assim como um formidável apreço por seu projeto gráfico — pela elegante e engenhosa mistura de tipografias e tamanhos de fontes que os velhos e austeros editores vitorianos haviam empregado. Pediu para ver a placa e, quando eu a trouxe até ela, perguntou se podia tomá-la emprestada por algum tempo.

Esse pouco tempo se transformou em dois longos anos, período durante o qual ela assumiu tantos outros trabalhos quanto é possível a um impressor manual conseguir hoje em dia. Embarcou numa série de volantes para John Updike, fez livros de baladas populares para um ou dois outros poetas da Nova Inglaterra, publicou uma ou duas coletâneas de contos e peças, mandando imprimir todos estes trabalhos em papel feito à mão. Tratava-se essencialmente de uma artesã, e todo o seu trabalho era meticuloso, lento, perfeito. E guardou minha placa do dicionário o tempo todo encostada num peitoril de janela, conjecturando sobre o que de melhor fazer com ela.

Finalmente decidiu. Ela sabia que eu nutria um imenso carinho pela China e tinha vivido lá por muitos anos; e que minha afeição por Oxford era maior do que por qualquer outra cidade inglesa. Assim, ela pegou a placa; lavou-a cuidadosamente numa série de solventes para purgá-la da poeira, do óleo e da tinta acumulados; montou-a em sua impressora de provas Vandercook; e imprimiu com todo esmero, no mais fino papel produzido à mão, duas edições da página — uma em tinta azul--Oxford, a outra em vermelho-China.

Em seguida, fixou os três itens lado a lado — a placa de metal no meio, a página vermelha à esquerda, a outra, azul, à direita — e as engastou numa delgada moldura de ouro sob vidro à prova de reflexo. Deixou o quadro completo, com arame e ganchos para pendurá-lo na parede, num pequeno café de sua cidade natal, e em seguida escreveu um cartão-postal dizendo-me para ir buscá-lo quando pudesse, e ao mesmo tempo advertindo-me para não deixar de provar a torta de ruibarbo e morangos da dona do café, assim como o cappuccino preparado por ela. Não mandou nenhuma conta, e nunca mais a vi.

Mas a placa e suas páginas de prova ainda estão em minha parede, acima de uma pequena lâmpada que ilumina um volume aberto do grande dicionário na escrivaninha. É o volume 5, e eu o mantenho aberto na mesma página que um dia foi impressa a partir da placa de metal que está pendurada bem acima dele. Isso é o que os vitorianos chamariam de uma grande conjunção, e serve como um pequeno relicário em homenagem aos prazeres da criação de livros e da impressão, e à alegria das palavras.

Certa vez minha mãe observou que o verbete dominante na placa, nas páginas e no livro abaixo delas, é a palavra *humorist*. Isso a fez lembrar de uma coincidência simpaticamente engraçada, uma outra conjunção, embora bem menos grandiosa. *Humorist* era o nome de um animal que correu no Derby de 1º de junho de 1921, o dia em que minha mãe nasceu. O pai dela, de tão satisfeito com a notícia do nascimento de uma menina, havia apostado dez guinéus na égua, sem se importar com o fato de que o animal era tido como um azarão. Mas ela venceu, e um avô que eu jamais conheci ganhou mil guinéus, tudo por causa de uma palavra que, num breve momento, lhe caiu nas graças.

AGRADECIMENTOS

acknowledgment (ǽknǫ·lédʒmĕnt); tb. **acknowledge-
ment** (grafia mais de acordo com os valores ingleses
atribuídos às letras). [De ACKNOWLEDGE *v.* + -MENT.
Um dos primeiros exemplos de -*ment* acrescentado a um
verbo inglês original.]
 1. O ato de reconhecer, confessar, admitir ou possuir; confissão, admissão.
 5. A posse de um presente ou benefício recebido,
ou de uma mensagem; reconhecimento grato, cortês
ou devido.
 6. Daí, o sinal sensível por meio do qual qualquer
coisa recebida é reconhecida; algo dado ou doado em
troca de um favor ou mensagem, ou uma comunicação
formal de que recebemos.
 1739 T. SHERIDAN *Persius* Dedic. 3, Eu vos dedico
esta Edição e Tradução de Persius, como um Agradecimento pelo grande Prazer que me destes. **1802** MAR.
EDGEWORTH *Moral T.* (1816) I. XVI. 133 Oferecer-lhe
algum reconhecimento por sua conduta obsequiosa.
1881 *Daily Tel.* 27 dez. O pintor teve de aparecer e
receber seus agradecimentos com uma reverência. *Mod.*
Receba isto como um pequeno reconhecimento de minha gratidão.

Quando me deparei pela primeira vez com esta história —
estava mencionada de maneira extremamente breve, e apenas
como um aparte, num livro bastante sóbrio a respeito do ofício
de fazer dicionários —, ela me impressionou de imediato como
uma narrativa que valia a pena investigar e, talvez, contar na
íntegra. Mas por vários meses fiquei sozinho com essa opinião.
Estava envolvido no trabalho de um projeto realmente grande,
sobre um assunto totalmente diverso, e os conselhos vindos vir-

tualmente de todos os lados eram no sentido de que eu deveria me concentrar naquela empreitada, deixando esta pequena e divertida saga em paz.

Mas quatro pessoas a acharam tão fascinante quanto eu — e viram também as possibilidades de que, ao contar a pungente e humana história de William Minor, eu talvez conseguisse criar uma espécie de prisma através do qual enxergar o maior e ainda mais fascinante enredo da história da lexicografia inglesa. Essas quatro pessoas foram Bill Hamilton, meu amigo de longa data e agente em Londres; Anya Waddington, minha editora na Viking, também em Londres; Larry Ashmead, editor-executivo da HarperCollins em Nova York; e Marisa Milanese, então assistente editorial nos escritórios da revista *Condé Nast Traveler*, também em Nova York. Sua fé neste projeto, que, de outra forma, teria sido desconsiderado, foi total e infatigável, e sou grato a eles sem reservas.

Marisa, a quem considero um modelo de entusiasmo incessante, obstinada iniciativa e zelo incansável, lançou-se à tarefa de me ajudar na ponta americana da pesquisa: junto com minha amiga de um quarto de século, Juliet Walker, em Londres, ela me auxiliou a tecer minhas ideias básicas numa rede complexa de fatos e figuras, que a partir de então tentei acomodar em algum tipo de ordem coerente. Ainda não posso julgar a dimensão na qual tive sucesso ou fracassei neste trabalho, mas devo dizer aqui que essas duas mulheres me presentearam com um poço sem fundo de informações, e se eu interpretei mal, li mal, ouvi mal ou escrevi mal qualquer uma delas, esses erros são de minha, e apenas minha, responsabilidade. Meus agradecimentos também a Sue Llewellyn que, além de transcrever e revisar este livro tão assiduamente e com tanto bom humor, também — ela me lembrou disso — trabalhou em meu livro sobre a Coreia dez anos antes.

O acesso ao Broadmoor Special Hospital, e aos volumosos arquivos que há tanto tempo são mantidos sobre todos os pacientes, iria ser, nitidamente, a chave para decifrar esta história; e algumas semanas se passaram antes que Juliet Walker e eu tivéssemos permissão para entrar. O fato de termos conseguido foi um triunfo de dois funcionários do Broadmoor, Paul Robertson e Alison Webster, que empreenderam uma convincente argumentação a nosso favor junto à talvez compreensivelmente relutante administração do hospital. Sem o auxílio desses dois indivíduos notáveis e generosos este livro teria sido pouco mais do que uma coleção de conjecturas. Os arquivos do Broadmoor eram necessários para fornecer os fatos, e Paul e Alison forneceram os arquivos.

Do outro lado do Atlântico, as coisas correram de maneira bem diferente — a despeito dos melhores esforços da esplêndida Marisa, o Hospital St. Elizabeth, em Washington, não é mais uma instituição federal, e está sendo dirigido agora pelo distrito de Columbia — um governo que sofreu alguns transtornos muito divulgados em anos recentes. E a princípio, talvez por causa disso, o hospital se recusou sem rodeios a liberar qualquer de seus arquivos, chegando ao ponto de sugerir, com toda seriedade, que eu contratasse um advogado e promovesse uma ação judicial a fim de obtê-los.

Entretanto, algum tempo depois, uma busca superficial que fiz certo dia nas páginas do Arquivo Nacional na web sugeriu-me que os documentos relativos ao dr. Minor — paciente do St. Elizabeth entre 1910 e 1919, quando a instituição se achava inegavelmente sob jurisdição federal — bem poderiam se encontrar, na verdade, sob custódia federal, e não retidos no kafkiano abraço do distrito. E de fato, como se revelou, estavam mesmo. Uma ou duas solicitações através da internet, uma conversa feliz com o arquivista Bill Breach, extremamente solícito, e de repente mais de setecentas páginas das anotações do caso, junto com outra fascinante miscelânea de fatos, chegaram num pacote do FedEx. Foi mais do que gratificante poder telefonar ao St. Elizabeth no dia seguinte e contar aos funcionários nada cooperativos de lá qual era o arquivo que eu tinha então pousado diante de mim, em minha escrivaninha. Eles não ficaram muito satisfeitos.

A Oxford University Press foi, ao contrário, maravilhosamente prestativa; e, embora eu me sinta naturalmente feliz em agradecer aos funcionários da editora que tão gentilmente sancionaram minhas visitas a Walton Street, desejo reconhecer a dívida muito considerável que tenho em primeiro lugar com Elizabeth Knowles, agora do Departamento de Livros de Referência de Oxford, que havia feito um estudo sobre Minor alguns anos antes e mostrou-se feliz em compartilhar comigo seu conhecimento e acesso aos fatos. Fico feliz também em poder agradecer à incontida entusiasta Jenny McMorris, dos arquivos da editora, que conhece Minor e seu notável legado mais intimamente do que qualquer outra pessoa, em qualquer lugar. Jenny, junto com seu ex-colega Peter Foden, provou-se uma torre de força durante minhas visitas e durante muito tempo depois delas: espero apenas que ela consiga encontrar um escoadouro para seu fascínio pelo grande dr. Henry Fowler, a quem com toda justiça considera, ao lado de Murray, como um dos verdadeiros heróis da língua inglesa.

Vários amigos, assim como inúmeros especialistas que tinham um interesse profissional em partes da história, tiveram a generosidade de ler os primeiros esboços do original, e fizeram muitas sugestões para melhorá-lo. Em quase todos os casos, aceitei suas propostas com gratidão, mas se em alguma ocasião desconsiderei, por descuido ou teimosia, suas advertências ou pedidos, o mesmo aviso — quanto à responsabilidade por todos os erros de fato, julgamento ou gosto dizerem respeito exclusivamente a mim — aplica-se do mesmo modo: eles fizeram o melhor possível.

Entre esses amigos pessoais a quem desejo agradecer estão Graham Boynton, Pepper Evans, Rob Howard, Jesse Sheidlower, Nancy Stump, Paula Szuchman e Gully Wells. E ao anônimo (para este assunto) Anthony S., que se queixou comigo, resmungando porque sua noiva havia lhe negado favores românticos numa certa manhã do verão em virtude de se achar debruçada sobre o final do capítulo 9, minhas desculpas, meu agradecimento constrangido por sua abstenção e paciência, e os melhores votos de futura felicidade conjugal.

James W. Campbell, da Sociedade Histórica de New Haven, ofereceu grande assistência para que eu encontrasse a família Minor em sua antiga cidade natal; os bibliotecários e a equipe da Divinity Library em Yale contaram-me muita coisa sobre o início da vida de William Minor no Ceilão. Pat Higgins, uma inglesa que vive no estado de Washington, e com quem me correspondo somente por e-mail, também ficou fascinada pelas pontas do Ceilão e de Seattle da história da família Minor e deu-me várias informações encantadoras.

Michael Musick, do Arquivo Nacional dos Estados Unidos, localizou então a maior parte dos arquivos militares de Minor, e Michael Rhode, do Hospital do Exército Walter Reed, descobriu a pista de seus laudos de autópsia manuscritos. O Serviço do Parque Nacional foi prestimoso em me conceder acesso às bases militares em Nova York e na Flórida, onde Minor esteve lotado; o Index Project, em Arlington, Virgínia, auxiliou-me para que eu conseguisse encontrar registros adicionais de sua carreira no tempo da guerra.

Susan Pakies, da Secretaria de Turismo de Orange, na Virgínia, junto com o imensamente culto Frank Walker, levaram--me a percorrer todos os sítios importantes onde foi combatida a batalha de Wilderness, e mais tarde, para nos animar, a várias deliciosas hospedarias antigas escondidas naquele espetacular e adorável cantinho dos Estados Unidos. Jonathan O'Neal explicou com toda paciência a prática médica na Guerra Civil no velho Exchange, um combinado de hotel e hospital da época, que agora é um museu em Gordonville, Virgínia.

Nancy Whitmore, do Museu Nacional da Medicina na Guerra Civil, em Frederick, Maryland, foi uma entusiasmada defensora do projeto e diligentemente desencavou uma imensa quantidade de mistérios altamente importantes. O dr. Lawrence Kohl, da Universidade do Alabama, foi generoso o bastante para dedicar seu tempo tanto a discutir a mecânica da marcação a ferro na Guerra Civil como a especular (de maneira impressionantemente bem informada) sobre os efeitos que tais punições poderiam ter tido sobre os irlandeses que combateram no Exército da União — sendo este último sua especialidade particular como historiador do período. Mitchell Redman, da cidade de Nova York, preencheu o relato com alguns detalhes pessoais do final da vida de Minor, sobre quem ele certa vez escreveu uma peça curta e até agora não encenada.

Gordon Claridge, do Magdalen College, em Oxford, teve muita coisa útil a dizer sobre as origens da doença mental; Jonathan Andrews, um historiador do Broadmoor, também ajudou; e Isa Samad, uma notável psiquiatra de Fort Lauderdale, na Flórida, contou-me um bocado sobre a história do tratamento da esquizofrenia paranoica.

Dale Fiore, superintendente do cemitério Evergreen, em New Haven, acrescentou fascinantes notas de rodapé sobre o fim da vida de William Minor — o tamanho do caixão, a profundidade em que foi sepultado e os nomes daqueles que o cercam em seu pedaço de terra.

A vida ficou bem mais fácil quando localizei a pista de um dos poucos parentes vivos de William Minor de quem se tem notícia, o sr. John Minor, de Riverside, Connecticut. Ele foi a bondade em pessoa, oferecendo-me uma enorme quantidade de informação útil sobre o tio tataravô que jamais conheceu, e dando-me acesso ao achado que foi o tesouro de fotografias e documentos esquecidos há anos, sem que ninguém os desarrumasse, numa caixa de madeira em seu sótão. O sr. John e sua esposa dinamarquesa, Birgit, ficaram tão fascinados pela história quanto eu, e quero agradecer a eles pelas agradáveis refeições à beira do rio e pelo tempo passado em conversas a respeito da natureza de seu mais curioso parente.

David Merritt, da Merritt International Family History Society [*sic*], em Londres, forneceu-me um auxílio valioso ao ajudar a deslindar os detalhes sobre o possível paradeiro dos descendentes de George Merrett: finalmente encontrei um deles, um certo sr. Dean Blanchard, em Sussex, que ficou igualmente interessado nos destinos de sua família distante, e partilhou tudo o que havia de valioso comigo.

Tenho uma dívida também para com meu agente americano, Peter Matson; sua colega Jennifer Henge; e com Agnes Krup, que, uma vez arrebatada pela estranha natureza desta história, incluiu-se entre seus mais ardorosos defensores e me fez continuar, escrevendo sem parar, durante um longo e quente verão americano. Minha mulher, Catherine, providenciou para que eu não fosse incomodado, e ofereceu com generosidade o tipo de serenidade e santuário que a redação de uma trama como esta mais do que abundantemente merece.

SUGESTÕES DE LEITURA

O livro que primeiro me inspirou a pesquisar esta história foi o *Chasing the sun*, de Jonathon Green (Jonathan Cape, Londres, e Henry Holt, Nova York, 1996), que dedicou uma página e meia à narrativa, e me levou, através de sua bibliografia, à obra bem mais célebre sobre a criação do *OED*, *Caught in the web of words* (Oxford e Yale University Presses, 1977), escrito pela neta do grande editor, K. M. Elisabeth Murray. Em ambos os casos, a história do primeiro encontro entre Murray e Minor repousa sobre o mito famoso; mas foi só quando Elizabeth Knowles escreveu um relato mais preciso no periódico trimestral *Dictionaries* que uma parte da verdade sobre o encontro se tornou mais corretamente conhecida. Os dois livros irão deliciar o entusiasta; o jornal tende para o acadêmico, mas como — ao menos superficialmente — as disciplinas da lexicografia não são por demais exigentes, muitos podem tirar algum proveito de conferi-lo também.

Para os interessados nos princípios básicos por trás da criação dos livros de palavras, o definitivo *Dictionaries — The art and craft of lexicography*, de Sidney Landau (Charles Scribner's Sons, Nova York, 1984), é leitura essencial. Para os iconoclastas que desejem entender as falhas no *OED*, John Willinsky explica muito em seu bastante mal-humorado *Empire of words — The reign of the OED* (Princeton University Press, 1994), que oferece uma visão revisionista politicamente correta da criação de James Murray — ainda que a partir de uma postura reverente. Vale a pena ler, mesmo que seja só para fazer o sangue ferver.

Cópias do *Dictionary* criado pelo dr. Johnson em geral podem ser encontradas com bastante facilidade — reproduções das edições em dois volumes de formato grande foram produzidas em prelos dos ambientes mais improváveis, tais como a cidade de Beirute, de onde adquiri recentemente uma cópia por 250 dólares. É difícil achar uma boa primeira edição por menos de 15 mil dólares. Mas existe uma espirituosa edição resumida, com palavras selecionadas por E. L. McAdam e George Milne (Pantheon, Nova York, 1963; reimpressão em brochura, Cassell, Londres, 1995).

A Oxford University Press merece ter sua própria história, e de fato conta com várias: recomendo, de Peter Sutcliffe, *The Oxford University Press: An informal history* (Oxford University Press, 1978), que cobre a saga da realização do *OED* muito bem, e com razoável imparcialidade.

A Guerra Civil americana, é claro, também está coberta de forma muito abrangente. O melhor livro relativo à luta na qual o dr. Minor desempenhou um papel pequeno mas, para ele, crucial, é *The battle of the Wilderness*, de Gordon C. Rhea (Louisiana State University Press, 1994), que me deu imenso prazer. O clássico de 1867 *The Irish brigade and its campaigns*, de D. P. Conyngham, foi relançado (Fordham University Press, Nova York, 1994) com uma introdução de Lawrence F. Kohl, cujo auxílio para meu livro agradeço em outra parte. Entre os muitos livros sobre a medicina na Guerra Civil, apreciei *Doctors in blue*, de George Worthington Adams (Louisiana State University Press, 1980), e *In hospital and camp*, de Harold Elk Straubing (Stackpole Books, Harrisburg, Pensilvânia, 1993). Também dediquei algum tempo a ler os capítulos relevantes naquele livro gigantesco e elegante que é *The American heritage new history of the Civil War*, de Bruce Catton e James M. Macpherson (Viking, Nova York, 1996), que responde praticamente a qualquer pergunta imaginável sobre as minúcias daqueles quatro anos de luta sangrenta.

A natureza das possíveis enfermidades mentais que assolaram o dr. Minor, as quais podem ter sido provocadas por suas experiências durante a guerra, está explicada de maneira abrangente em *Origins of mental illness*, de Gordon Claridge (ISHK Malor Books, Cambridge, Massachusetts, 1995). O esplêndido *Masters of Bedlam*, de Andrew Scull (Princeton University

Press, 1996), oferece uma história fascinante do ramo da medicina para loucos antes dos tempos do iluminismo psiquiátrico.

Recorri a Roy Porter — especialista também em loucura e suas formas de tratamento — por sua merecidamente aclamada história social da cidade onde Minor cometeu seu assassinato: *London: A social history* (Harvard, 1994) ambienta a cena de maneira admirável e permanece como um dos melhores livros sobre a notável capital da Inglaterra.

Mas o livro que, acima de todos, deve ser lido em combinação com este pequeno volume é uma das maiores e mais impressionantes obras de erudição que jamais se poderia encontrar — a primeira edição de doze volumes, o suplemento de 1933, os quatro volumes suplementares de Robert Burchfield, ou os vinte volumes completamente integrados da *Second edition* do próprio *The Oxford English dictionary*.

Isso representa um dispendioso e maciço conjunto de livros — razão pela qual hoje em dia o CD-ROM é preferido —, mas ele reconhece formalmente, o que é de extrema importância para todos os seus fãs, a existência e as contribuições do dr. Minor. E eu acho que, de certa forma, a simples descoberta de seu nome, enterrado como está em meio aos dos colaboradores que ajudaram a fazer do *OED* o grande totem que ele continua sendo até hoje, é sempre um momento intensamente comovente.

Embora, é claro, isso não constitua em si uma justificativa para um dia precisar possuir o grande livro, encontrar o nome de Minor talvez seja o mais belo entre os exemplos do tipo de momento de "feliz e casual descoberta" pelo qual o *OED* é com tanta justiça famoso. E poucos iriam discordar de que achar a palavra *serendipity* nos dicionários é de fato uma coisa esplêndida.

SIMON WINCHESTER nasceu na Inglaterra, em 1944. É geólogo de formação e autor dos best-sellers *Krakatoa* e *O mapa que mudou o mundo*. Colaborou com as publicações *Condé Nast Traveler, The Guardian, National Geographic* e *The New York Times* e, em 2006, foi sagrado Cavaleiro da Ordem do Império Britânico. Vive entre Massachusetts, nos Estados Unidos, e as ilhas Hébridas, na Escócia. De sua autoria, a Companhia das Letras publicou *O homem que amava a China*.

COMPANHIA DE BOLSO

Jorge AMADO
Capitães da Areia

Hannah ARENDT
Homens em tempos sombrios

Philippe ARIÈS, Roger CHARTIER (Orgs.)
*História da vida privada 3 — Da Renascença
ao Século das Luzes*

Karen ARMSTRONG
Uma história de Deus

Paul AUSTER
O caderno vermelho

Marshall BERMAN
Tudo que é sólido desmancha no ar

David Eliot BRODY, Arnold R. BRODY
*As sete maiores descobertas científicas
da história*

Jacob BURCKHARDT
A cultura do Renascimento na Itália

Italo CALVINO
O cavaleiro inexistente
Fábulas italianas
Por que ler os clássicos

Bernardo CARVALHO
Nove noites

Jorge G. CASTAÑEDA
Che Guevara: a vida em vermelho

Ruy CASTRO
Chega de saudade
Mau humor

Louis-Ferdinand CÉLINE
Viagem ao fim da noite

Jung CHANG
Cisnes selvagens

Catherine CLÉMENT
A viagem de Théo

Joseph CONRAD
Coração das trevas
Nostromo

Charles DARWIN
*A expressão das emoções no homem e nos
animais*

Jean DELUMEAU
História do medo no Ocidente

Georges DUBY (Org.)
*História da vida privada 2 — Da Europa
feudal à Renascença*

Rubem FONSECA
Agosto
A grande arte

Meyer FRIEDMAN, Gerald W.
FRIEDLAND
As dez maiores descobertas da medicina

Jostein GAARDER
O dia do Curinga
Vita brevis

Jostein GAARDER, Victor HELLERN,
Henry NOTAKER
O livro das religiões

Fernando GABEIRA
O que é isso companheiro?

Luiz Alfredo GARCIA-ROZA
O silêncio da chuva

Eduardo GIANNETTI
Auto-engano
Vícios privados, benefícios públicos?

Edward GIBBON
Declínio e queda do Império Romano

Carlo GINZBURG
O queijo e os vermes

Marcelo GLEISER
A dança do Universo

Tomás Antônio GONZAGA
Cartas chilenas

Philip GOUREVITCH
*Gostaríamos de informá-lo de que amanhã
seremos mortos com nossas famílias*

Milton HATOUM
Dois irmãos

Relato de um certo Oriente

Eric HOBSBAWM
O novo século

Albert HOURANI
Uma história dos povos árabes

Henry JAMES
Os espólios de Poynton

Retrato de uma senhora

Ismail KADARÉ
Abril despedaçado

Franz KAFKA
O castelo

O processo

John KEEGAN
Uma história da guerra

Amyr KLINK
Cem dias entre céu e mar

Jon KRAKAUER
No ar rarefeito

Milan KUNDERA
A arte do romance

A identidade

A insustentável leveza do ser

O livro do riso e do esquecimento

Danuza LEÃO
Na sala com Danuza

Paulo LINS
Cidade de Deus

Gilles LIPOVETSKY
O império do efêmero

Claudio MAGRIS
Danúbio

Naghib MAHFOUZ
Noites das mil e uma noites

Javier MARÍAS
Coração tão branco

Ian McEWAN
O jardim de cimento

Heitor MEGALE (Org.)
A demanda do Santo Graal

Evaldo Cabral de MELLO
O nome e o sangue

Patrícia MELO
O matador

Jack MILES
Deus: uma biografia

Ana MIRANDA
Boca do Inferno

Vinicius de MORAES
Livro de sonetos

Antologia poética

Fernando MORAIS
Olga

Toni MORRISON
Jazz

Vladimir NABOKOV
Lolita

Friedrich NIETZSCHE
Além do bem e do mal

Ecce homo

Genealogia da moral

Humano, demasiado humano

O nascimento da tragédia

Adauto NOVAES (Org.)
Ética

Os sentidos da paixão

Michael ONDAATJE
O paciente inglês

Malika OUFKIR, Michèle FITOUSSI
Eu, Malika Oufkir, prisioneira do rei

Amós OZ
A caixa-preta

José Paulo PAES (Org.)
Poesia erótica em tradução

Georges PEREC
A vida: modo de usar

Michelle PERROT (Org.)
História da vida privada 4 — Da Revolução
Francesa à Primeira Guerra

Fernando PESSOA
Livro do desassossego
Poesia completa de Alberto Caeiro
Poesia completa de Álvaro de Campos
Poesia completa de Ricardo Reis

Décio PIGNATARI (Org.)
Retrato do amor quando jovem

Edgar Allan POE
Histórias extraordinárias

Antoine PROST, Gérard VINCENT (Orgs.)
História da vida privada 5 — Da Primeira
Guerra a nossos dias

Darcy RIBEIRO
O povo brasileiro

Edward RICE
Sir Richard Francis Burton

João do RIO
A alma encantadora das ruas

Philip ROTH
Adeus, Columbus
O avesso da vida

Elizabeth ROUDINESCO
Jacques Lacan

Arundhati ROY
O deus das pequenas coisas

Salman RUSHDIE
Os versos satânicos

Oliver SACKS
Um antropólogo em Marte

Carl SAGAN
Bilhões e bilhões
Contato
O mundo assombrado pelos demônios

Edward W. SAID
Orientalismo

José SARAMAGO
O Evangelho segundo Jesus Cristo
O homem duplicado
A jangada de pedra

Arthur SCHNITZLER
Breve romance de sonho

Moacyr SCLIAR
A majestade do Xingu
A mulher que escreveu a Bíblia

Dava SOBEL
Longitude

Susan SONTAG
Doença como metáfora / AIDS e suas
metáforas

I. F. STONE
O julgamento de Sócrates

Drauzio VARELLA
Estação Carandiru

Caetano VELOSO
Verdade tropical

Erico VERISSIMO
Clarissa
Incidente em Antares

Paul VEYNE (Org.)
História da vida privada 1 — Do Império
Romano ao ano mil

XINRAN
As boas mulheres da China

Edmund WILSON
Os manuscritos do mar Morto
Rumo à estação Finlândia

Simon WINCHESTER
O professor e o louco

1ª edição Companhia de Bolso [2009]

Esta obra foi composta pela Verba Editorial
em Janson Text e impressa pela Prol Editora Gráfica em ofsete
sobre papel Pólen Soft da Suzano Papel e Celulose